商务印书馆（成都）有限责任公司出品

主升浪之快马加鞭

张 华著

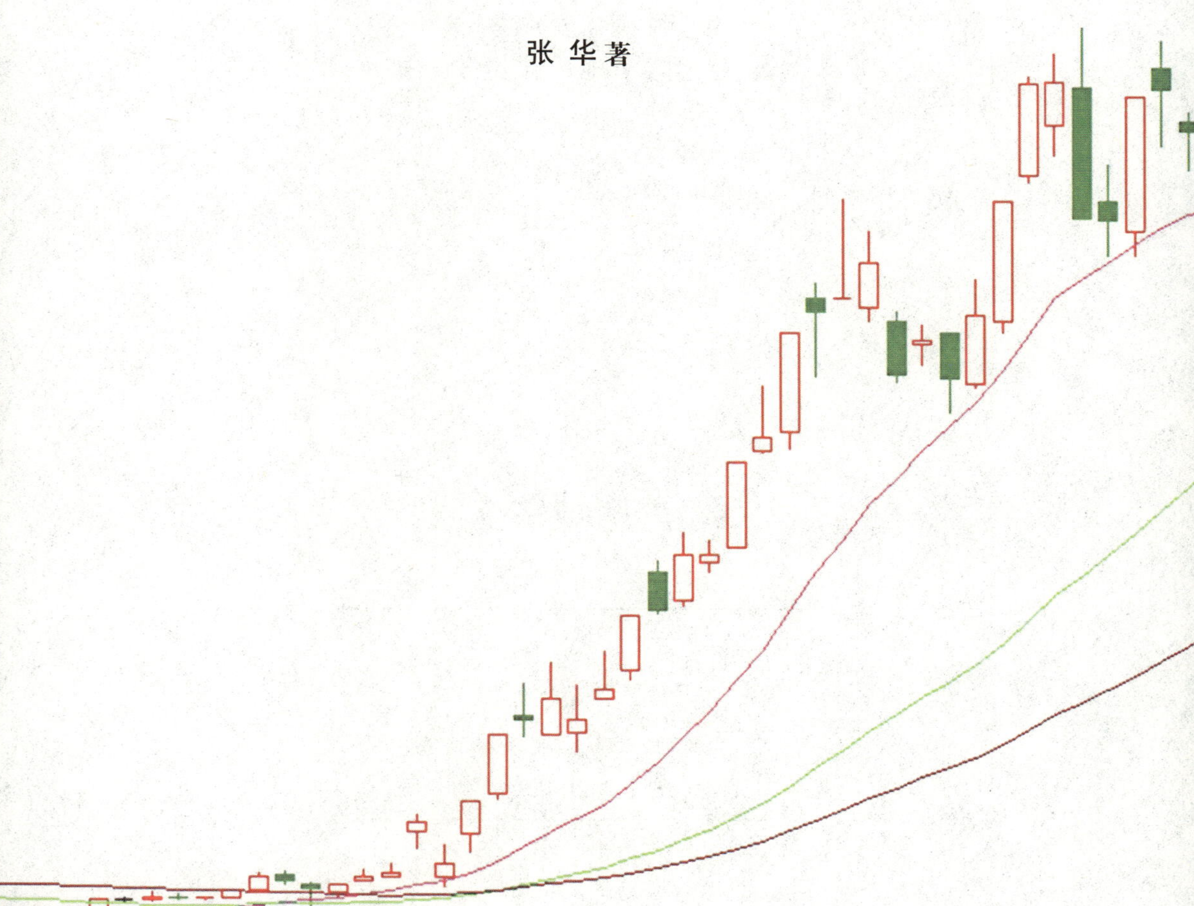

商務印書館
创于1897 The Commercial Press

图书在版编目（CIP）数据

主升浪之快马加鞭 / 张华著. —北京：商务印书馆，2015

ISBN 978-7-100-11437-0

Ⅰ.①主… Ⅱ.①张… Ⅲ.①股票投资－基本知识 Ⅳ.①F830.91

中国版本图书馆 CIP 数据核字（2015）第 155235 号

主升浪之快马加鞭

张 华 著

商 务 印 书 馆 出 版
（北京王府井大街36号 邮政编码100710）
商 务 印 书 馆 发 行
北京尚唐印刷包装有限公司印刷
ISBN 978-7-100-11437-0

2015 年 8 月第 1 版　　开本 787×1092 1/16
2015 年 8 月第 1 次印刷　　印张 15.5

定价：58.00 元

序　言

踏波逐浪　王者归来

1998年我开始策划出版我国第一套面向广大股民的股票投资系列丛书“专家论股”，到2008年它已经是规模宏大到云集各路高手、涵盖长投短炒、催生百万富翁、称雄图书市场的冒险家乐园和财富孵化园。作为掌门人，我志得意满，左右逢源，经常像“穴头”一样带着我的“明星”全国“巡演”，所到之处万人空巷，风光无比。就在这一年，张华的书稿《狙击涨停板》出现在我的面前。他不知从哪里打听到我的电话，电话中诚恳地告诉我想要加盟的愿望。我热情地回复他，请他将书稿寄给我。没过几天，寄自陕西咸阳的书稿摆在了我面前，好奇怪哦，陕西咸阳，跟股票靠谱吗？我的作者可基本都是北上广深的专业人士，那么偏远地方的公务员对股票投资能有多少见解？出于对作者的尊重，迟疑之下我还是拆开邮件。吓我一大跳，他用8个章节24万字全面“狙击”涨停板，功夫好生了得！就如日后我在图书封面上广而告之的那样：“揭秘股价涨停玄机，引领通往主升浪之路，助你在顶部胜利出局！”这样的图书出版后受欢迎的程度可想而知，前后重印了10次。从此他一发不可收拾，《狙击涨停板》不过瘾，还要《猎取主升浪》，之后嫌国产工具不锋利还援引日本“酒田战法”《借刀斩牛股》。

张华的图书理念新颖方法独到，稳定性实战性都很好，深受广大读者喜爱。在此，特节录当当网、卓越亚马逊、京东网部分读者评论如下：“我是2009年先买的《猎取主升浪》，现在才在当当网上买到2008年出版的《狙击涨停板》，因为有主力的洗盘形态才买的，对有一定炒股经验的朋友很实用。”“不可否认这是我看过的股票书籍中最好的，的确能分辨很多日线上的陷阱。看完此书后我猎取到了11月底000663永安林业3个涨停板！”“张华写了一本非常好的书，也许可以说是探索了一种很好的赢利模式——专买涨停板。这是一个难度非常大的技巧，但却是一个非常刺激非常吸引人的模式，本书的作者做到了，还把经验告诉了我们。感谢作者的兼济天下。”“这本五星级的书我爱不释手，这是专家的金手指，它研究得很透彻，给我指点了光明的路程，在此特向股市投资者推荐一本中国股市提款机!”“正在读，非常好的书，确实是专家写出来的，水平很高。有实质性的帮助。”“不是说笑，才看几天就去实践，4 天赚 30%左右，感激作者!”“这本书是最初在深圳书城看到，印象很深，由于当时不方便购物，意犹未尽之后再网购。难得的绝对的上乘之作，慢慢品味个中理念。”“作者具有实践经验和理论功底，分析精当，思路清晰，语言流畅，值得学习。”……呵呵就此打住，仅当当网就有 1853 条留言，不一而足，略见一斑吧。

不是说幸福才是相似的吗，为什么我的金牌作者都会经历同样的不幸?和唐能通当年被上海证管办无端“通缉”一样，成名之后的张华因供职机构跨业务经营违规备受牵连。他四处躲避不得安生，但是每到一处都会用新手机号码联系我，报平安。“安得广厦千万间”呵，大庇我的作者俱欢颜！我有心无力愤愤不平。终于事态平息，还他清白安宁，他又可以做自己喜欢的事情了。加盟五矿证券后，他主持的“主升浪”工作室屡创佳绩，捷报频传。特别是去年下半年开始的这一波跨年度行情，他纵横捭阖收放自如。有图有真相，在他的悉心指导下，我买进了 000835，600623，002065，601689，002500，600958，买卖点可谓精准，轻松获得不菲的收益。2015 年 6 月 11 日，张华告诉我“大盘目前走势不好，最好空仓”。我清仓后出国探亲旅游。7 月 10 日回国后，幸运的回避了历史上罕见的股灾。他把这些秘技全部写进了新书，毫无保留地奉献给读者。为什么这样做?我想应该是出于感恩和回报吧，独乐乐不如众乐乐。

大浪淘沙，如今他已成为我们丛书的三驾马车之一，与唐能通、宁俊明一道，带领散户朋友鏖战股市。股市如战场，果真是军人的主场，三位经历相似的曾经的军人，以他们过人的智慧、胆识、毅力创造了人生新的辉煌。

我调离四川人民出版社后，“专家论股”系列丛书保留原有规模和态势继续称霸市场。承蒙商务印书馆看重，我把张华的新作《主升浪之快马加鞭》推荐给他们，成为商务印书馆这个百年大社出版的第一本股票投资图书，可喜可贺！该书分上中下三篇，上篇作者精选了近十年股票当中走出主升浪的图形供大家思考其中的“道”；中篇作者从“均线、价格、成交量、筹码、盘口、基本面”这六个方面分别提炼出实盘中各个指标最主要的核心图形进行解读，力图透过现象看清本质，破解主升浪的奥秘；下篇作者以实盘指导操作过的部分股票为例，结合当时盘前、盘中的分析，让大家观摩如何将理论与实战结合起来在股市里与浪共舞。各位读者感觉怎样？赶快把“葵花宝典”带回家认真研读。（顺便剧透一下，该书的姊妹篇《涨停板之巧取豪夺》已在作者的个人电脑里慢慢成形，敬请期待！）大盘强势当前，投资者务必快马加鞭，让赢利奔跑！

在该书即将付梓之际，特遵张华先生之嘱写下以上文字，只为铭记我们的友情。最近以来时常有这样的画面映在脑海：多空争战飘红挂绿，乱军从中一匹黑马脱颖而出，策马扬鞭的骑手向我挥手致意，绝尘而去。定睛一看，那是张华！

余其敏

2015 年 7 月 20 日于成都

目 录

中篇　系统工具

下篇　实盘操作

前 言

做股票要做大气的股票，股票是人操作的，只有大气的主力才能操作出大气的股票；大气的股票资金大、波动大、涨幅大；大气的股票能拉起一波又一波的主升浪，如2009年4月到7月002166莱茵生物的主升浪连拉四波，大涨269.34%；2010年6月到9月002190成飞集成，三波连涨380.42%；2014年延续到2015年的601766中国南车、600528中铁二局、300297蓝盾股份……这些都是大气的股票，跟上这样大气的股票，就会让利润奔跑，就会在睡梦中露出甜美的微笑。

怎样才能做好大气的股票？首先是要改变思维，思考主升浪之道。思维的质量决定交易的质量，思维不正确，再努力都是徒劳的；只有找到主升浪之道，才能猎取主升浪，什么是主升浪之道？

本书的上篇，我选择了近十年股票当中走出主升浪的图形供大家思考其中的“道”。从近十年我经历过中国股市的涨涨跌跌之牛熊交替，经历过许多股票的波浪运动，不难看出，每年都有走出主升浪的股票，每年都有主升浪行情；只不过是熊市一年仅有那么一两波而已，牛市就比较多了起来，一波未平一波又起。主升浪的“道”在何方？如何借力走向主升浪中之道？请大家看图思考，从这些图形当中思考悟“道”，悟到了才能得“道”。

其次，是要有得力的武器。什么武器才能得力？在本书的中篇，我从“均线、价格、成交量、筹码、盘口、基本面”这六个方面分别提炼出实盘中各个指标中最主要的核心图形进行解读。力图透过主要的现象看清其中的本质，破解主升浪的奥秘。

第三，只有知行合一，才能做好大气的股票。在本书的下篇，通过我们实盘指导操作过的部分股票以及当时盘前、盘中的分析，让大家看看如何将理论与实战结合起来在股市里与“浪”共舞。在解读中我们分开来论述，实战中却要综合运用。只有综合运用得好，才不会顾此失彼出现差错。

大气的人做股票，能善用天时，巧借地利，博采人和，铸就大业。您如果身在股市，不妨借主升浪之道的东风，扬起您在股海猎取主升浪的风帆，让资金不断地翻番成为现实。

有人说“写书的人做不好股票，否则就不会写书来赚钱”。其实这是一个误解，写股票书赚不了几个钱！不像小说市场很大。我的《狙击涨停板》一书四川人民出版社曾连续十次印刷，稿酬合起来也没有我做一只股票的盈利多。一个人的价值不在于从社会中获取了多少钱财，而在于你为这个社会贡献了什么。古人云，人生有三立，“立功、立德、立言”。想一想，难道你的一生不想立点什么吗？近几年我写过《狙击涨停板》《猎取主升浪》《借刀斩牛股》（之一）《借刀斩牛股》（之二），谈了自己一些成败得失，为的是与有缘分的读者分享共勉，也算是对社会一点微薄的贡献。我在深圳五矿证券“金田主升浪理财中心”主持工作，我们只接纳资金在1000万以上的客户，欢迎您加入我们的团队。

上篇

大道至简

孙子曰："兵者，国之大事……一曰道，二曰天，三曰地，四曰将，五曰法。"孙子把"道"列为"五事"之首，要夺取战争的胜利，首要的是"令民众与上同意也"，孙子的"道"指的是上下一心，才能不畏艰难险阻，夺取战争的胜利。

老子在《道德经》开篇就写道："道可道，非常道。"老子指明"道"只能意会而不能言传，老子"道"的含义博大精深，旨在探寻自然界的规律……人们常常从哲学的角度去思考。

什么是主升浪之道？我选择了 2008—2015 年一些走出主升浪的图形供大家从图形中思考其中的"道"。从中国股市的涨涨跌跌之牛熊交替，从许多股票的波浪运动不难看出，每年都有走出主升浪的股票，每年都有主升浪行情；只不过是熊市一年仅有那么一两波而已，而牛市就比较多了起来，一波未平一波又起。主升浪的"道"在何方？如何借力走向主升浪中之道？请读者从这些真实记录历史的图形当中去悟"道"吧，学道、悟道、才能得道。

第一章 2015 年主升浪行情

第一节 “一带一路” 主升浪行情

601766 中国南车（2015.1.5—4.20）

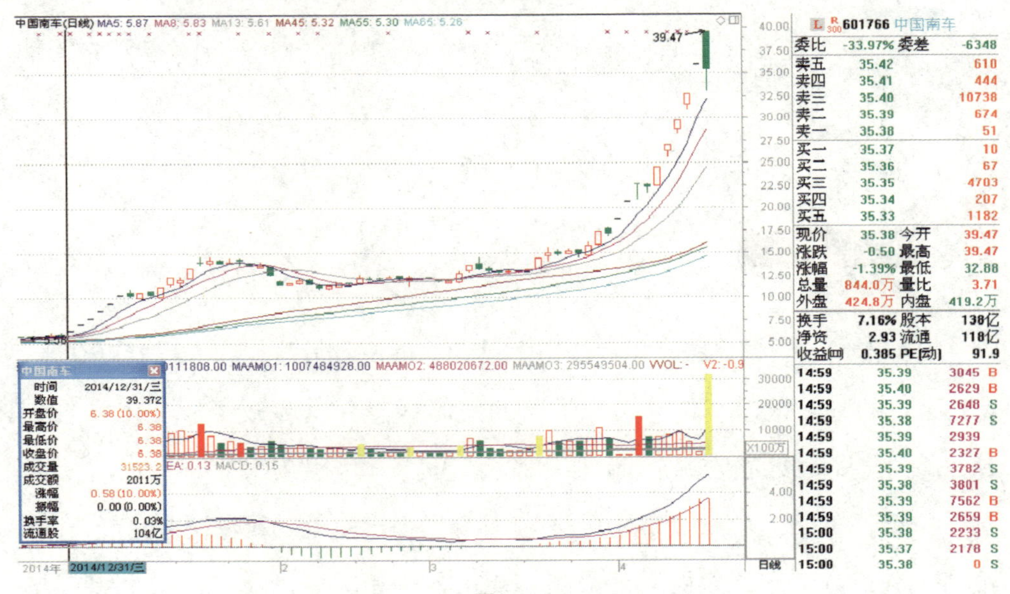

图 1—1

注：在本书的所有 K 线图中，红色实体表示涨停板，浅绿色表示跌停板，粉红色表示跳空缺口。量柱图中，黄色量柱表示倍量，红色量柱表示假阴量，绿色量柱阴线量，红空心柱阳线量。

601299 **中国北车**（2015.1.5—4.20）

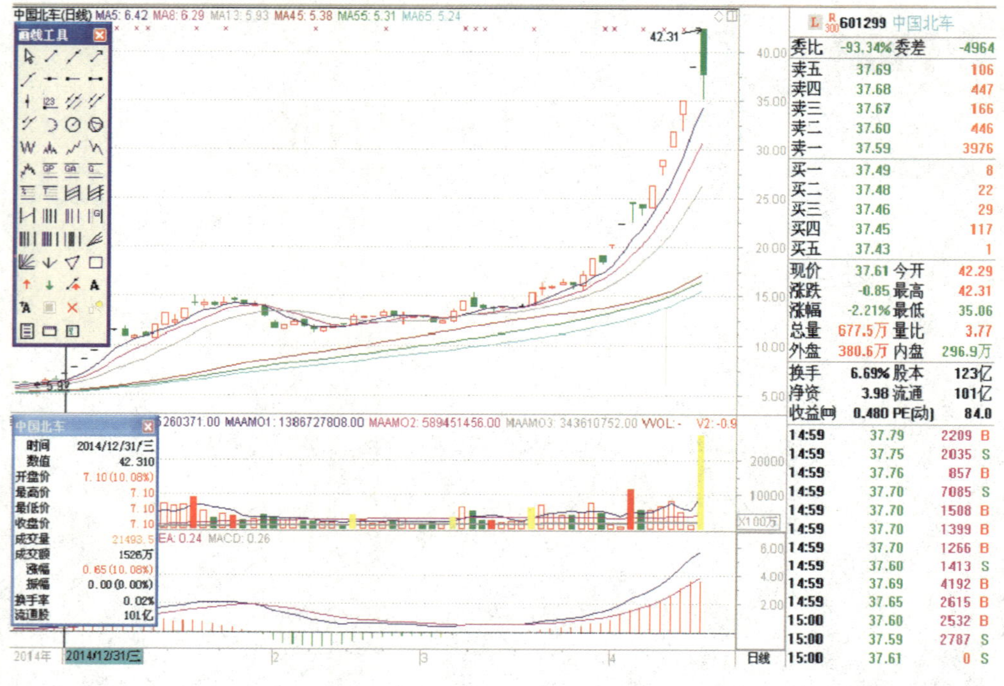

图 1—2

中国古代，丝绸之路在世界版图上延伸，诉说着沿途各国人民友好往来、互利互惠的动人故事。如今，一个新的战略构想在世界政经版图上从容铺展——共建“丝绸之路经济带”和“21 世纪海上丝绸之路”。

习近平总书记在 2013 年 9 月和 10 月分别提出建设“新丝绸之路经济带”和“21 世纪海上丝绸之路”的战略构想，强调相关各国要打造互利共赢的“利益共同体”和共同发展繁荣的“命运共同体”。

这一跨越时空的宏伟构想，从历史深处走来，融通古今、连接中外，顺应和平、发展、合作、共赢的时代潮流，承载着丝绸之路沿途各国发展繁荣的梦想，赋予古老丝绸之路以崭新的时代内涵——通过建设广泛的贸易和基础设施网络，经中亚将欧亚大陆连接起来。为了使这一宏图战略得以实施，中国在融资机制上做了准备，筹备了包括亚洲基础设施投资银行（简称亚投行）以及“丝绸之路”基金，这两者的初始资本金分别为1000亿美元和4000亿美元。对中国企业而言，大规模基础设施建设将极大地拉动相关制造业海外投资，该计划将为铁路基建、设备领域创造贸易和投资的机会。这些机会跨越了铁路基建、交通运输、港口、能源、消费、旅游等领域。

2014年“一带一路”领涨的铁路基建板块如中国中铁、中国铁建、中铁二局等主升浪行情一直延续到了2015年，且还没有结束。

2014年底启涨的高端装备如601766中国南车、601299中国北车主升浪行情也同样一直延续到了2015年，且没有结束。

陆上丝绸之路，由我国西安起，出新疆，到莫斯科，然后到东欧、西欧，如图1—3所示。

图1—3

海上丝绸之路，由我国沿海港口起，经泰国、印度尼西亚，穿越马六甲海峡，到印度、巴基斯坦，然后分两路，一路再穿越霍尔木兹海峡到土耳其；另一路到阿曼、埃及、索马里、肯尼亚，如图 1—4 所示。

图 1—4

牛市都有主线，主线在哪里，龙头就在哪里；龙头在哪里，主升浪就在哪里。偏离了主线，跟不上龙头，就失去了财富增值的机会。

思考题

1. 目前市场的热点板块有哪些?
2. 热点板块中龙头股是哪个?
3. 你有没有持有热点板块中的股票?
4. 同一个市场、同一只强势股票——我们怎样参与?
5. 我们的注意力怎样放在领头的、活跃的股票上?
6. “一带一路”的战略意义何在?
7. “一带一路”行情的领头羊是谁?领头羊如何变换?

第二节　“互联网+”主升浪行情

互联网板块领涨（2015.4.29）：共有 11 只个股涨停

全部板块 | 行业板块 | 概念板块 | 风格板块 | 地区板块 | 统计指数

	代码	名称	涨幅%↓	现价	涨跌
1	880494	互联网	6.82	7251.61	462.81
2	880489	电脑设备	4.84	2150.24	99.22
3	880430	航空	4.16	2271.76	90.73
4	880324	有色	3.96	910.40	34.69
5	880418	传媒娱乐	3.84	2592.89	95.80
6	880491	半导体	3.79	1336.41	48.74
7	880490	通信设备	3.69	1793.23	63.77
8	880432	运输设备	3.67	4620.41	163.59
9	880453	公共交通	3.66	1857.35	65.52
10	880422	文教休闲	3.26	2797.81	88.40
11	880493	软件服务	3.08	3526.22	105.37
12	880421	广告包装	3.02	2375.56	69.71
13	880399	家居用品	2.79	2782.82	75.60
14	880497	综合类	2.76	1574.79	42.27
15	880424	旅游	2.62	1810.72	46.17
16	880492	元器件	2.61	1669.88	42.55
17	880448	电器仪表	2.56	2196.87	54.87
18	880351	矿物制品	2.51	1489.83	36.41
19	880350	造纸	2.49	1478.14	35.92
20	880440	工业机械	2.48	1858.64	44.92
21	880387	家用电器	2.40	2110.26	49.52
22	880360	农林牧渔	2.39	1448.10	33.77
23	880437	通用机械	2.33	1461.49	33.32

	互联网(19)	涨幅%↓	现价	量比	涨速%	流通市值
1	拓维信息	10.01	39.00	91.62	0.00	101.82亿
2	顺网科技	10.01	58.69	1.08	0.00	103.71亿
3	掌趣科技	10.01	32.98	0.76	2.45	195.79亿
4	昆仑万维	10.00	137.89	0.63	0.00	96.52亿
5	暴风科技	10.00	111.40	2.03	0.00	33.42亿
6	东方财富	10.00	76.32	49.47	0.00	981.67亿
7	腾信股份	10.00	134.62	0.64	0.00	43.08亿
8	京天利	10.00	197.99	1.14	0.00	39.60亿
9	三六五网	10.00	201.63	0.97	0.00	128.50亿
10	上海钢联	10.00	108.46	1.20	0.00	150.58亿
11	乐视网	10.00	134.20	0.96	0.00	639.73亿
12	三五互联	4.88	19.14	0.64	0.05	39.31亿
13	游族网络	4.42	83.20	0.78	0.13	69.01亿
14	中青宝	3.30	31.00	0.62	0.09	80.60亿
15	焦点科技	3.04	88.49	0.72	0.10	53.28亿
16	生 意 宝	1.68	81.90	0.84	0.12	171.29亿
17	海虹控股	–	–	0.00	–	413.33亿
18	人民网	-0.49	60.94	0.66	-0.03	336.90亿
19	天神娱乐	-0.64	93.00	0.56	-0.24	56.28亿

图 1—5

300431 **暴风科技**（2015.3.24—5.14）

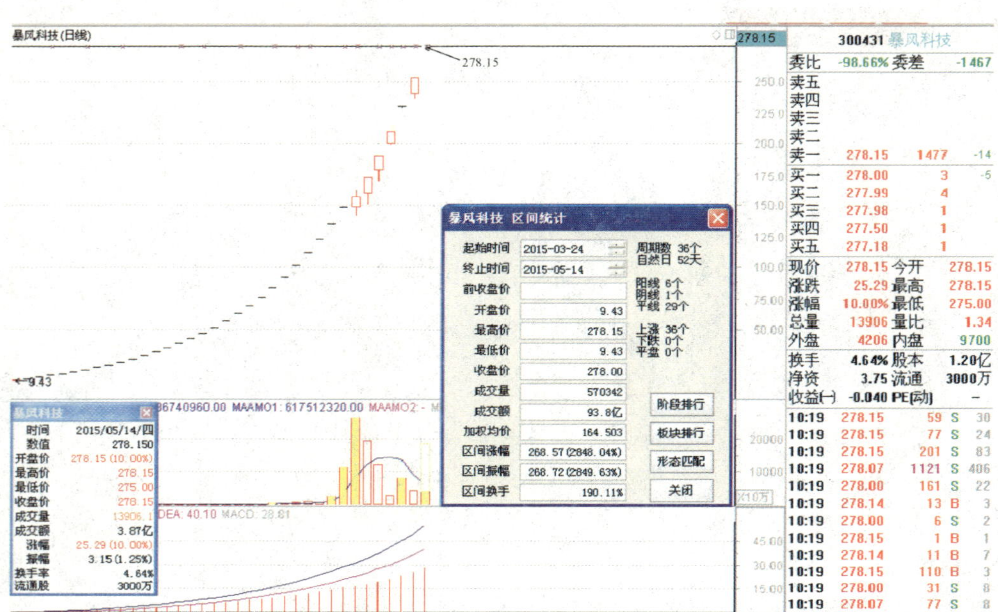

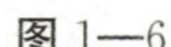
图 1—6

启涨背景

2015 年 3 月两会期间，“互联网＋”这个名词首次出现在政府工作报告中。所谓“互联网＋”，是指互联网科技应用与各个实体产业的充分融合，例如我们熟知的互联网金融、互联网零售、互联网物流等，还有一些目前并不被人熟知的如农业互联网、互联网医药医疗、互联网交通、互联网教育等。

李克强总理在两会闭幕式上答记者问称：“在场的各位都有网购经历，我也不例外，最近买过几本书，书名就不便说了，避免有做广告之嫌。但我很愿意为网购、快递、电子商业等做广告。”李克强表示，站在“互联网＋”的风口上顺势而为，会使中国经济飞起来。总理力挺“互联网＋”，对软硬件设备板块就是利好。围绕“互联网＋”的软件、硬件研发类上市公司，例如互联网管理应用的软件研发、移动支付设备、认证设备等板块。

2015 年 5 月 5 日，300431 暴风科技封死第 29 个一字板，创新股上市涨停历史记录；截至 5 月 14 日盘中涨停板时涨幅逾 29 倍，区间涨 268.5 元，涨幅高达 2848.04%。

北京暴风科技股份有限公司是中国知名的“互联网＋”视频企业，自创立以来即专注于视频技术的研发和创新。公司通过“暴风影音”系列软件（主要包括暴风影音 PC 端、暴风无线 APP 和暴风看电影视频浏览器），为视频用户提供以免费使用为主的多终端综合视频服务、为商业客户提供互联网广告信息服务。

第三节　软件板块主升浪行情

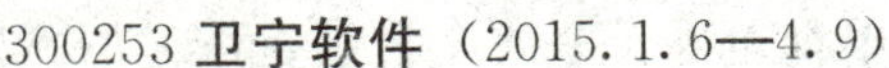

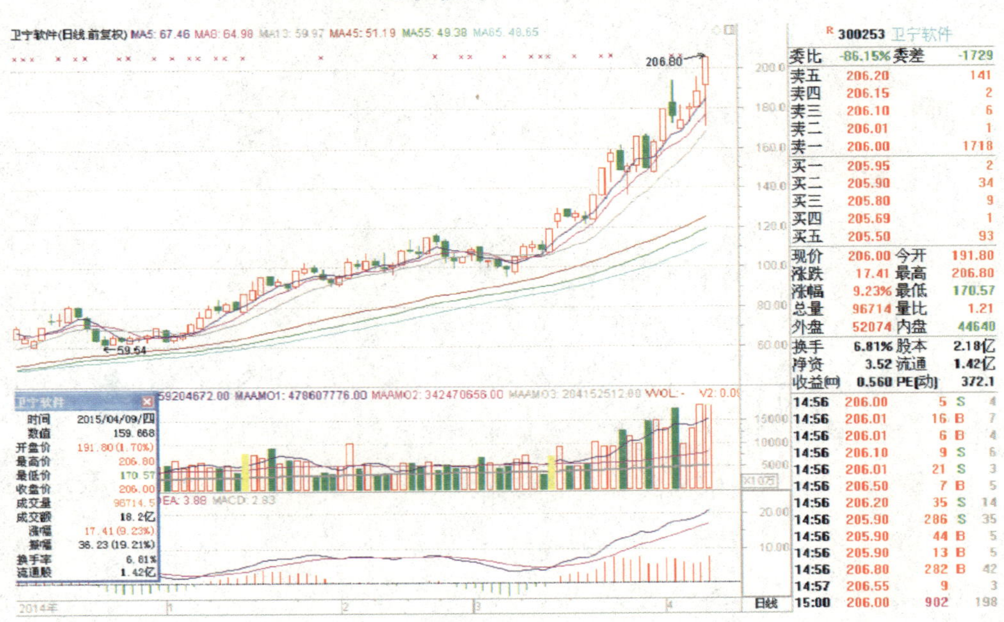

图 1—7

启涨背景

“棱镜门”事件后，网络信息安全尤为重要，禁用 Windows8 给国产软件带来新的机遇。国产软件领域里的政策利好不断，2014 年 5 月 20 日中央国家机关政府采购中心发布通知，要求采购的所有计算机产品不允许安装 Windows8 安全可控信息操作系统，2014 年 9 月份银监会网站发布《关于应用安全可控信息技术加强银行业网络安全和信息安全建设的指导意见》，要求安全可控信息技术 2019 年在银行业总体达到 75%左右的使用率。2015 年 1 月，国务院办公厅下发通知，批复同意《深入实施国家知识产权战略行动计划（2014—2020 年）》。该计划首次提出了“努力建设知识产权强国”的新目标。显然，政策给国产软件业发展带来良好的宏观面支撑。在这个背景下，300253 卫宁软件、300297 蓝盾股份、300085 银之杰、300380 安硕信息、300170 汉德信息等股票都走出了一波主升浪行情。

操盘感悟

股市就是战场，资金就是你的部队、你的士兵；你就是将帅，就是指挥员。每次战斗参与不参与，完全取决于你自己。不参与，你就是观望者；参与，你就是交战者。交战——是多空双方的交战，你是站在多方，还是空方？这完全取决于你对多空双方和你自己的了解程度。

要想在股市这个战场上取得胜利，有三个方面应该了解清楚：

首先，要了解市场。市场当前的形态是上升、下降，还是横向盘整？市场形态不同，操作策略也不同。

其次，要了解主力。主力目前重点布局哪个板块，哪只个股？主力在什么时候行动，什么时候不行动？把这些了解清楚才能踏上主力运作的节奏。

最后，要了解自己。自己决策的依据？自己决策的时间框架？自己决策时间的长短？执行决策的能力？应对行情突变的心态都要搞清楚。

把这三个方面了解清楚后，才能进入股市这个战场。有些散户连自己都没有了解清楚就进入股市开始战斗了，还想大赚一场，不就像盲人骑瞎马，夜半入深池，结果不言自明。

孙子曰："知彼知己者，百战不殆；不知彼而知己，一胜一负；不知彼，不知己，每战必殆。"知彼则可以攻，知己则可以守，这样就不会失败。孙子的这一军事名言，不仅揭示了军事将领对彼己情况的了解与战争胜负之间的关系，而且指明了在了解彼己情况的基础上，找出双方行动的规律，并按照这些规律去确定自己的作战行动，这样才可以战胜敌人。军事家作战是这样，在股市这个看不见硝烟的经济战场上又何尝不是这样？

第二章 2014 年主升浪行情

第一节 “证券板块”主升浪行情

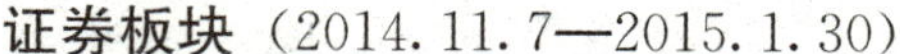

证券板块（2014.11.7—2015.1.30）

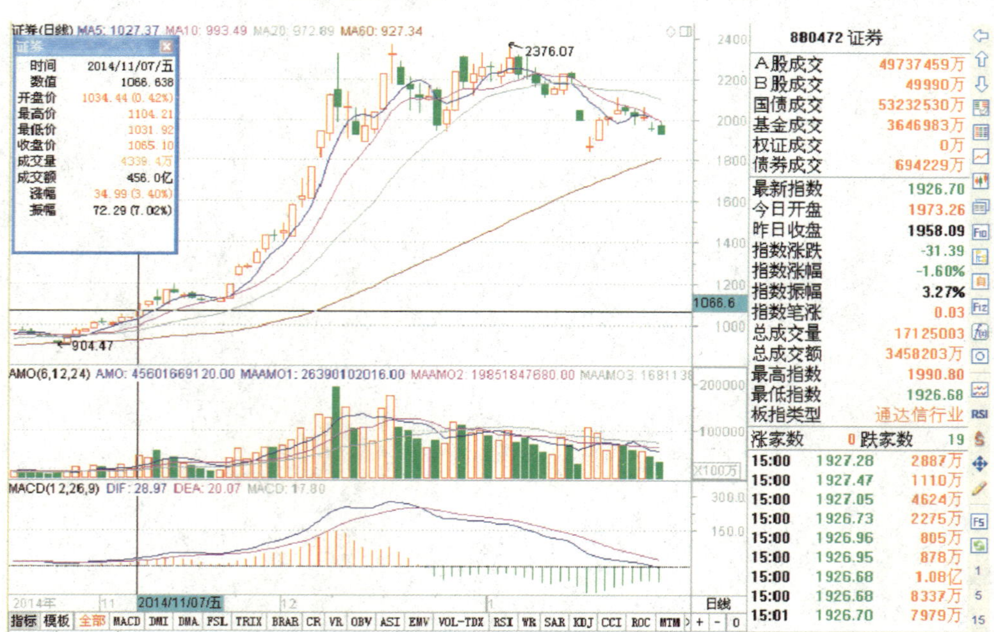

图 2—1

中国证监会与香港证监会2014年11月10日早间联合公告，沪港通下的股票交易将于2014年11月17日开始。

观察任何事物的关键是看其本质，判断大盘的关键是看政策的导向、场内各路主力的意图，而不是只看空洞的指数形态。

寻找牛市的主线，寻找市场的脉络；市场的主线、市场的脉络——要研究清楚。

证券板块120日涨跌幅排名（**截至**2015.1.30）

【截止日期】2015-01-30 行情数据

排名	股票名称	5日涨跌幅	20日涨跌幅	60日涨跌幅	120日涨跌幅	市盈率(倍)
1	锦龙股份	-3.94	12.77	70.71	105.84	94.59
2	兴业证券	-4.04	-17.38	107.24	148.28	55.94
3	光大证券	-4.32	-23.74	127.97	155.56	133.57
4	中信证券	-4.62	-13.26	119.03	113.17	38.79
5	国金证券	-4.66	-19.38	38.93	46.62	74.69
6	方正证券	-4.89	-16.77	100.00	98.03	56.75
7	东吴证券	-4.92	-18.52	62.96	108.28	55.89
8	太平洋	-4.96	-20.65	72.27	145.60	119.55
9	西南证券	-6.18	-20.05	65.75	87.24	48.55
11	招商证券	-6.57	-19.13	106.12	115.87	42.84

图 2—2

证券板块市值数据排名（截至 2015.1.30）

【截止日期】2015-01-30 市值数据

排名	股票名称	股价(元)	流通A股（万股）	总股数（万股）	流通市值（亿元）	总市值（亿元）
1	中信证券	27.8600	981466.17	1101690.84	2734.36	3069.31
2	海通证券	19.8700	809213.12	958472.12	1607.91	1904.48
3	招商证券	23.4600	466109.98	580813.55	1093.49	1362.59
4	广发证券	21.9000	591929.15	591929.15	1296.32	1296.32
5	华泰证券	21.0900	560000.00	560000.00	1181.04	1181.04
6	方正证券	12.0600	610000.00	823210.14	735.66	992.79
7	光大证券	23.2300	341800.00	341800.00	794.00	794.00
8	兴业证券	12.6000	520000.00	520000.00	655.20	655.20
9	长江证券	13.3200	474236.71	474246.77	631.68	631.70
10	国元证券	31.5000	196410.00	196410.00	618.69	618.69

图 2—3

601377 兴业证券（2014.11.19）

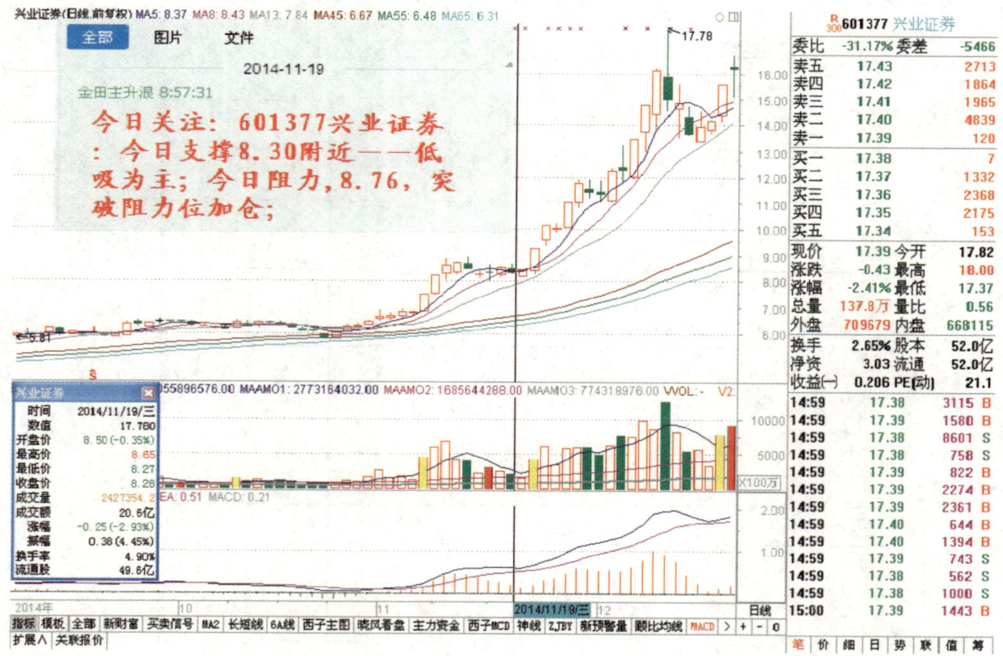

图 2—4

601377 **兴业证券**（2014.11.19—20）**早盘点评**

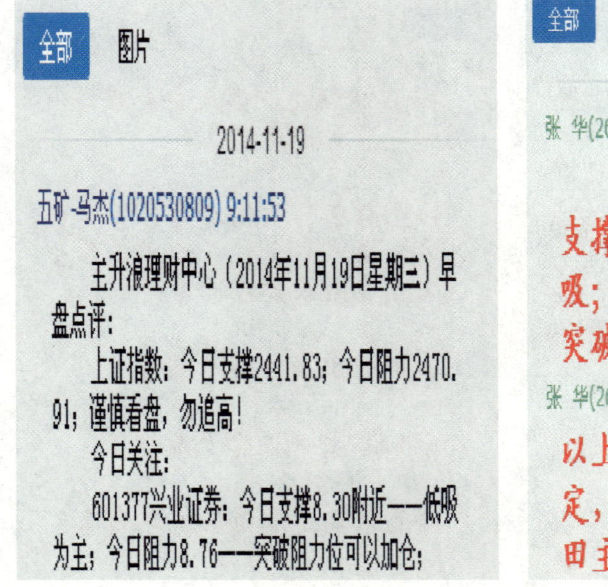
全部 图片

2014-11-19

五矿-马杰(1020530809) 9:11:53

主升浪理财中心（2014年11月19日星期三）早盘点评：

上证指数：今日支撑2441.83；今日阻力2470.91；谨慎看盘，勿追高！

今日关注：

601377兴业证券：今日支撑8.30附近——低吸为主；今日阻力8.76——突破阻力位可以加仓；

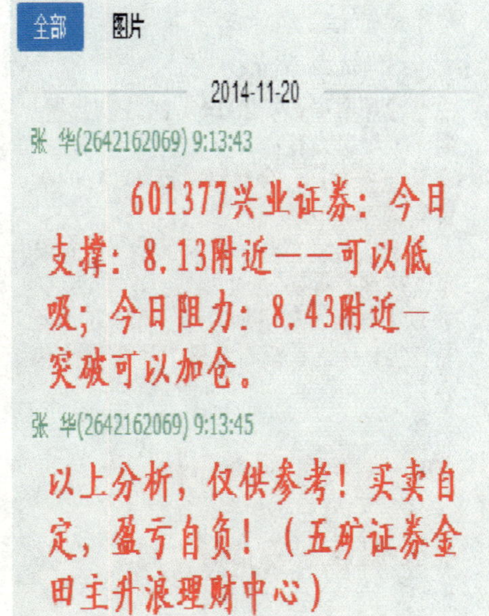
全部 图片

2014-11-20

张 华(2642162069) 9:13:43

601377兴业证券：今日支撑：8.13附近——可以低吸；今日阻力：8.43附近—突破可以加仓。

张 华(2642162069) 9:13:45

以上分析，仅供参考！买卖自定，盈亏自负！（五矿证券金田主升浪理财中心）

图 2—5

600999 **招商证券**（2014.11.24）

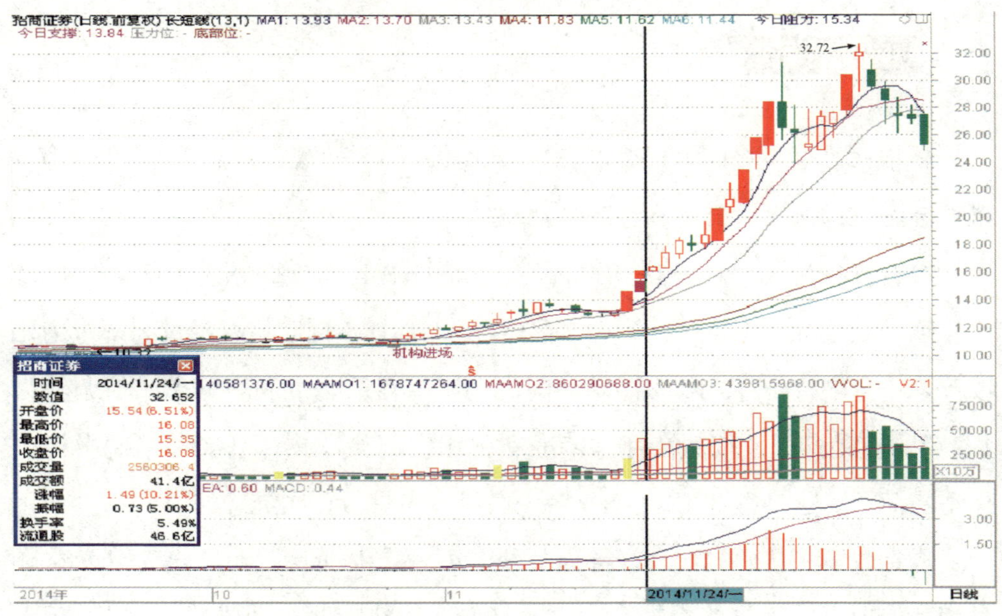

图 2—6

600999 **招商证券**（2014.11.24）**点评**

2014-11-24

五矿-马杰(1020530809) 9:16:00

主升浪理财中心（2014年11月24日星期一）早盘点评：

上证指数：。今日阻力2508.71；今日支撑2464.87；

今日关注：证券、供气供热、传媒娱乐、房地产板块

以上分析、仅供参考！买卖自定、盈亏自负！（五矿证券金田主升浪理财中心）

张 华(2642162069) 9:53:53

招商证券——涨停板

张 华(2642162069) 9:54:04

兴业证券也要涨停板了

全部 图片

张 华(2642162069) 10:32:38

600999招商证券又要封板了——有机会参与

张 华(2642162069) 10:32:40

以上分析，仅供参考！买卖自定，盈亏自负！（五矿证券金田主升浪理财中心）

张 华(2642162069) 10:45:50

600999招商证券封板了

张 华(2642162069) 10:48:07

601377兴业证券也封板了

张 华(2642162069) 10:48:49

今天依然是券商板块在领涨

图 2—7

启涨背景

新华社北京 11 月 21 日电：“中国人民银行 21 日宣布，自 11 月 22 日起，下调金融机构人民币贷款和存款基准利率。

“央行决定，金融机构一年期贷款基准利率下调 0.4 个百分点至 5.6%，一年期存款基准利率下调 0.25 个百分点至 2.75%。同时结合推进利率市场化改革，将金融机构存款利率浮动区间的上限由存款基准利率的 1.1 倍调整为 1.2 倍；其他各档次贷款和存款基准利率相应调整，并对基准利率期限档次作适当简并。这是继 2012 年 7 月后，两年多来央行首次降息。”

降息政策将从两方面利好券商板块：第一是券商自营业务将充分受益降息带来的债市投资收益率提高；第二是券商板块的高 β 属性将进一步持续，从而利好券商股业绩表现和估值提升。

操盘感悟

只有用赢家的思维方式去炒股，你才能成为赢家。思维的质量决定了交易的质量。思维不正确，再努力都是徒劳！

思考题

8. 怎样把握政策导向给市场带来的机会？

9. 当“同一时间、同一形态、同一特征”的股票群体在运动时，我们应当采取什么样的行动？

600999 **招商证券**（2014. 11. 24　10:32）**盘中提示**

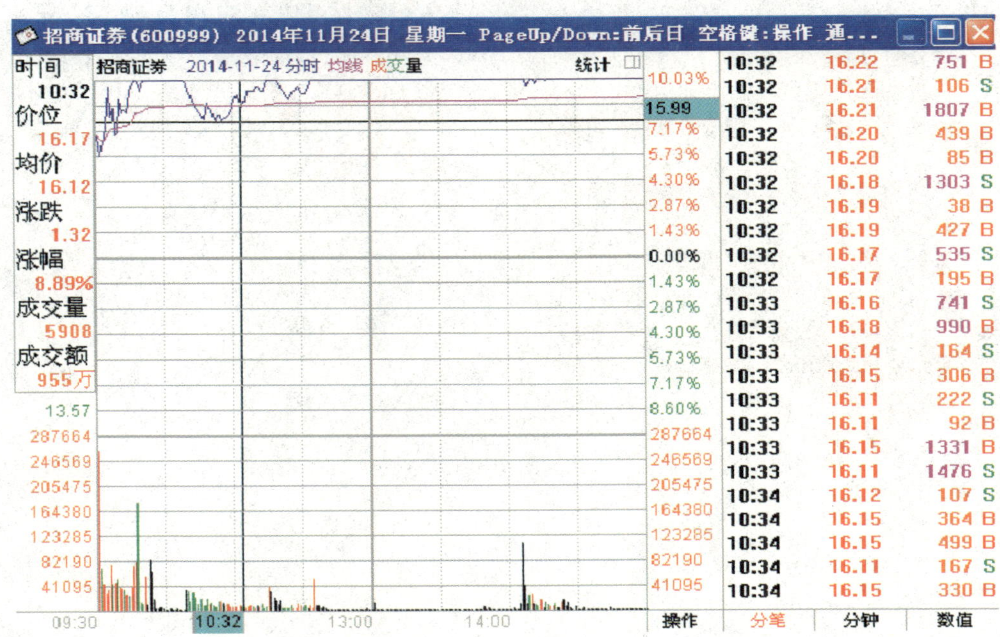

图 2—8

盘前、盘中点评

在 2014 年 11 月 21 日 600999 招商证券涨停板后的次日即 11 月 24 日，开盘前我们提示关注证券等板块，盘中点评招商证券有机会参与。

我们的思维是：当多方力量战胜空方力量的时候，我们与多方站在一起才能成功，我们借助的是多方的力量；反过来说，当空方力量战胜多方力量的时候，必须退出，与市场相冲突而对着干的做法是不明智的。

2015 年 1 月 8 日**盘前盘中点评建议：“减仓—清仓—出局等待”**

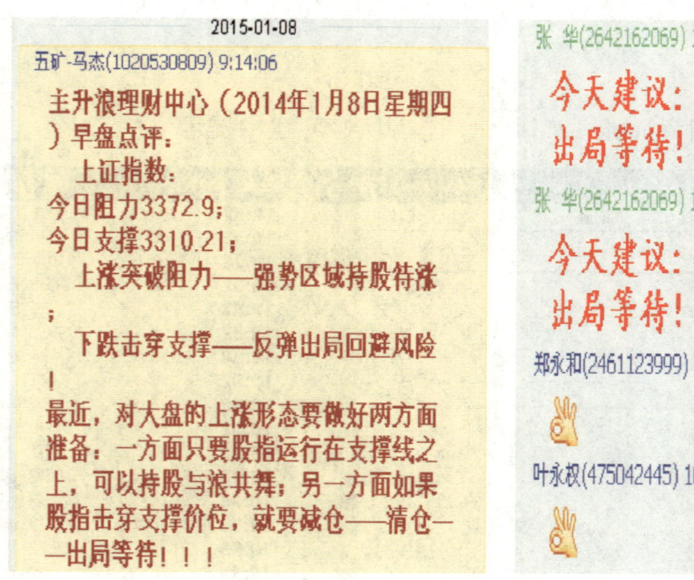

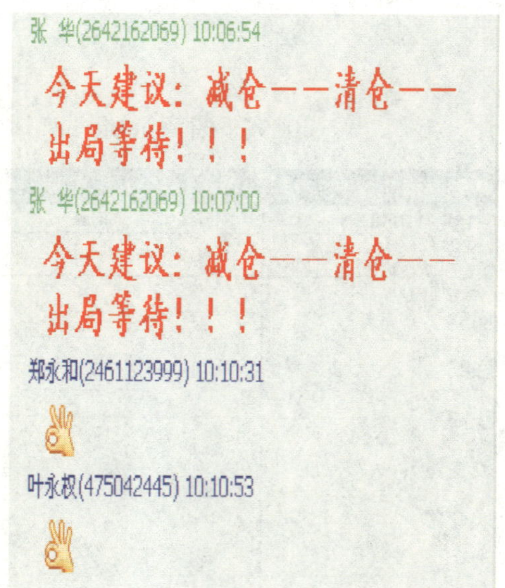

图 2—9

2015 年 1 月 9 日早盘点评建议："减仓—清仓—出局等待"

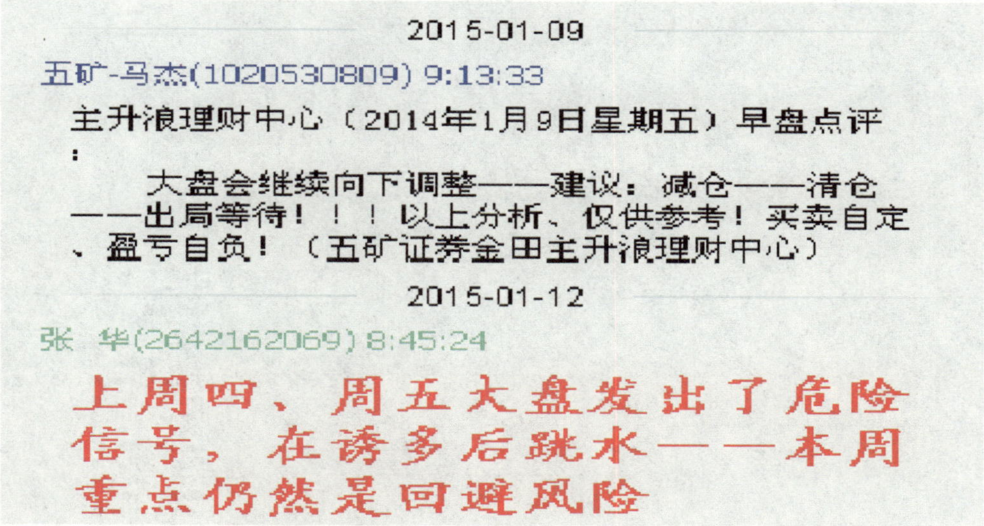

2015-01-09

五矿-马杰(1020530809) 9:13:33

主升浪理财中心（2014年1月9日星期五）早盘点评：

大盘会继续向下调整——建议：减仓——清仓——出局等待！！！以上分析、仅供参考！买卖自定、盈亏自负！（五矿证券金田主升浪理财中心）

2015-01-12

张 华(2642162069) 8:45:24

上周四、周五大盘发出了危险信号，在诱多后跳水——本周重点仍然是回避风险

图 2—10

如图 2—9、2—10 所示，本人于 2015 年 1 月 8、9、12 日连续三天在盘前、盘中点评提示风险。

上证指数（2015.1.19）

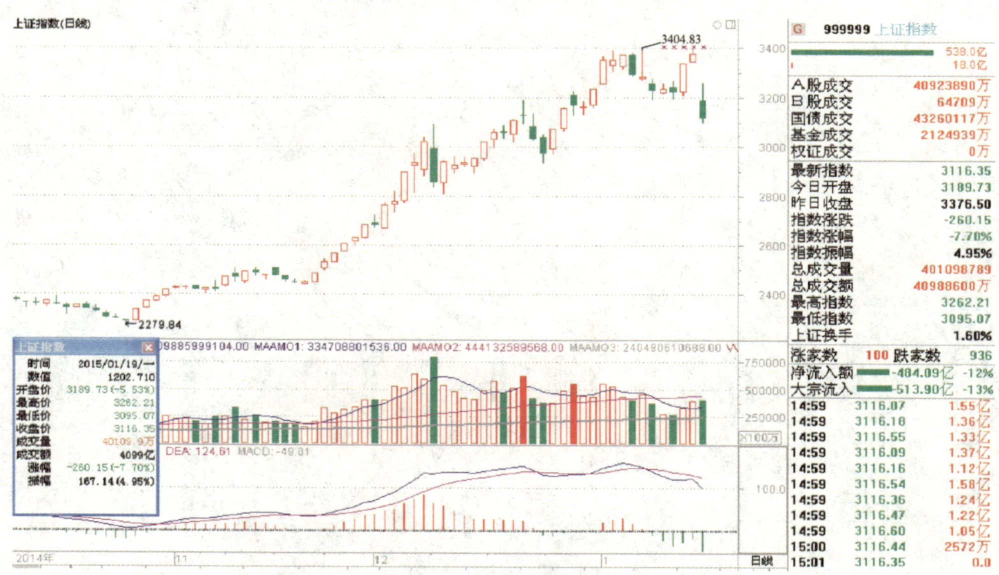

图 2—11

上证指数（2015. 1. 19）

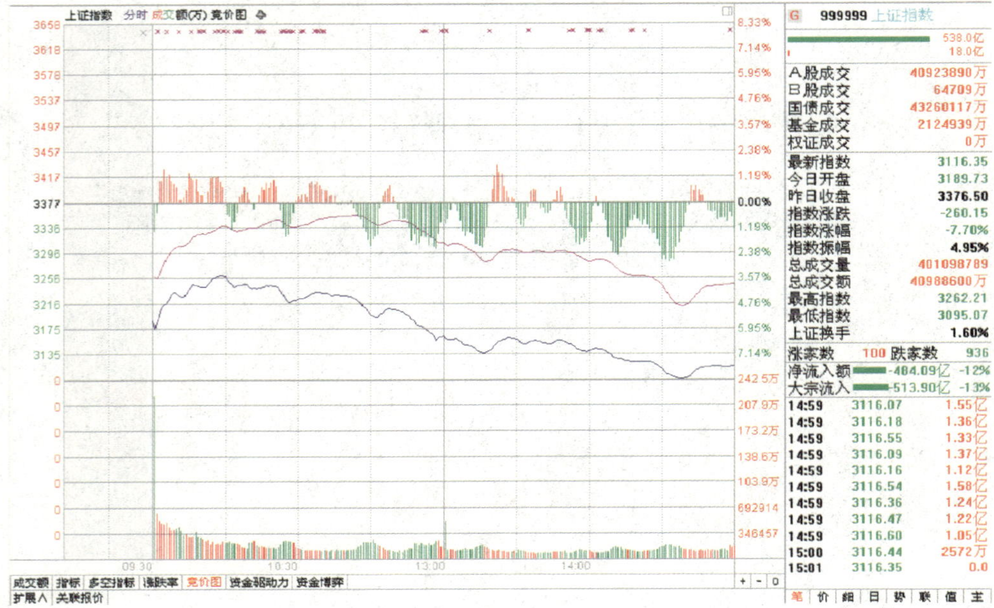

图 2—12

深证成指（2015. 1. 19）

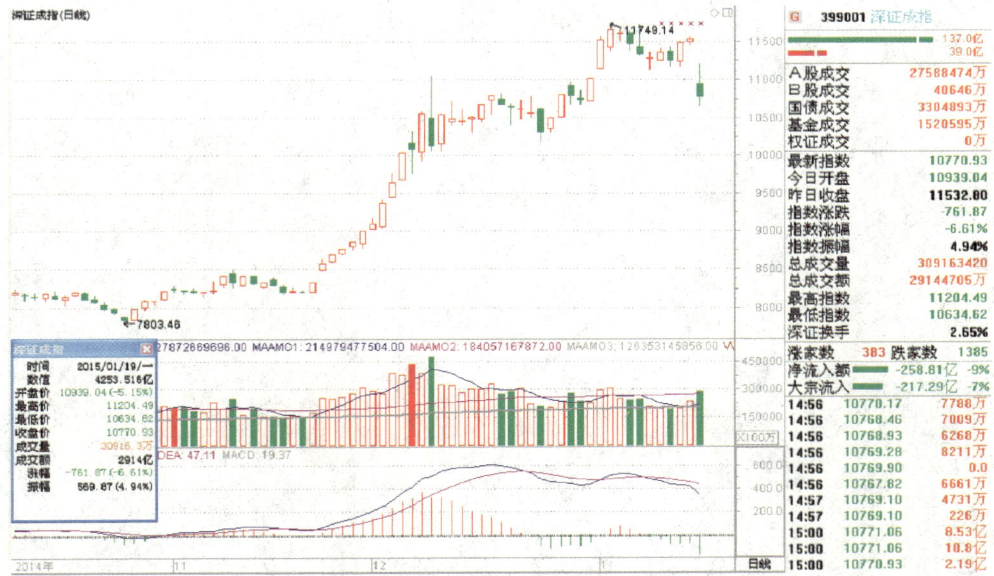

图 2—13

深证成指（2015. 1. 19）

图 2—14

880472 证券板块指数（2015. 1. 19）

图 2—15

跌停背景

受券商两融违规及中信证券第一大股东提前套现 110 亿影响，券商个股除 000562 宏源证券停牌，601901 方正证券、000686 东北证券、002736 国信证券接近跌停外，其他个股开盘集体跌停。到当日收盘，证券板块 20 只股票除宏源证券停牌外，其余 19 只股票全部跌停。

880472 **证券板块**（2015.1.19）

全部板块 | 行业板块 | 概念板块 | 风格板块 | 地区板块 | 统计指数

	代码	名称	涨幅%↑	现价	涨跌
1	880471	银行	-9.96	1419.51	-156.97
2	880301	煤炭	-9.48	550.63	-57.68
3	880472	证券	-9.38	1994.52	-206.52
4	880459	运输服务	-9.30	916.98	-94.03
5	880473	保险	-9.27	1482.30	-151.51
6	880310	石油	-9.15	1080.55	-108.87
7	880431	船舶	-8.29	975.71	-88.19
8	880476	建筑	-8.25	1259.65	-113.30
9	880305	电力	-7.98	1279.58	-111.00
10	880318	钢铁	-7.80	704.94	-59.60
11	880474	多元金融	-7.77	1961.57	-165.27
12	880447	工程机械	-7.72	610.56	-51.07
13	880452	电信运营	-7.41	947.54	-75.78
14	880482	房地产	-7.11	1302.14	-99.67
15	880465	交通设施	-6.92	1368.92	-101.76
16	880453	公共交通	-6.27	1079.61	-72.21
17	880454	水务	-6.19	1192.62	-78.75
18	880344	建材	-5.99	759.60	-48.44
19	880390	汽车类	-5.95	1213.47	-76.76
20	880380	酿酒	-5.73	917.66	-55.76
21	880414	商贸代理	-5.68	973.78	-58.62
22	880387	家用电器	-5.47	1416.64	-81.93
23	880324	有色	-5.36	588.57	-33.31

	证券(20)	涨幅%↓	现价	量比	涨速%	流通市值
1	宏源证券	–	–	0.00	–	1073.14亿
2	太平洋	-9.96	11.75	0.95	0.00	291.45亿
3	兴业证券	-9.97	12.64	0.92	0.00	657.28亿
4	西南证券	-9.98	18.14	0.70	0.00	421.31亿
5	广发证券	-9.98	23.35	0.19	0.00	1382.15亿
6	光大证券	-9.99	24.34	0.24	0.00	831.94亿
7	海通证券	-9.99	20.73	0.12	0.00	1677.50亿
8	西部证券	-9.99	31.09	0.33	0.00	213.78亿
9	东吴证券	-9.99	17.93	0.65	0.00	358.60亿
10	华泰证券	-9.99	23.15	0.17	0.00	1296.40亿
11	长江证券	-9.99	13.60	1.53	0.00	644.96亿
12	国元证券	-9.99	30.08	0.46	0.00	590.80亿
13	招商证券	-10.00	24.04	1.24	0.00	1120.53亿
14	中信证券	-10.00	29.62	0.08	0.00	2907.10亿
15	国信证券	-10.01	21.31	1.33	0.00	255.72亿
16	东北证券	-10.01	16.63	1.40	0.00	280.96亿
17	国金证券	-10.02	17.07	0.87	0.00	484.25亿
18	国海证券	-10.02	14.81	1.12	0.00	298.90亿
19	山西证券	-10.03	14.00	0.72	0.00	348.39亿
20	方正证券	-10.03	12.29	0.94	0.00	749.69亿

图 2—16

重磅利空

证监会新闻发言人邓舸于 2015 年 1 月 16 日在发布会上表示，证监会对 45 家证券公司的融资类业务现场调查结束，对相关公司进行了处理，其中，中信、海通、国泰君安存在违规问题，采取暂停融资融券账户三个月的处理；对民生证券和广州证券、齐鲁证券等 5 家公司采取警告的监管措施。在这一重磅利空下证券板块集体跌停板。实际上，大盘的 K 线图上在 2015 年 1 月 9 日，1 月 16 日都给出了调整的信号。

第二节 “建筑板块” 主升浪行情

880476 建筑板块（2014.10.30—2015.1.30）

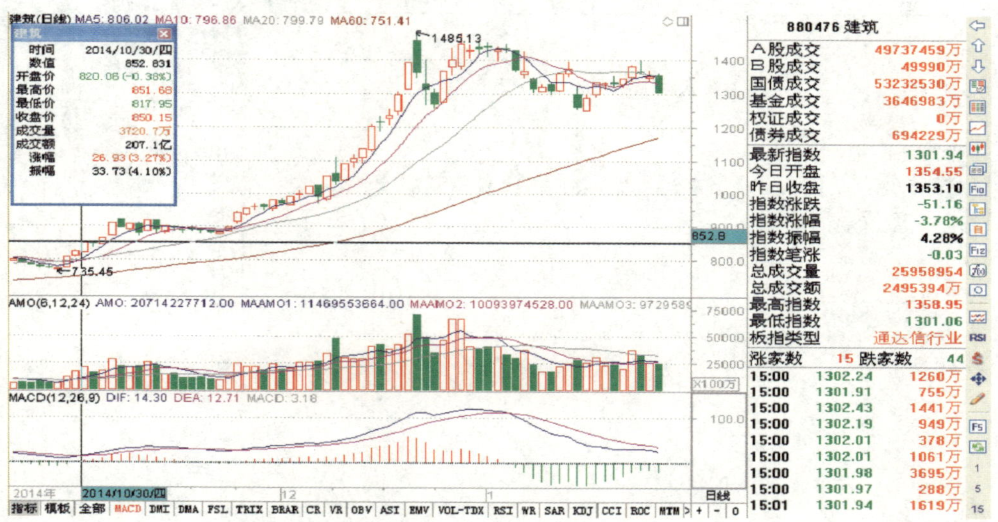

图 2—17

建筑板块市值数据排名（截至 2015.1.30）

【截止日期】2015-01-30 市值数据

排名	股票名称	股价(元)	流通A股(万股)	总股数(万股)	流通市值(亿元)	总市值(亿元)
1	中国交建	12.0600	134973.54	1617473.54	162.78	1950.67
2	中国建筑	5.8800	2985322.00	3000000.00	1755.37	1764.00
3	中国中铁	8.1400	1709251.00	2129990.00	1391.33	1733.81
4	中国铁建	13.1200	1026124.55	1233754.15	1346.28	1618.69
5	中国中冶	4.1200	1623900.00	1911000.00	669.05	787.33
6	中国电建	6.9700	330000.00	960000.00	230.01	669.12
7	上海建工	9.3600	109966.28	457170.33	102.93	427.91
8	中国化学	8.1300	493300.00	493300.00	401.05	401.05
9	葛洲坝	8.6600	348745.90	460477.74	302.01	398.77
11	中铁二局	15.3400	145920.00	145920.00	223.84	223.84

图 2—18

600528 **中铁二局**（2014. 10. 30—2015. 1. 30）

图 2—19

600528 中铁二局铁路系统第一家上市公司，西南地区铁路建设龙头。公司将是泛亚铁路的最大受益者。预计到 2020 年，世界铁路总投资额将超过 15 万亿元，平均每年投资金额将达 2. 5 万亿元，中国企业每年获得的市场份额或将达 3750 亿元。泛亚铁路从云南省昆明出发，分为东、中、西三线，在曼谷汇合后最终到达新加坡。规划建设的中泰、中老、中缅、新马铁路总投资超过 3200 亿元。在“一带一路”战略促进下，国内实力较强的基建类上市公司股价持续受到预期提振；而国家领导人的出访与大单的签署，也对该主题进一步形成刺激。

601390 **中国中铁**（2014.10.30—2015.1.30）

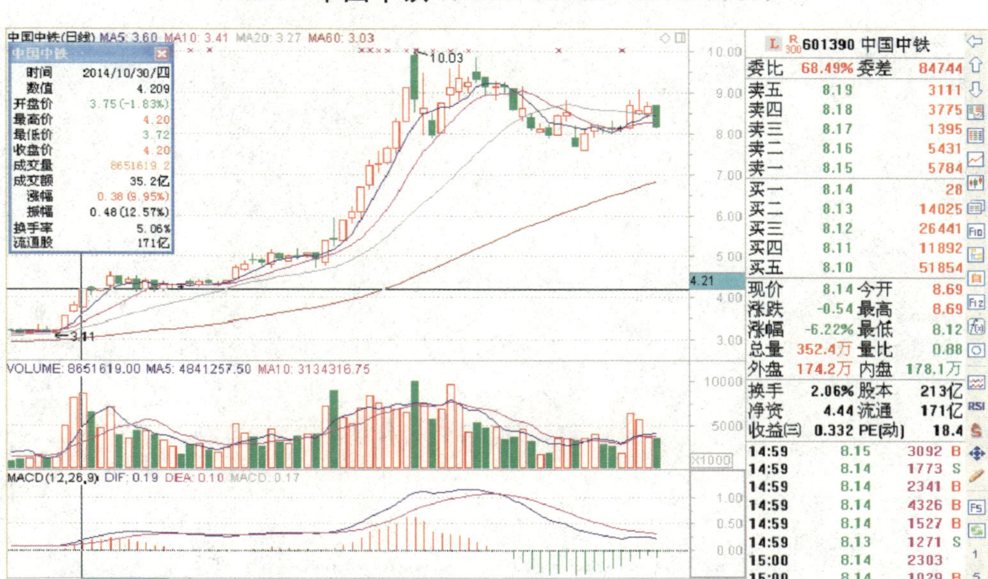

图 2—20

中国中铁是中国和亚洲最大的多功能综合型建设集团，按年度工程承包总收入计算，公司为全球第三大建筑工程承包商，公司已在境外逾 55 个国家和地区承建超过 230 个海外项目。20 世纪 80 年代以来，在工程、建筑、研究及设计各领域荣获超过 200 个国家级最高奖项。在 2013 年年度美国《财富》杂志世界 500 强企业排名中，公司名列第 102 位。

601186 **中国铁建**（2014.10.30—2015.1.30）

图 2—21

启涨背景

中国铁建公司主要从事建筑工程承包、勘察设计、物流贸易、房地产开发等，是中国最大的工程承包商和海外工程承包商，也是中国乃至全球最具实力、最具规模的特大型综合建设集团之一。公司紧跟我国铁路“走出去”的步伐，积极开拓海外市场，并带动劳务、设备、技术出口。

操盘感悟

市场的方向是各种力量相互博弈，最终形成合力的过程；政策的出台也一样。市场根本不在乎你是谁，不在乎你的盈利与亏损。你唯一的选择是与市场的方向保持一致，千万不要斗胆逆势而为。

上证指数（2015. 1. 27）

图 2—22

上证指数（2015. 1. 27）

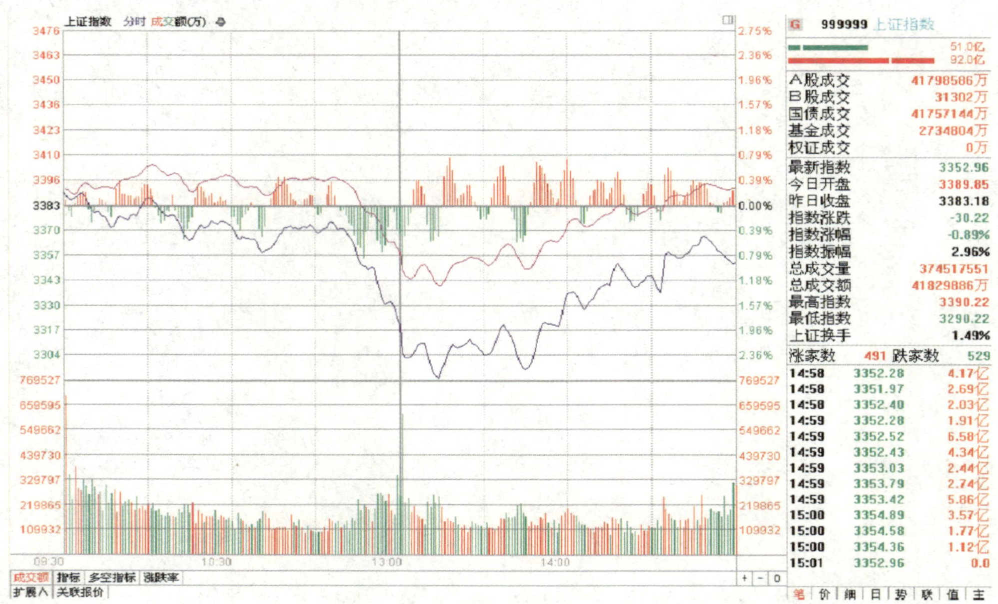

图 2—23

10. 怎样理解高位的吊首线?

深证成指(2015. 1. 27)

图 2—24

深证成指(2015. 1. 27)

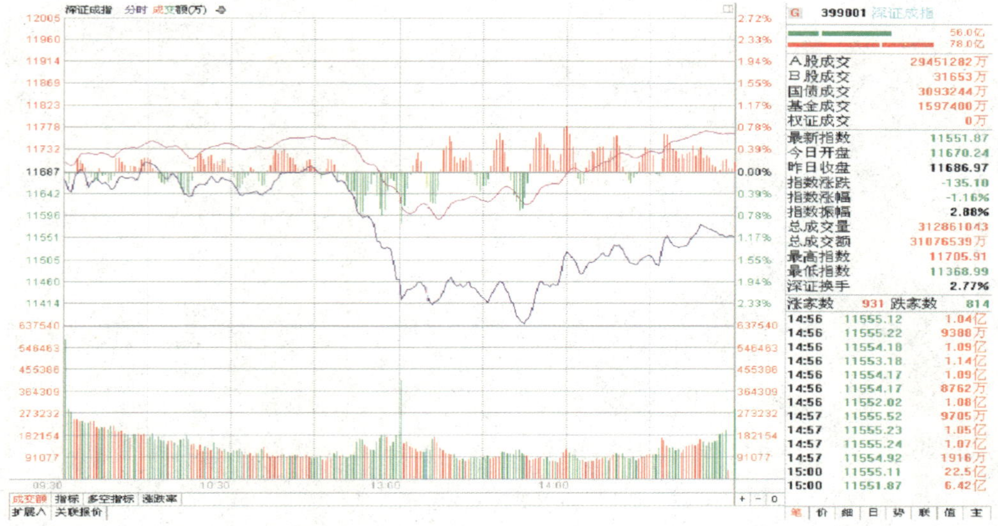

图 2—25

2015 年 1 月 27、28 日两次提示大盘风险

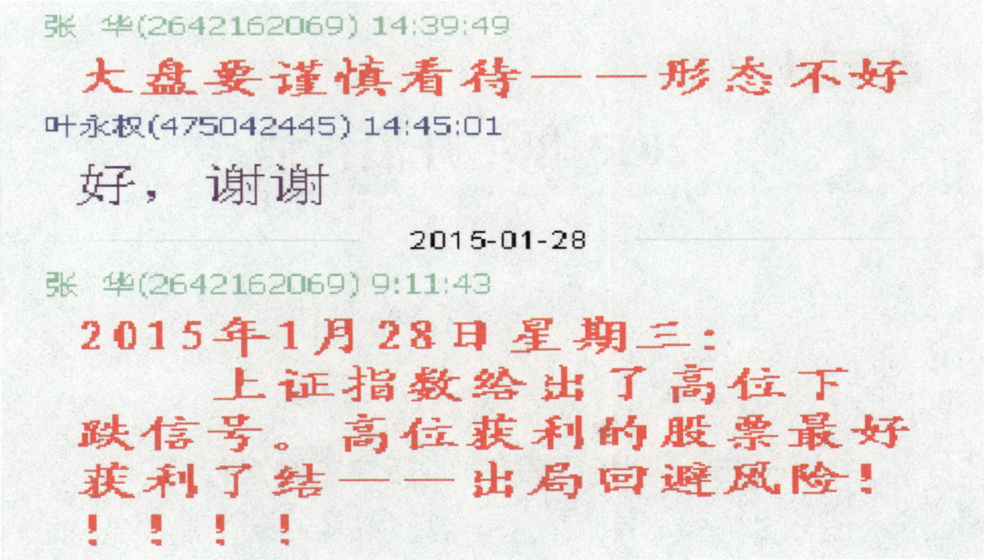

张 华(2642162069) 14:39:49

大盘要谨慎看待——形态不好

叶永权(475042445) 14:45:01

好，谢谢

2015-01-28

张 华(2642162069) 9:11:43

2015年1月28日星期三：
上证指数给出了高位下跌信号。高位获利的股票最好获利了结——出局回避风险！！！！！

图 2—26

如图 2—26 所示，2015 年 1 月 27 日下午 14:39 提示时，上证指数 K 线形态呈现出上吊线的雏形。到收盘后就明确的形成了标准的上吊线形态，因此，在 28 日开盘前我们提示：上证指数给出了高位下跌信号。高位获利的股票最好获利了结——出局回避风险！

思考题

11. 恐惧的心态是由什么引起的？
12. 贪婪的心态是由什么引起的？
13. 怎样才使自己的心态不失控？

第三章 2013年主升浪行情

第一节 “传媒娱乐” 板块主升浪行情

300027 华谊兄弟（2013.4.10—10.8）

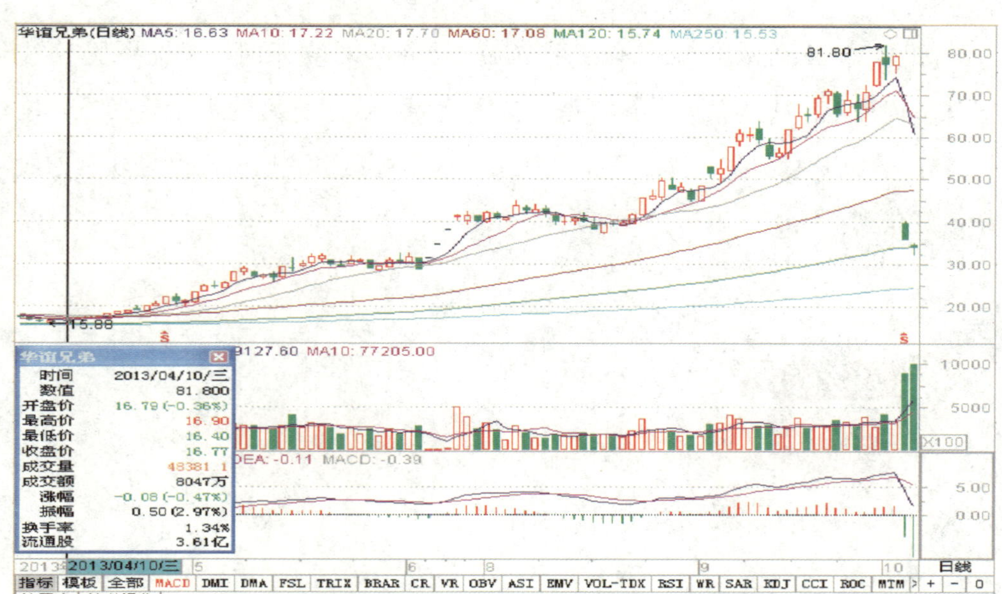

图 3—1

启涨背景

2010 年中共中央“十二五”规划中将文化产业定位于“国民经济支柱产业”，国家出台了一系列推动文化产业发展的举措。

2012 年 11 月，中共十八大报告中提出，文化产业要成为国民经济支柱性产业。要发展新型文化业态，提高文化产业规模化、集约化、专业化水平。政策暖风的频吹，使文化产业有了发展的原动力。

华谊兄弟传媒股份有限公司是国内最大的影视制作及艺人经纪服务企业之一，是国内领先的影视衍生产品运营商，也是国内较早建立集艺人经纪和影视制作与发行为一体的较为完整影视产业链的传媒企业之一。

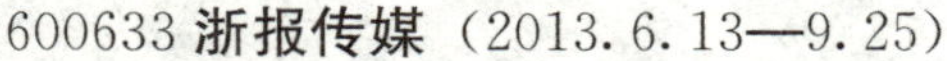

600633 **浙报传媒**（2013. 6. 13—9. 25）

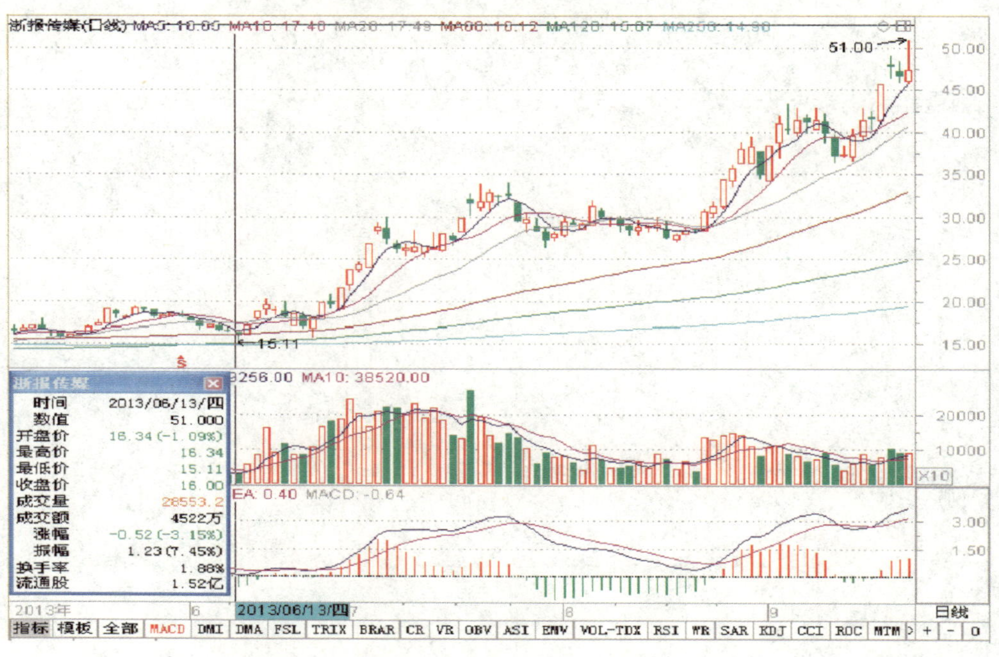

图 3—2

浙报传媒公司2011年通过借壳*ST白猫登陆资本市场，是中国第一家媒体经营性资产整体上市的报业集团、浙江第一家上市的国有文化集团，母公司拥有强大投资实力。

公司明确打造三大产业平台：新闻传媒、互动娱乐、影视，同时致力于成为文化产业投资平台。

国家政策、资本市场状况都有利于上市龙头企业做大做强。光线传媒、华谊兄弟、蓝色光标、华策影视、掌趣科技、浙报传媒、乐视网等、凤凰传媒、浙报传媒、人民网、电广传媒等都将受惠。这就是2013年传媒娱乐板块性的机会。

第二节　“上海自贸”板块主升浪行情

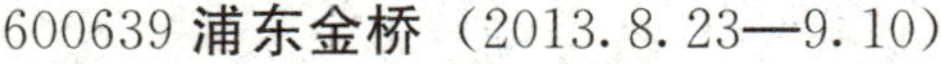
600639 浦东金桥（2013.8.23—9.10）

图3—3

启涨背景

2013年8月23日，国务院正式批准设立上海自贸区。试验区范围涵盖上海市外高桥保税区、外高桥保税物流园区、洋山保税港区和上海浦东机场综合保税区等4个海关特殊监管区域，总面积为28.78平方公里。

上海自贸区获批后，一夜之间，外高桥的房价上涨10%；上海自贸概念股呈现出纷纷普涨的格局，在当时这个背景之下，你如果身在股市，是否参与了这波行情？

600832 **东方明珠**（2013.9.6—10.22）

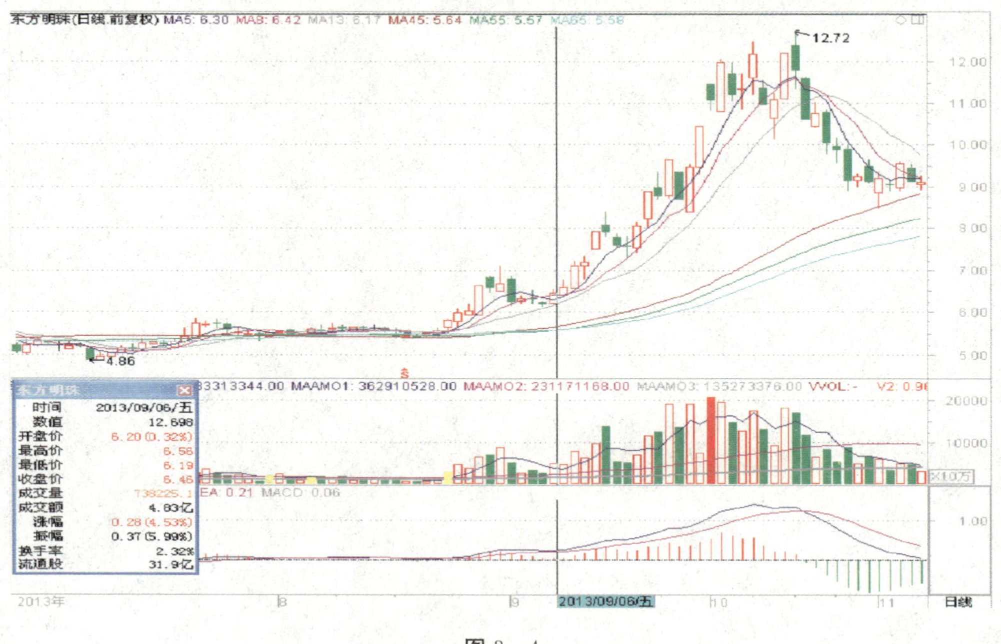

图3—4

600832东方明珠同样处在自贸区，直至9月6日，才开始了主升浪的拉升。

炒股成功最大的财富是理念、是思想，方法是其次的，新手总想要方法，而意识不到正确的思考才能发生正确的交易。

交易失败的最大原因在于脑海中经常存在着错误的思维方式，在错误思维指导下的交易必然会产生失败的交易。如果在没有改变思维的指导下，再次交易必然会带来再次的失败。失败的本身就告诉了我们的思维、判断、方法是有问题的，是必须放弃的，也是必须改变的。

2012 年主升浪行情

东宝生物主升浪行情

300239 东宝生物（2012. 4. 11—5. 14）

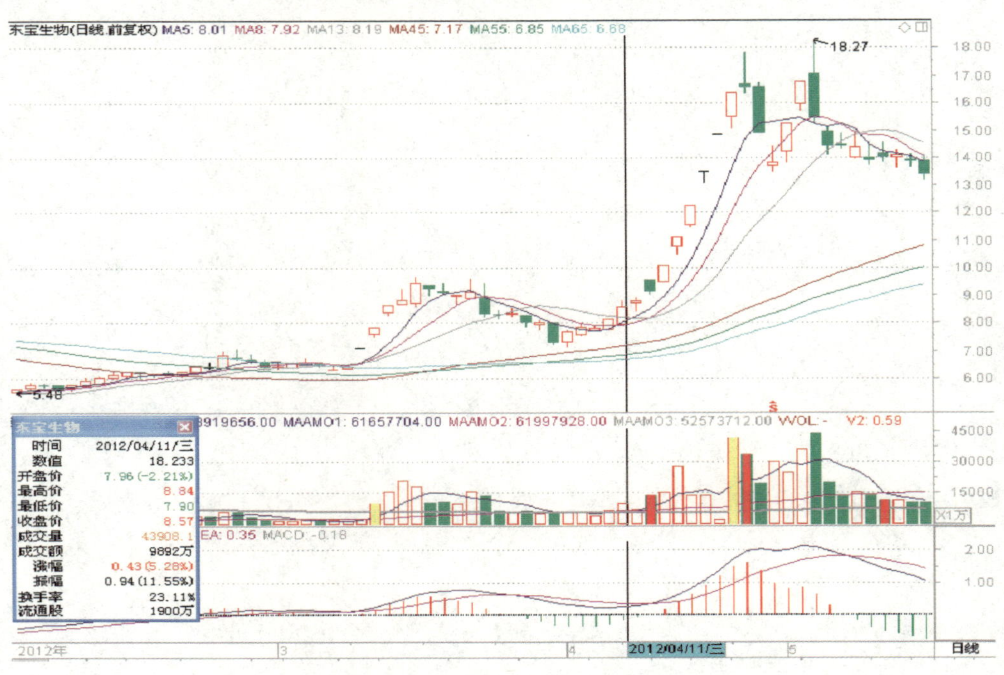

图 4—1

2012 年 4 月 15 日，媒体曝光了数十家药用企业用工业明胶生产药用空心胶囊并销往全国多个省市，涉及总数 1000 亿粒左右。此事曝光震惊了全国。而同样是生产药用胶囊的东宝生物却在 4 月 17 日高开涨停板，一路上涨。因为该企业没有生产毒胶囊。

14. 从东宝生物的形态中你悟出了什么？

2011 年 5 月主升浪行情

金瑞矿业主升浪行情

2011 年 5 月 10 日提示金瑞矿业启涨

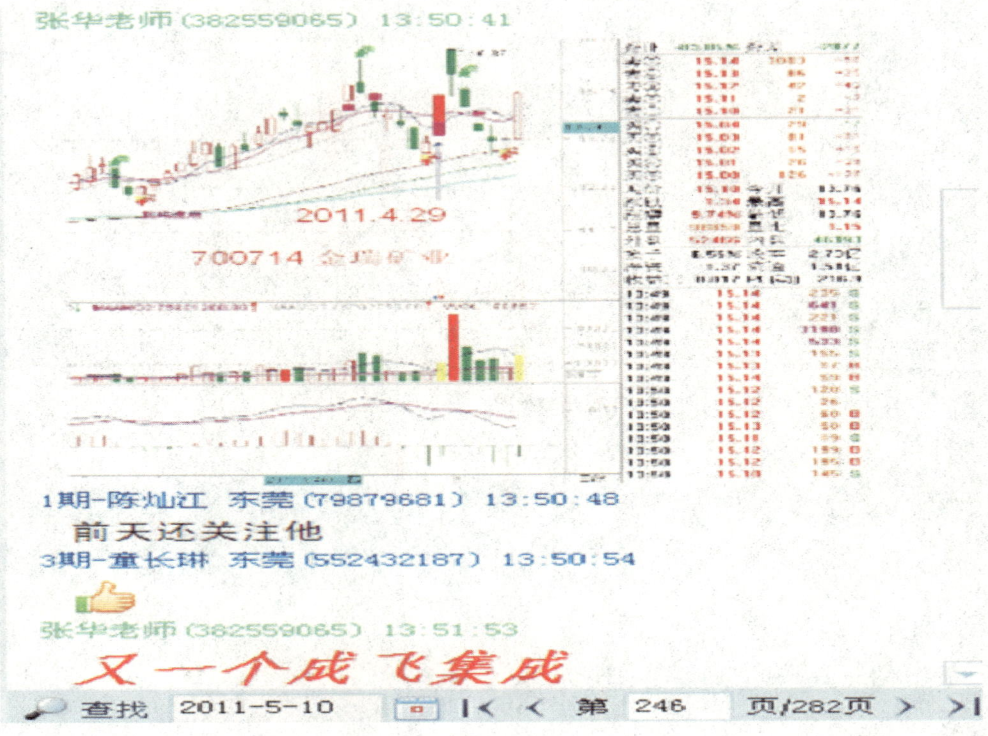

图 5—1

启涨背景

2009 年 9 月底，*ST 金瑞完成由矿石开采企业转型为煤炭开采企业。转型过后，金瑞原本主营的碳酸锶提取和金属锶的生产成为副业，煤炭开采成为主业。新的大股东青海投资集团持有的西海煤炭全部转让给金瑞，西海煤炭拥有海塔尔矿和柴达尔矿，已经探明的煤炭组合量约为 1.5 亿吨，可开采储量近 1 亿吨…… *ST 金瑞重组完成，余音未了，直到 2011 年 4 月 29 日才摘掉 ST 的帽子，当天该股涨停板。洗盘 5 天之后进入到我们的视野，成为我们投资的对象。在 2011 年 5 月 10 日启涨当天我们截图提示买进（如图 5—1 所示），其后一波主升浪，截至 6 月 3 日共拉出八个涨停板。

600714 **金瑞矿业**（2011. 5. 23）**第七个涨停板**

图 5—2

600714 **金瑞矿业第八个涨停板后收出浪高线**（2011.6.7）

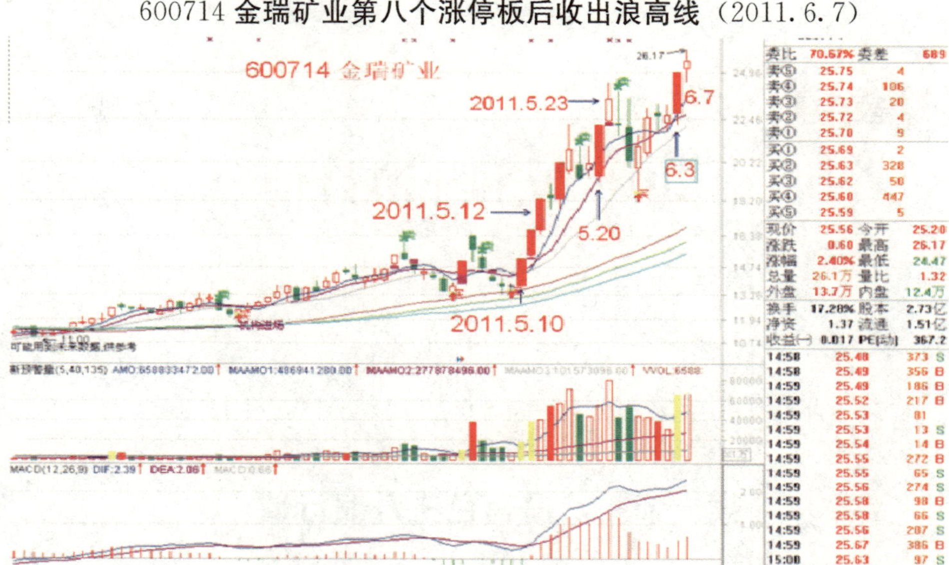

图 5—3

操盘感悟

股票是有生命的东西，因其后面是人。在其生命之路没有轮回之前，路还会照样走下去——直至出现顶部信号。

思考题

15. 重组的大股东是谁？重组的尽头在哪里？

16. 怎样理解顶部——浪高线？参考《借刀斩牛股》

2010 年主升浪行情

第一节　广晟有色主升浪行情

600259 广晟有色（2010. 5. 24—10. 14）

图 6—1

2010年05月18日

600259ST **有色关于撤销公司股票交易其他特别处理的公告：**

一、本公司股票交易实施其他特别处理的相关情况

本公司2004年度和2005年度连续两个会计年度的审计结果显示的净利润均为负值，根据上海证券交易所《股票上市规则》的有关规定，本公司股票交易自2006年5月9日起实施退市风险警示的特别处理。公司股票简称相应变更为“*ST聚酯”。

本公司于2009年1月13日实施完成重大资产重组事项，主营业务已经变更为有色金属矿产品的采选、冶炼、制造、加工和销售，获得了持续经营的业务及资产，提高了持续盈利能力。

经公司向上海证券交易所提出申请，并经上海证券交易所审核批准，公司股票已于2009年1月19日起在上海证券交易所恢复上市交易，公司股票简称变更为“ST聚酯”。另经本公司申请，并经上海证券交易所批准，公司股票简称自2009年2月6日起由“ST聚酯”起变更为“ST有色”。

二、撤销本公司股票交易其他特别处理的相关情况

根据北京永拓会计师事务所有限责任公司对本公司2009年年度财务报告出具的标准无保留意见的审计报告。公司2009年归属于上市公司股东的净利润28249274.06元，归属于上市公司股东的扣除非经常性损益后的净利润为7384446.30元。

根据《上海证券交易所股票交易规则》的有关规定，公司于2010年3月30日向上海证券交易所提出了公司股票交易撤销其他特别处理的申请。上述申请已获得上海证券交易所批准。

公司股票将于2010年5月18日（星期二）停牌一天，2010年5月19日（星期三）起恢复交易，并自2010年5月19日（星期三）开始，公司股票简称由“ST有色”变更为“广晟有色”，公司股票交易日涨跌幅限制由5%恢复为10%，股票代码不变。

三、特别风险提示

（一）2009年年初，为了应对全球金融危机，国家出台了《有色金属产业振兴规划》，根据广东省国资委的批复，我公司控股股东——广东广晟有色金属集团有限公司（下称“广晟有色集团”）按照市场公允定价方式，对我公司部分有色金属产品进行了商业收储。上述举措稳定了我公司2009年上半年的正常生产经营。2010年初至今，公司与控股股东尚未发生上述类似的收储行为，如果公司与控股股东今后不再发生上述的关联交易，将可能对公司的生产经营带来一定的影响。

（二）2010年度，国家对稀土产业发展政策有了一些调整，稀土出口配额的变动和市场波动，将可能对公司的生产经营带来一定的影响。此外，由于近几年稀有稀土金属战略地位的不断提高，国家加大了稀有稀土产业的调控和整合力度，尚未批准我司新的稀土探矿权和采矿权，对于我公司下属部分稀土采矿企业也将产生一定影响。

（三）我公司目前14家下属企业随公司2008年底重大资产置换而进入上市公司，多是稀土和钨的矿山开采和冶炼企业，分布地域广，部分企业为重组上市前几年刚收购和成立的公司，企业管理水平及生产经营能力仍需要进一步提升，这将对公司整体管理、协同能力及取得更好的经营业绩提出更高的挑战。

区间涨幅
（2010.5.24—10.18）：402.19％

广晟有色 区间统计（复权后）

项目	数值	统计
起始时间	2010-05-24	周期数 94个
终止时间	2010-10-18	自然日 148天
前收盘价	18.26	阳线 56个
开盘价	18.70	阴线 36个
最高价	101.37	平线 2个
最低价	18.70	上涨 60个
收盘价	91.70	下跌 34个
成交量	14683564	平盘 0个
成交额	522.9亿	阶段排行
加权均价	35.611	板块排行
区间涨幅	73.44（402.19%）	形态匹配
区间振幅	82.67（442.09%）	
区间换手	1319.78%	关闭

图 6—2

区间涨幅
（2010.9.27—10.18）：125.97％

广晟有色 区间统计（复权后）

项目	数值	统计
起始时间	2010-09-27	周期数 11个
终止时间	2010-10-18	自然日 22天
前收盘价	40.58	阳线 9个
开盘价	42.22	阴线 2个
最高价	101.37	平线 0个
最低价	41.10	上涨 10个
收盘价	91.70	下跌 1个
成交量	2142414	平盘 0个
成交额	138.7亿	阶段排行
加权均价	64.739	板块排行
区间涨幅	51.12（125.97%）	形态匹配
区间振幅	60.27（146.64%）	
区间换手	192.56%	关闭

图 6—3

2010 年 5 月 24 日和 2010 年 9 月 27 日根据主升浪之道的技术分析我们曾经两次提示点评广晟有色。

操盘感悟

股市里，就其本质而言，一方是财富的增长，另一方则是财富的灰飞烟灭。这一切，靠的是智慧的思维、智慧的操作。如果没有炒股的智慧，必然伴随着财富的丧失。

思考题

17. 从广晟有色的形态中你悟出了什么？

第二节　成飞集成主升浪行情

002190 **成飞集成**（2010. 6. 8—9. 9）

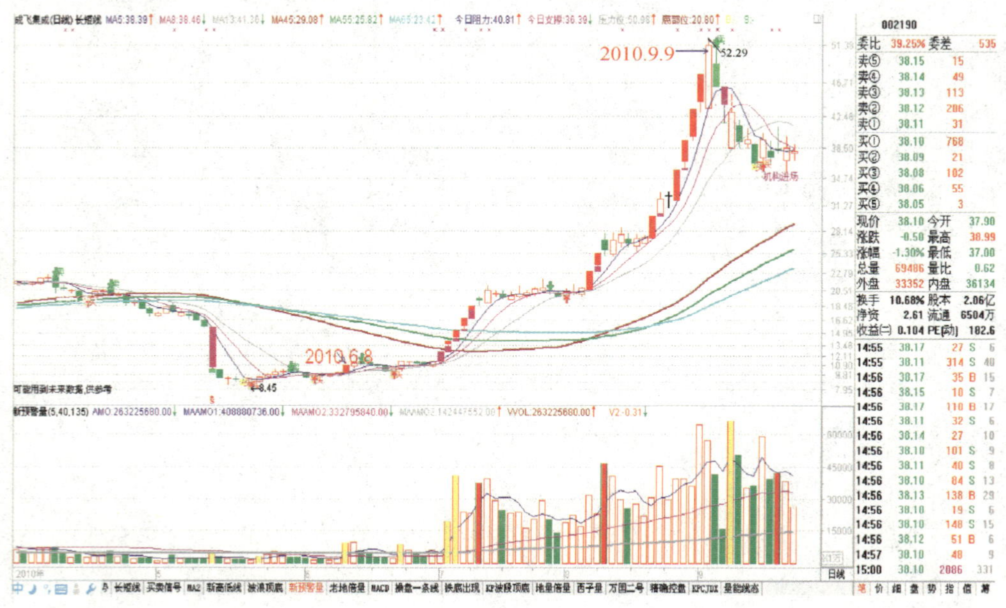

图 6—4

2010 年 7 月 6 日，四川成飞集成股份有限公司刊登了关于公司非公开发行股票方案公告，成飞集成第四届董事会第二次会议决议公告：

一、审议通过《关于公司非公开发行股票方案的议案》

1. 发行股票的种类和面值

本次非公开发行的股票种类为境内上市人民币普通股（A股），每股面值人民币1.00元。

……

3. 发行数量

本次非公开发行股票数量不超过10，600万股（含10，600万股）。

4. 发行对象及认购方式

本次非公开发行的发行对象不超过十名特定投资者，包括证券投资基金管理公司、证券公司、保险机构投资者、信托投资公司、财务公司及合格境外机构投资者等符合相关规定条件的法人、自然人或其他合法投资者。

……

7. 募集资金用途

本次非公开发行募集资金总额不超过10.2亿元，募集资金扣除发行费用后的净额将全部用于增资中航锂电（洛阳）有限公司（以下简称“中航锂电”）建设“锂离子动力电池项目”，具体如下：建设项目总投资额17亿元，拟投入募集资金额10.2亿元。

002190 **成飞集成**（2010.6.8—9.9）**区间统计**

成飞集成 区间统计

起始时间	2010-06-08
终止时间	2010-09-09
前收盘价	9.99
开盘价	10.02
最高价	52.29
最低价	9.90
收盘价	51.37
成交量	4799539
成交额	109.5亿
加权均价	22.812
区间涨幅	41.38(414.21%)
区间振幅	42.39(428.18%)
区间换手	737.83%

周期数 47个
自然日 94天

阳线 33个
阴线 12个
平线 2个

上涨 34个
下跌 13个
平盘 0个

阶段排行
板块排行
形态匹配
关闭

图6—5

由于新能源汽车相关投资草案的拟定，电池产品较为受益，作为锂电黑马的成飞集成自然成为了市场众多游资的首选目标。此后一波连续的主升浪，47个交易日，区间涨幅高达414.21%。

2010年6月8日根据《狙击涨停板》中的理论我们点评了成飞集成，有的客户一直持有到9月9日才出局。

18. 从成飞集成的大幅上涨中你悟出了什么？

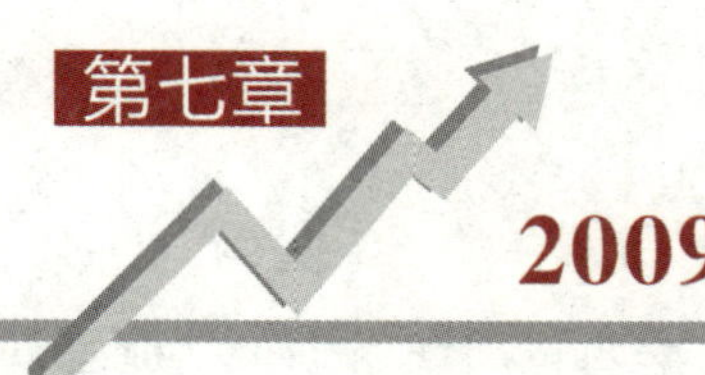

2009 年主升浪行情

莱茵生物主升浪行情

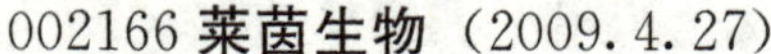

图 7—1

据世界卫生组织（WHO）通报，近期美国、墨西哥出现人感染猪流感（A/H1N1）疫情。截至 4 月 23 日，两国共报告流感样病例 898 例，62 人死亡（病死率 6.9%），其中美国（加利福尼亚和得克萨斯州）报告 16 例，确诊为人感染猪流感（A/H1N1）7 例，无死亡病例；墨西哥（联邦区、圣路易波多西和墨西卡利市）报告 882 例，死亡 62 例，确诊为人感染猪流感（A/H1N1）18 例。

2009 年 4 月以来，从墨西哥蔓延开来的流感，最初被诊断为猪流感。后来，世界卫生组织等权威机构研究发现，这种流感病毒实际包含猪流感、人流感和禽流感三种流感病毒的基因片段，于是将这种新型流感改称为 A（H1N1）型流感，我国称之为甲型 H1N1 流感。

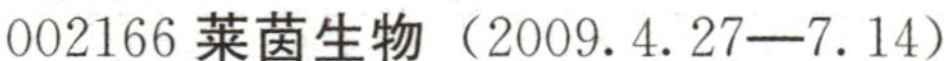

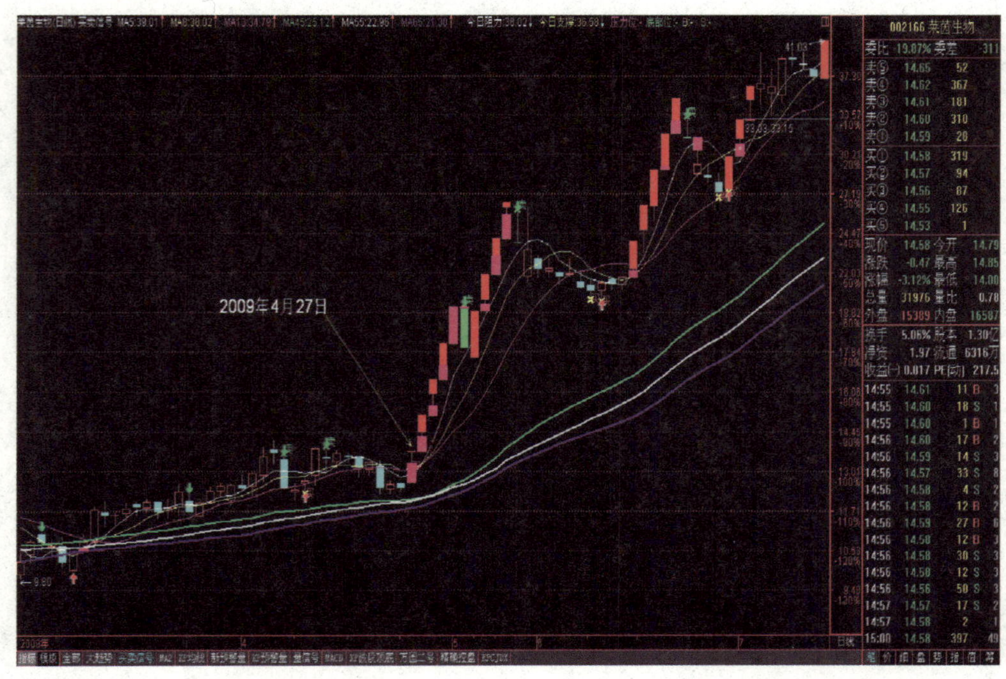

图 7—2

当时，涉及人用疫苗的上市公司有：600161 天坛生物、000078 海王生物、002007 华兰生物、002166 莱茵生物。生产动物禽流感疫苗的公司：600195 中牧股份、600201 金宇集团、600513 联环药业。

受到短期猪流感疫情事件刺激，以上公司股价都有反映。其中，反映最强烈的是莱茵生物。

002166 **莱茵生物**（2009.4.27—7.14）**区间涨幅**

莱茵生物 区间统计(复权后)

起始时间	2009-04-27
终止时间	2009-07-14
前收盘价	6.23
开盘价	6.85
最高价	22.55
最低价	6.64
收盘价	22.55
成交量	2805169
成交额	80.7亿
加权均价	28.757
区间涨幅	16.32 (261.96%)
区间振幅	15.91 (239.61%)
区间换手	888.18%

周期数 41个
自然日 79天

阳线 26个
阴线 10个
平线 5个

上涨 24个
下跌 16个
平盘 1个

阶段排行　板块排行　形态匹配　关闭

图 7—3

孙子在"势篇"中写道："激水之疾，至于漂石者，势也；鸷鸟之疾，至于毁折者，节也。是故善战者，其势险，其节短。势如彍弩，节如发机。"翻译成白话文则是说，湍急的流水以飞快的速度奔泻，以致能把石块飘移，这是由于水势强大的缘故；凶猛的飞鸟，以飞快的速度搏击，以致能捕杀鸟兽，这是由于节奏恰当的关系。所以，高明的将帅指挥作战，他所造成的态势是险峻的，是势不可挡的。盘中主力发力拉升的时候，既是一种凶险之势，又是一种迅疾之势。面对这种态势，是进是退？考验的是智慧与胆量。

19. 从莱茵生物的事件中你得到了哪些启发？

第八章 2008 年主升浪行情

太行水泥[①]主升浪行情

600553 太行水泥（2008. 11. 5—18）

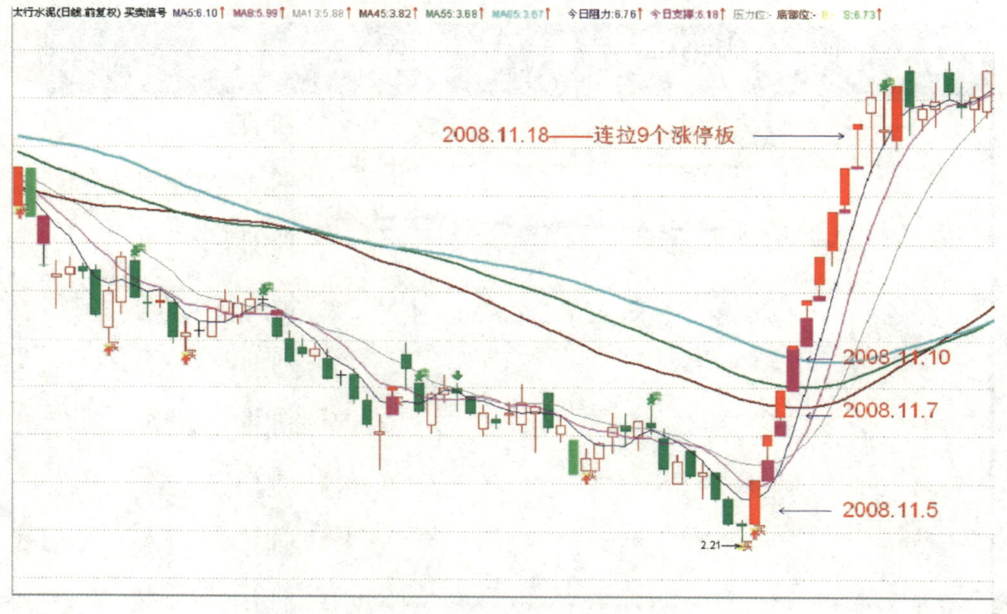

图 8—1

① 该公司于 2011 年 3 月 1 日退市。

2008 年 11 月 5 日召开的国务院常务会议，明确当前要实行积极的财政政策和适度宽松的货币政策，并确定了当前进一步扩大内需、促进经济增长的 10 项措施，初步匡算到 2010 年底约需投资 4 万亿元。4 万亿元的内需拉动，铁路建设、工程建设、水泥等将率先受益。

我国 2007 年的固定资产投资总规模为 13.7 万亿元，而这次新安排的扩大内需投资规模，到 2010 年底仅两年多时间内达 4 万亿元，对经济的拉动作用十分明显。电网设施、城市交通、铁路设施等方面的建设，将有效避免由于外需下降和房地产波动导致的经济快速下滑。

扩大内需方面，基础设施投资力度将加大，其中基础设施、灾后重建将先行启动。政府将通过增加发债对基础设施领域如铁路和公路投资，因此，铁路建设（包括铁路基建、运输、设备制造等）、工程建设（公路、桥梁）、水泥等基建原材料板块将率先受益。

600553 **太行水泥**（2008.11.5）**分时图**

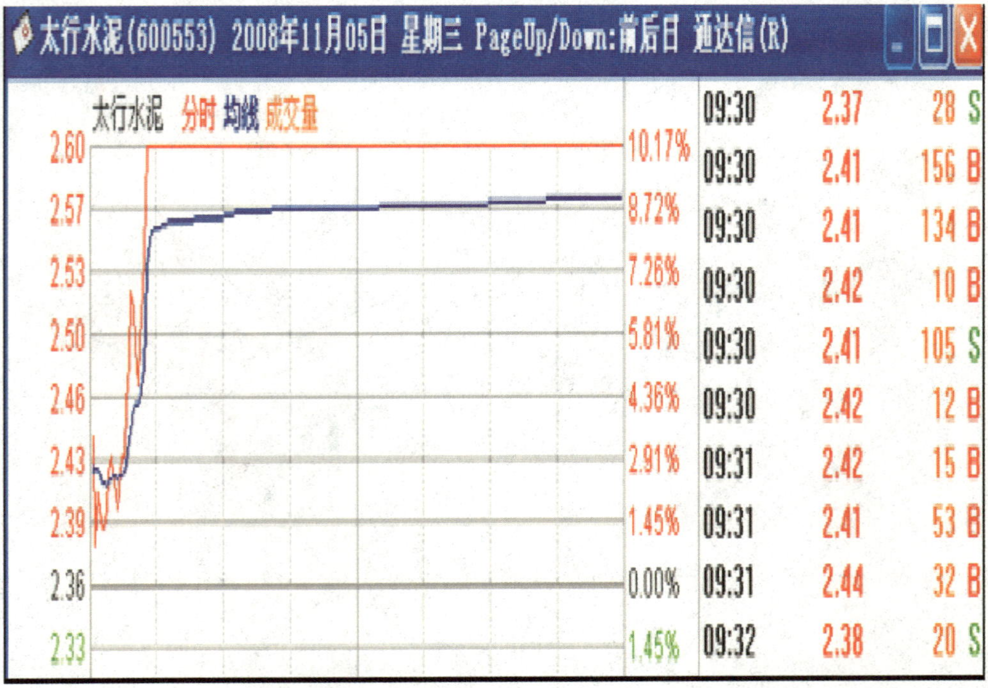

太行水泥(600553) 2008年11月05日 星期三 PageUp/Down:前后日 通达信(R)

太行水泥 分时 均线 成交量

价格	涨幅
2.60	10.17%
2.57	8.72%
2.53	7.26%
2.50	5.81%
2.46	4.36%
2.43	2.91%
2.39	1.45%
2.36	0.00%
2.33	1.45%

时间	价格	成交量
09:30	2.37	28 S
09:30	2.41	156 B
09:30	2.41	134 B
09:30	2.42	10 B
09:30	2.41	105 S
09:30	2.42	12 B
09:31	2.42	15 B
09:31	2.41	53 B
09:31	2.44	32 B
09:32	2.38	20 S

图 8—2

就在11月5日国务院常务会议召开的当天，600553太行水泥早盘半个小时就涨停板，6、7日继续涨停板，一连3个涨停板。而国务院常务会议的内容于11月9日才公布。可见盘中主力是多么的神通广大，而广大的股民只是在11月9日会议内容公布时才知道了，而这时它已经有三个涨停板了；后来又连拉6个涨停板，第10天再创新高，成为熊市里名副其实的妖股。

炒股最高的境界往往不是看技术面，而是看超级做盘主力——如何和政府有效呼应。在市场特别危险的时候、在危及市场安全的时候、在需要领军人物出现的时候，龙头股就会应运而生。我们的理念：只选只跟强势的主力，只等只做主升浪的股票。

第九章 炒股的时机

操盘感悟

炒股一定要把握住股市里的天时、地利与人和。

当政策暖风频吹，大盘脱离底部形态开始出现上升趋势苗头时，就是股市里最好的天时。2005 年上证指数下探到 998.23 低点后，股改、汇改、税改三大改革政策推动了上证指数从 2006 年 1 月脱离底部形态后步入一轮大牛市，576 个交易日，上证指数从 2005 年 6 月 6 日的 998.23 点上涨到 2007 年 10 月 17 日的 6124.04 点，区间涨幅高达 5022.64 点，涨幅高达 495.50%。

2013 年 6 月 25 日，上证指数在下探 1849.65 点后，2013 年 11 月 30 日证监会召开新闻发布会，出台了一系列改革措施，到 2014 年 7 月 24 日，上证指数突破了 2100 点，由此脱离了底部的盘整，走向上升趋势，这是中国股市又一波大牛市的启动，这就是股市里最好的天时。牛市初期就是进入股市投资的最好时机。

股市里的地利无疑是牛市里的主线和热点板块，只有在这里操作才算是进入有利地形；如果偏离了主线，跟不上热点板块，就会错失行情、错失机会。2014 年一直延续到 2015 年的“一带一路”行情，铁路基建板块、

“互联网+”板块、软件板块……都是当时股市里的地利，也是最好的地利。

股市里的人和无疑就是热点板块中的领头羊了，就像“一带一路”行情中的601766中国南车、601299中国北车；铁路基建板块的601390中国中铁、601186中国铁建、600528中铁二局……只要你能在主升浪启动之时买进，资金就有翻番的现实。

每一个进入股市里的投资者，要想在股市这个虚拟的市场中获利，最好把股市里的天时、地利与人和搞清楚了再操作才是上策。下面有一幅朋友送给的题字，与有缘分的朋友共享、共勉。

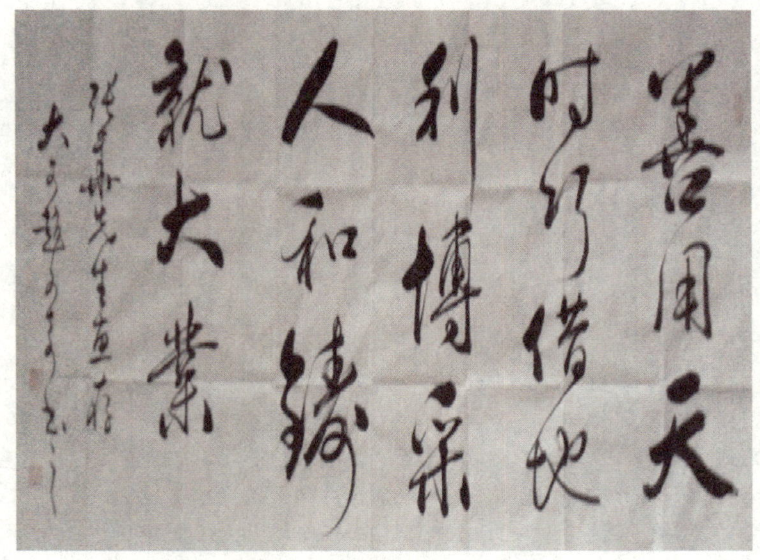

图9—1

思考题

20. 操盘时你是否考虑了股市里的天时、地利与人和？

21. 从以上实例主升浪产生的时间来看，每年哪个月是历史上看涨的月份？

第十章 牛市的预言

我很少写博客，实盘的人没有那么多的时间去写博客，只在空闲时偶尔写一点，为保持原汁原味，我们截图 10—1、10—2 看看当时的分析：

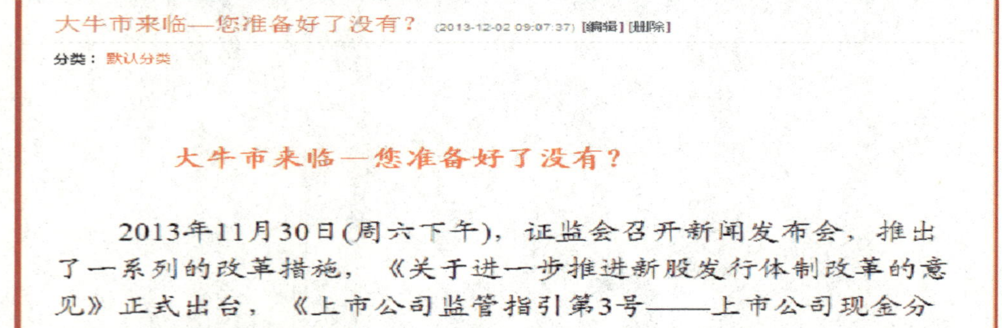

富网… × 东方财富博… × 狙击涨停板… × 猎取主升浪… × 大牛市来临… ×

大牛市来临—您准备好了没有？ (2013-12-02 09:07:37) [编辑] [删除]

分类： 默认分类

大牛市来临—您准备好了没有？

2013年11月30日(周六下午)，证监会召开新闻发布会，推出了一系列的改革措施，《关于进一步推进新股发行体制改革的意见》正式出台，《上市公司监管指引第3号——上市公司现金分红》和《关于开展优先股试点的指导意见》也陆续出台，市场期待已久的重量级消息终于出来了。——这是大牛市来临的号角。

在上一篇博文里我曾经写过“牛市曙光已经破晓：2013年11月15日（星期五）上证指数出现了近期调整以来没有的价涨量增的正常特征，这就是一个调整结束开始上涨的信号。这个信号意

图 10—1

义非同小可，它预告了下一波牛市将要在这个位置（2100点）启动，是牛市开始的信号。因此值得大喜大贺！”这是我提两周通过技术分析得出的结论——现在IPO新政的出台，更加肯定了它会加速大牛市的到来。

大牛市的形态图，会从2100点启动，然后突破2007年10月16日6124.04的高点，再创新高。套用波浪理论分析：上证指数从998到6124是中国股市的第一浪；6124到1664.93一直到2100点是中国股市的第二浪；中国股市的第三浪将会从2100点启动，然后突破6124.04的高点再创新高——形成一波第三浪完成中国梦的大牛市。

大牛市来了，您做好准备没有：

我想，为了迎接大牛市的到来，每一个股民都应该做好组织上、思想上、技术上、资金上这四个方面的准备。

图 10—1

上涨的头肩底 (2014-01-15 09:29:04) [编辑] [删除]

分类：默认分类

2014年1月15日星期三：

大盘分析：2014年1月14日（星期二）收盘后，我写到“上证指数今天收出一个螺旋桨形态，表明多空分歧很大，在这里不宜过分的看空。底部的螺旋桨，反转向上的概率比较大”。昨天，上证在智能机器板块的领涨下，收出一个小阳线。从目前的形态分析，上证指数在这里构成一个头肩底形态：左肩：1949.46；头部：1849.65；右肩：2000.40；头肩底形态是最可靠的反转形态，在底部，也就是在右肩底部的反转上涨，需要有大于左肩的量才好。

板块分析：绿色照明、云计算、智能机器板块都会有出色的表现。

个股分析：昨天盘中提示的：科冕木业、安居宝、阳光照明——都可以继续关注。

另外：绿色照明板块的：佛山照明、聚飞光电、雷曼光电、勤上光电、鸿利光电……也要关注；

个人分析，仅供参考！

图 10—2

上证指数（2014.1.15—2015.4.28）

图 10—3

图 10—3 是 2014 年 1 月 17 日，当时上证指数前收盘价位 2013.30 点，从 2014 年 7 月 25 日 2108.71 点启涨（图 10—3 中红色箭头所在的位置）一路上涨至 2015 年 6 月 12 日最高 5178.19 点。区间上涨 3153.05 点，区间涨幅 156.61%。图 10—3 证明了我之前在博客中对大盘的分析是完全正确的。2013 年 12 月 2 日我在博客中写道“大牛市的形态图，会从 2100 点启动……”，如图 10—1 所示；2014 年 1 月 15 日我在博客中写道“上证指数在这里构成一个头肩底形态：左肩为 1949.46 点，头部为 1849.65 点，左肩为 2000.40 点……”如图 10—2 所示。其后，大盘的上涨证明我事前的分析完全正确，不是事后诸葛亮。

思考题

22. 决定胜负的重要因素是什么？
23. 上篇中的事例你看到的“客观的事实”是什么？
24. 上篇中的事例对你的“思维、理念”有什么影响？
25. 怎样为自己找到一条炒股的“正确之路”？

上篇小结

炒股要有正确的思维、正确的理念，才能进入主升浪之道。

思维不正确，偏离了市场的主线，抓不住强势股，掌握不了主升浪的规律，再多的努力都是徒劳的。

思维要有哲理，要用唯物辩证法的三大规律（对立统一规律、质量互变规律、否定之否定规律）来指导思维。思维的质量决定了交易的质量，正确的思维产生正确的理念，错误的思维产生错误的理念。理念来源于思维，思维又形成理念，理念又是决定大赚或者大赔背后的力量。

思维正确不正确，检验的标准只有"赢亏"两个字。账户中盈利，说明思维正确；账户中亏损，说明思维不正确。

盈利的理念要坚持、要完善、要不断地总结，这样才能夺取更大的胜利。我的理念：只选只跟强势的主力，只等只做主升浪的股票。

亏损的理念要抛弃、要改变，唯有改变，才能获得新生。不正确的理念如果存在的时间长了，就会成为成熟的、错误的思维方式，最终导致交易者的毁灭。

但愿本书的思维、理念能给您带来帮助。

中篇

系统工具

市场经济中任何交易最重要的就是价与量，股票交易也不例外，只不过又衍生了其他辅助的工具，应用这些更多的工具使交易者更能做出比较准确的判断。每一种工具都有自己的长处，如何综合众家之长达到最优化是我们每一个交易者的追求。

在这里我主要选择了均线、价格、成交量、筹码、盘口、基本面这六个系统中最主要的核心图形进行解读。力图透过主要的指标看清其中的本质，破解主升浪的奥秘。在解读中我们分开来论述，实战中却要综合运用。只有综合运用得好，才不会顾此失彼出现差错。

第一章

移动平均线系统

第一节 格兰威尔移动平均线八大法则

格兰威尔移动平均线买进法则：

1. 均线从下降逐渐走平且略向上方抬头，而股价从均线下方向上方突破，为买进信号。

2. 股价位于均线之上运行，回档时未跌破均线后又再度上升时为买进时机。

3. 股价位于均线之上运行，回档时跌破均线，但短期均线继续呈上升趋势，此时为买进时机。

4. 股价位于均线以下运行，突然暴跌，距离均线太远，极有可能向均线靠近（物极必反，下跌反弹），此时为买进时机。

格兰威尔移动平均线卖出法则：

5. 当平均线从上升逐渐转为盘局或下跌，而股票价格下跌破平均线，为卖出信号。

6. 当票价格趋势走在平均线之下，股票价格上升并未突破平均线且又开始下跌，且移动平均线为下降走势，是卖出信号。

7. 当股票价格虽然向上突破平均线，但又立刻回跌至平均线以下，此时平均线仍为下降走势，为卖出信号。

8. 当股票价格突然暴涨，突破且远离平均线，且移动平均线为上升趋势，则股票价格极有可能回档调整，为卖出时机。以上如图 1—1 所示。

格兰威尔移动平均线①

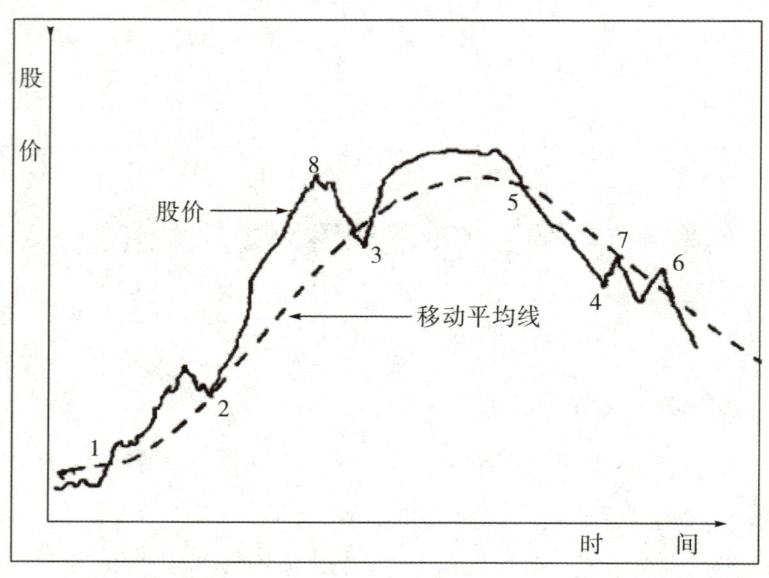

图 1—1

第二节　主升浪均线买进时机

主升浪均线构架：设两组均线，分别是短线组、长线组。

主升浪均线参数：短线组设 5、8、13；长线组设 45、55、65。

① 格兰威尔移动平均线没有给出具体的参数，原因何在？这不得而知。

主升浪均线的买进时机：

1. 在横向盘整的末期，股价由下向上突破两组均线，后市上涨的概率大，是买进时机。

2. 在上升趋势的初期，长线组向右上方运行，股价跌破短线组后跌至长线组、股价的下跌为技术性回档，是买进时机。

3. 在上升趋势的中期，股价创出新高后出现盘整，股价跌破短线组，跌幅不太大，短线组纠缠在一起，长线组仍然向右上方运行；当股价止跌企稳突破短线组，是最佳买进时机，如图 1—2 所示。

600999 **招商证券**（2014.7.24—11.20）**买进位置**

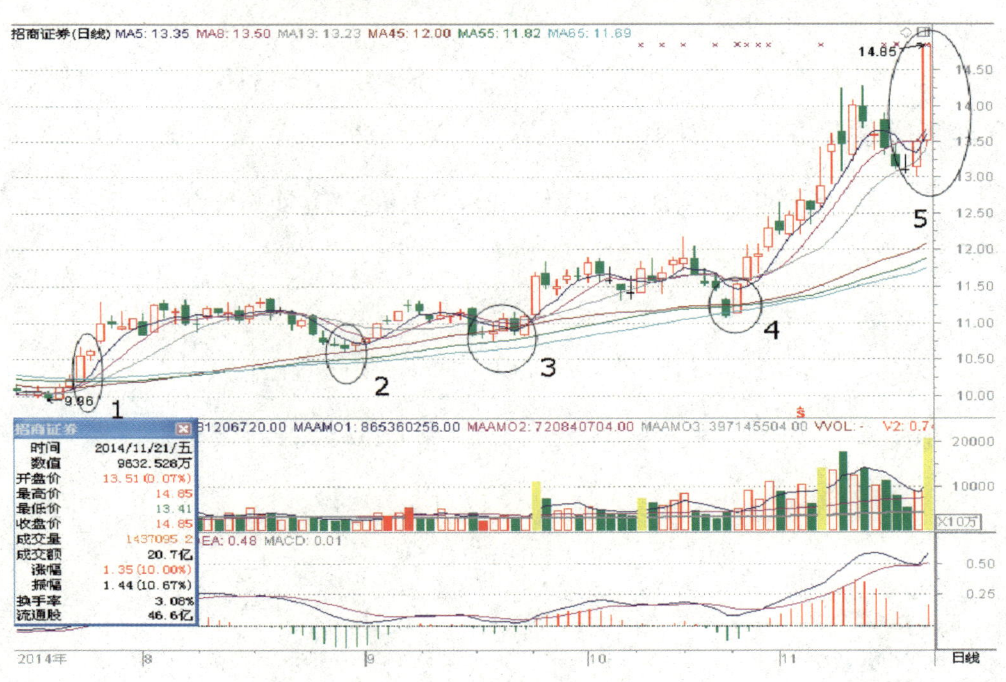

图 1—2

第三节　主升浪均线卖出时机

主升浪均线的卖出时机：

1. 在上升趋势中，股价远离 5 日均线出现卖出的 K 线形态为卖出时机，如图 1—3 中的第一个圈点位置。

2. 股价见顶后第一次下跌、跌破短线组的 8 日均线位、反弹为卖出时机，如图 1—3 中的第二个圈点位置。

3. 在第一、第二次卖出信号后股价击穿短线组，然后反弹突破短线组、反弹滞涨为卖出时机，如图 1—3 中第三个圈点位置。

600999 **招商证券**（2014. 12. 17、19、26）**卖出位置**

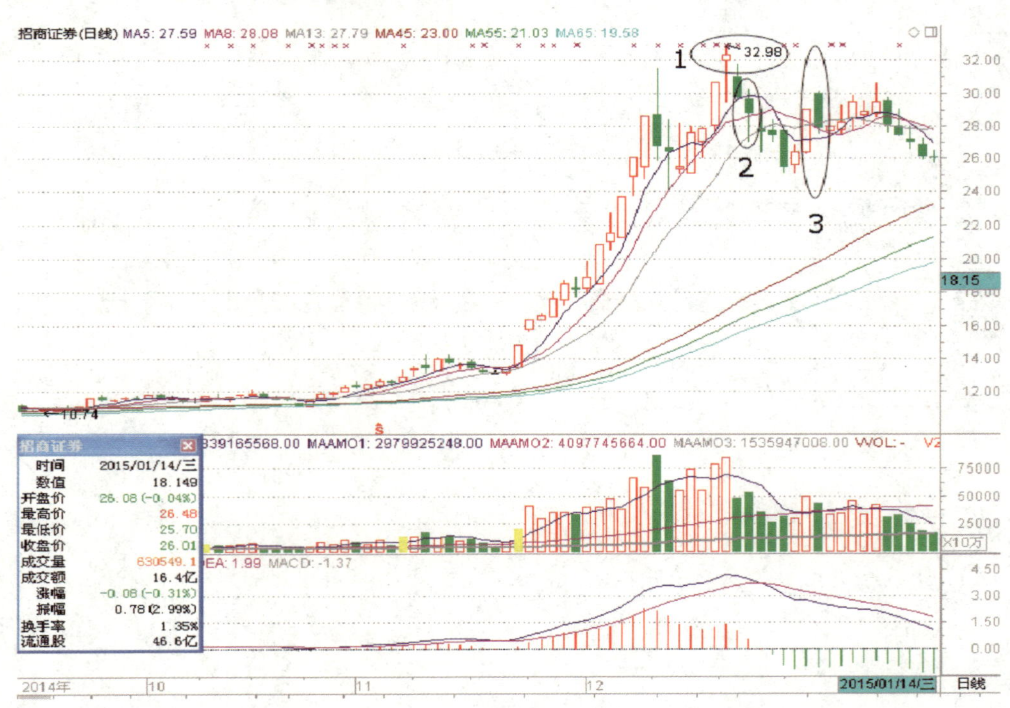

图 1—3

000050 深天马 A（2014 年 8 月 27 日，9 月 1、11 日）卖出位置

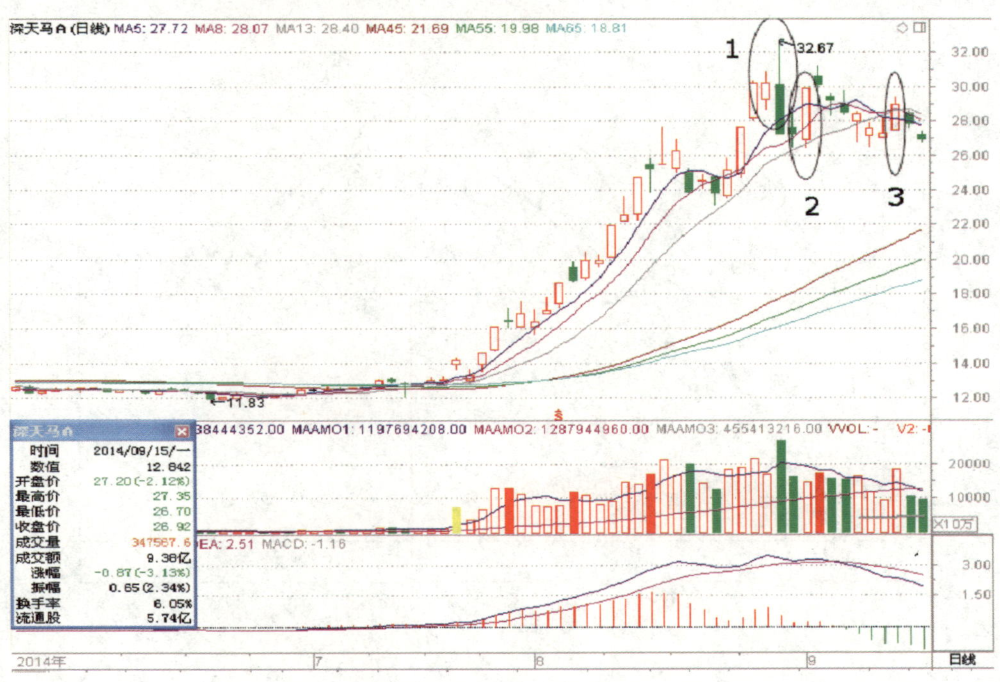

图 1—4

生活到处充满逻辑，万物之间都有逻辑、都有真理。炒股也要从逻辑中寻求真理。

第四节 主升浪均线的使用原则

原则一：上升趋势，全力做多；上升趋势，两组均线都在股价之下。

原则二：下跌趋势，停止操作；下跌趋势，两组均线都在股价之上。

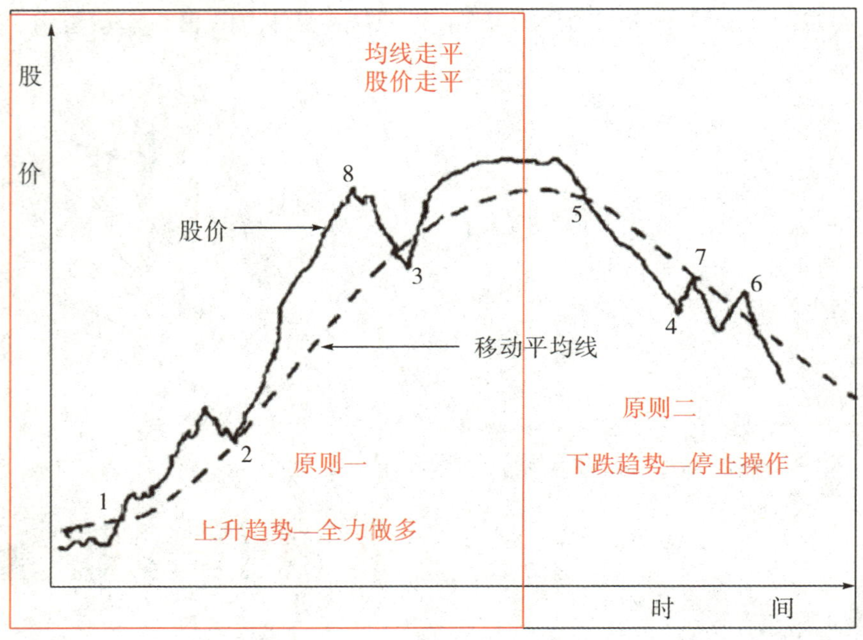

图 1—5

注意：

1. 没有均线的图表将会失去跟踪趋势的工具，因而是不完整的图表。

2. 均线的时间框架设好后，买卖都要遵守同一时间框架，不要随意转换时间框架。

思考题

1. 均线的本质是什么？

2. 均线提示的买卖信号是什么？

第二章 价系统

第一节　异动形态

异动形态是指价格形态与前期价格表现出不同的形态，如连续的阳线、涨停板、假阴线等形态。异动形态的类型，参见《狙击涨停板》。

假阴异动形态，600165 新日恒立在 2015 年 3 月 16 日就是假阴线异动形态，其后拉起了主升浪，如图 2—1 所示。

假阴线异动：新日恒力（2015.3.16）　**假阴线异动止跌**（2015.3.24）**后一路上涨**

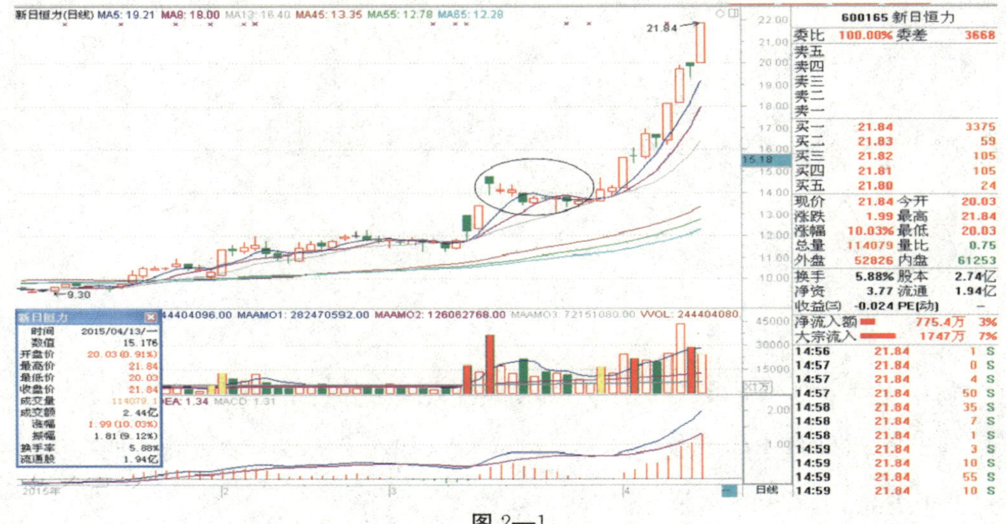

图 2—1

有异动就有主力，有主力就有涨停板，有涨停板就有主升浪。没有主力，就没有异动，就没有涨停板，就没有主升浪。找到异动，就等于找到了主力，就等于找到了主升浪。

涨停板异动形态，600158 中体产业在 2011 年 8 月 23 日涨停板异动后，走出一波主升浪行情，如图 2—2 所示。

600158 **中体产业**（2011.8.23—10.20）

图 2—2

2011 年 10 月 17 日（周一），我与学员交流时分析了中体产业，其后，10 月 24、25、26 日中体产业连续三个涨停板（如图 2—2），学员高兴的在 QQ 上发来消息，如图 2—3 所示。

2011-10-26

夜空孤星 11:31:00

张老师，你太厉害了，你上周一说的中体产业 600158 涨了三个涨停了

狙击手 11:32:10

你买进了没有？

夜空孤星 11:32:17

买了点

图 2—3

在股市里，价格的表现形式就是K线的阴阳。阴阳既是对立的，又是互相联系的，也是互相转化的，这是对立统一规律最主要的三层含义。当我们理解了阴阳的对立、阴阳的互相依存，阴阳的互相包含，阴阳的彼消此长，阴阳的互相转化后，我们就不会对K线价格的变化感到无可适从了。炒股也要有哲学的思维，中国的《易经》《道德经》里面充满了古老的哲学思维，不妨从中汲取营养吧。

第二节 洗盘形态

主力拉升之前，经常要将市场中的跟风盘清洗出局，然后才会拉起主升浪。主力洗盘时把形态做得很像顶部形态，让你看到好像主力在出货；主力出货时把形态做得又很像洗盘形态，让你看以为是主力没有走。很多散户分不清主力是洗盘还是出货，在主力拉升之前的洗盘时就出局了。分清洗盘才是猎取主升浪的真功夫。

请看图 2—4，300276 三丰智能主力在拉升主升浪之前是如何洗盘，洗盘后又是如何拉升的，如图 2—4、2—5 所示。

300276 三丰智能（2015.4.16）

图 2—4

300276 三丰智能（2015.4.21—5.6）

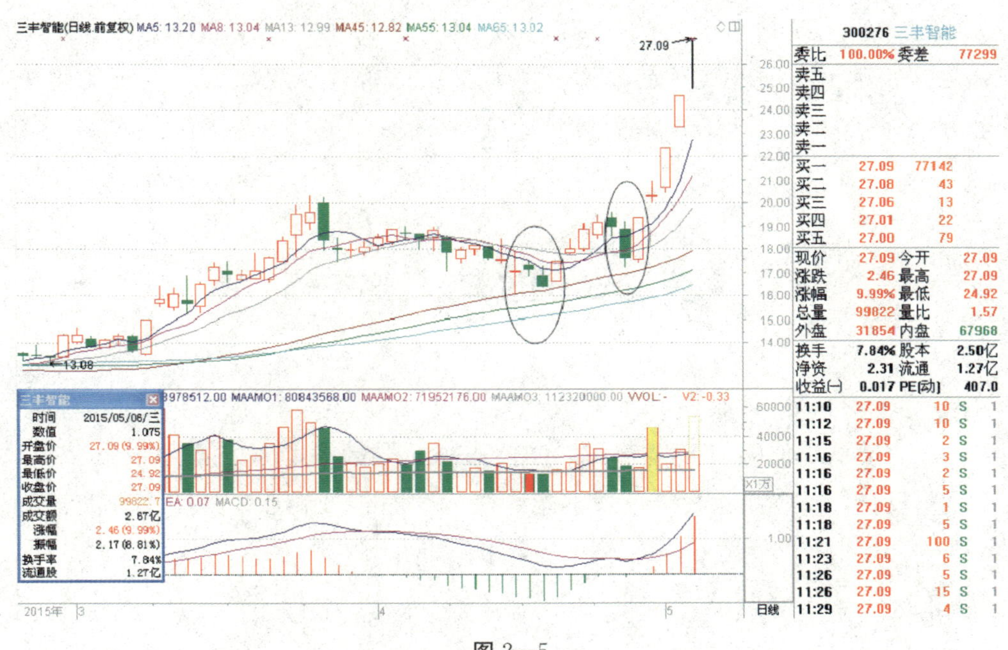

图 2—5

古往今来，在战场上《孙子兵法》是克敌制胜的法宝。如今，股市就如战场，这里不见刀枪，但见多空双方的资金在博弈，在厮杀。不管散户知与不知，主力却在运用。要理解主力排兵布阵之神妙，请先学习一下《孙子兵法》的论述。

孙子曰："兵者，诡道也。故能而示之不能，用而示之不用；近而示之远，远而示之近；利而诱之，乱而取之；实而备之，强而避之；怒而挠之，卑而骄之；佚而劳之，亲而离之；攻其无备，出其不意。此兵家之胜，不可先传也。"

在战场上用兵，兵无常形，以诡诈为道，用诡诈制胜。盘中的主力，哪一个不是诡诈的？以上所言，为兵家之胜策，但兵无常势，水无常形；临敌变化，不可预先传言也。当我们在市场中能解开主力洗盘的密码，就能就掌握主力下一步运作的意图。掌握了主力的行动规律之后，就能识破主力的阴谋诡计，从而制定出对应的策略。

第三节　止跌反转形态

主力的洗盘何时结束？在K线图上不见止跌的K线，洗盘就没有结束；K线不反转，洗盘结束没结束就不能确认。当K线反转后，一波主升浪就会从此开始。

000875 吉电股份在上升趋势中，第一次洗盘接近长线组后止跌反转；第二次又在短线组洗盘止跌反转；第三次也在短线组止跌反转，如图2—6所示。

000875 吉电股份（2015.3.12—4.9—4.24）

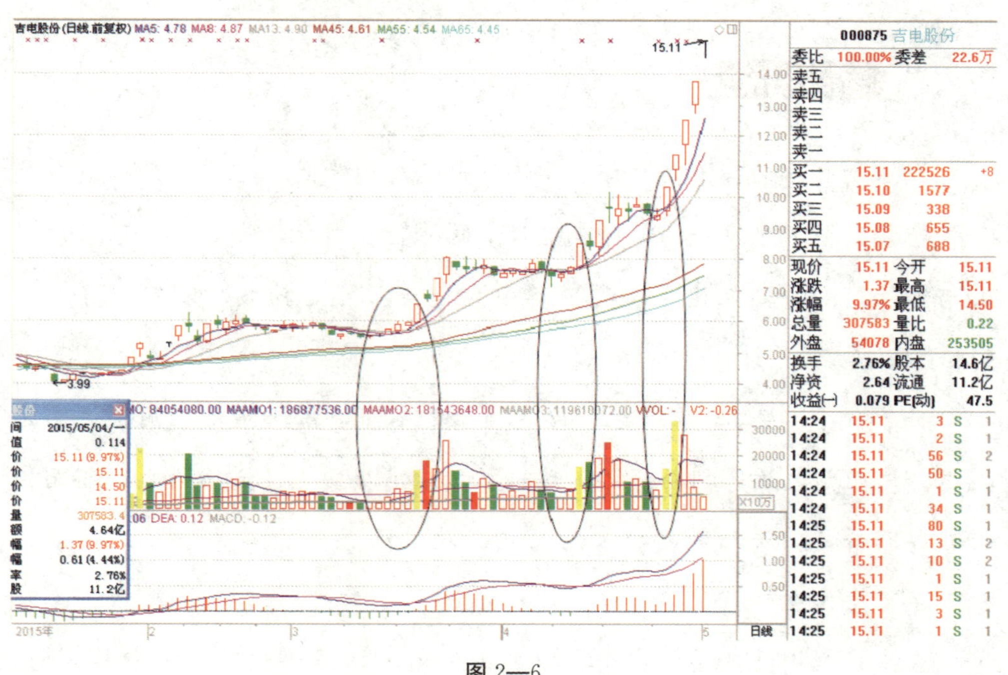

图 2—6

孙子曰："不可胜者，守也，可胜者，攻也。守则不足，攻则有余。善守者藏于九地①之下；善攻者动于九天②之上，故能自保而全胜也。"

炒股时，不妨想想，何时要守？何时要攻？自己力量如何？守就要像鬼神一样韬声匿迹，藏于地下，不可得而见之。攻就要势迅声烈，疾若雷电，如来天上不可得而备也。

止跌的K线形态有几种？参见《借刀斩牛股》（之一）。

1. 探底线 2. 下阻线 3. 十字星 4. 怀抱线 5. 插入线 6. 怀抱线 7. 晨星 8. 下舍子线

3. 异动的经典形态有哪些？
4. 洗盘的经典形态有哪些？
5. 如何确认K线止跌反转？
6. 如何划阻速线区别K线的反转突破？
7. 怎样设置初始止损？
8. 怎样设置时间止损？
9. 操作规模按什么计划？

① 九地，比喻深不可知。
② 九天，比喻高不可测。

第四节　主升浪形态

主升浪形态是指在洗盘结束后一波拉升超过 30%以上的涨幅形态。主升浪的涨幅不仅超过前一波的涨幅，而且涨得快、涨得猛，经常是涨停板连着涨停板——成为市场里的明星股。

2015 年 4 月 13 日，开盘前我们对持有 601766 中国南车的客户提示，如图 2—7 所示。

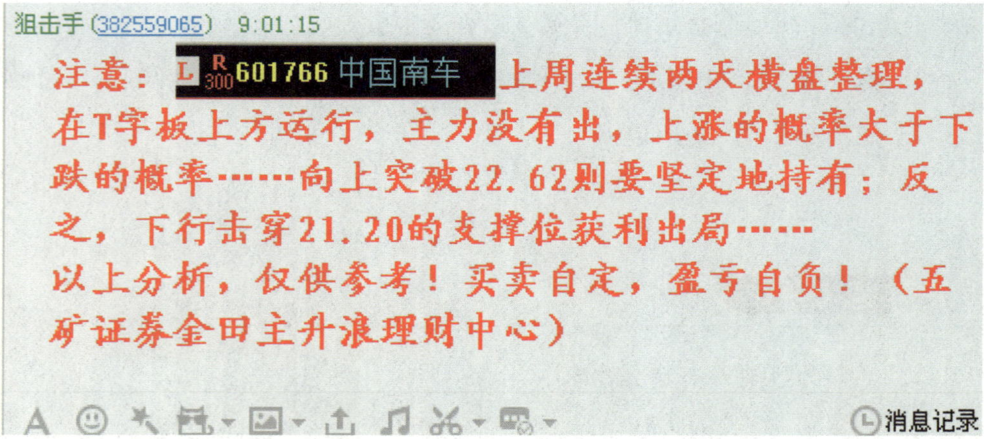

狙击手(382559065)　9:01:15
注意：L R300 601766 中国南车 上周连续两天横盘整理，在T字板上方运行，主力没有出，上涨的概率大于下跌的概率……向上突破22.62则要坚定地持有；反之，下行击穿21.20的支撑位获利出局……
以上分析，仅供参考！买卖自定，盈亏自负！（五矿证券金田主升浪理财中心）
消息记录

图 2—7

2015 年 4 月 13 日，601766 中国南车跳空高开高走，上午收盘前封涨停板，如图 2—8 所示。

2015 年 4 月 9—10 日 601766 中国南车途中洗盘后再涨

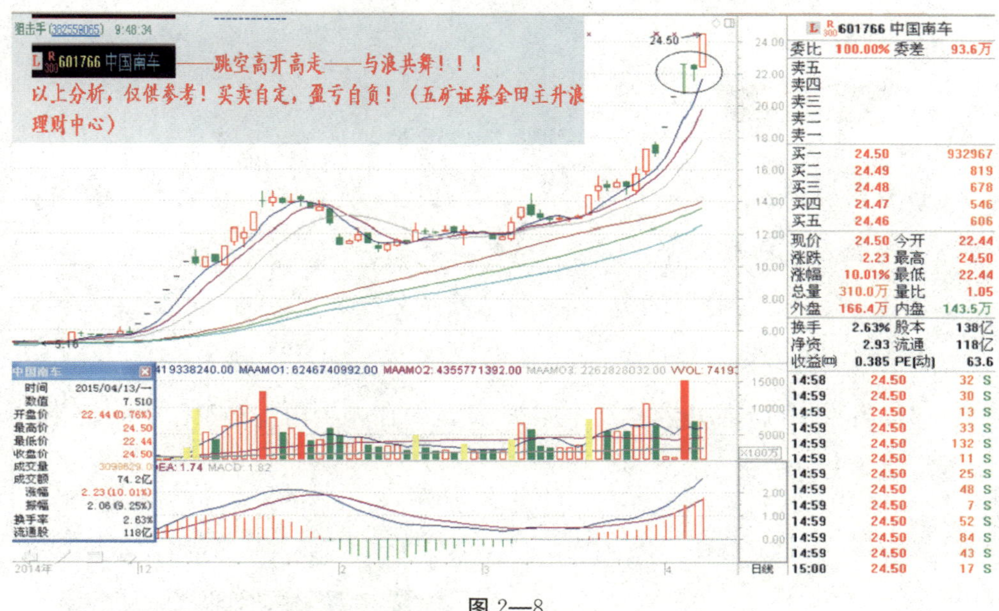

图 2—8

如图 2—9 所示，601299 中国北车在 2015 年 4 月 13 日中国南车封板后也随即封涨停板。

2015 年 4 月 9—10 日 601299 中国北车途中洗盘后再涨

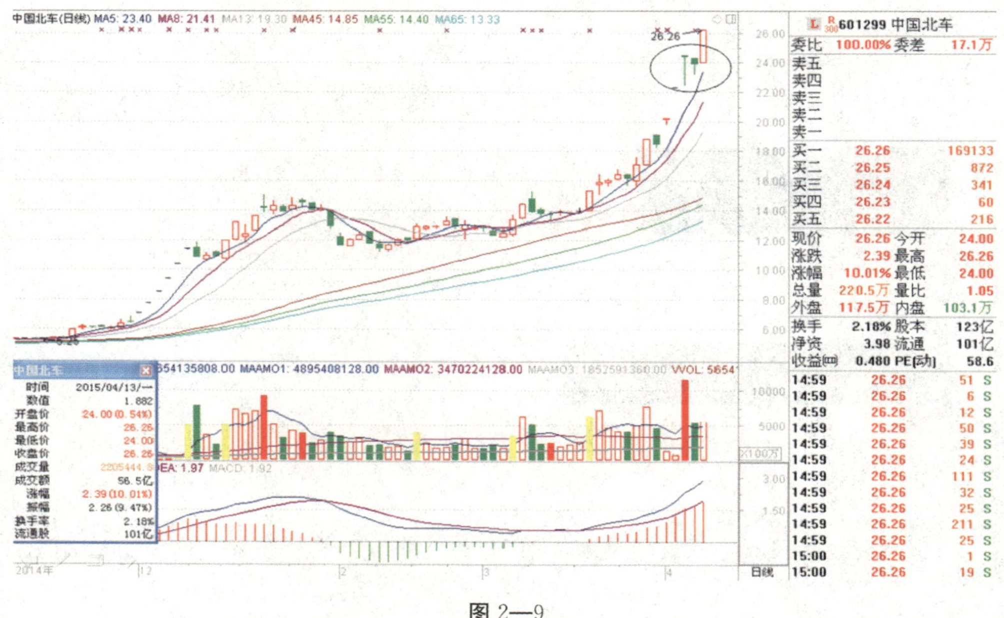

图 2—9

法无定法，心随庄走。阴阳互变谓之道，随机应变谓之神。得道者昌，失道者亡。仙人亦有两般话，道不虚传只在人。

学道、悟道，才能得道。参悟到主升浪之道，才能与“浪”共舞。

2015 年 4 月 15 日开盘前及 4 月 16 日盘中在“金田主升浪”客户群中对中国南北车的分析提示：

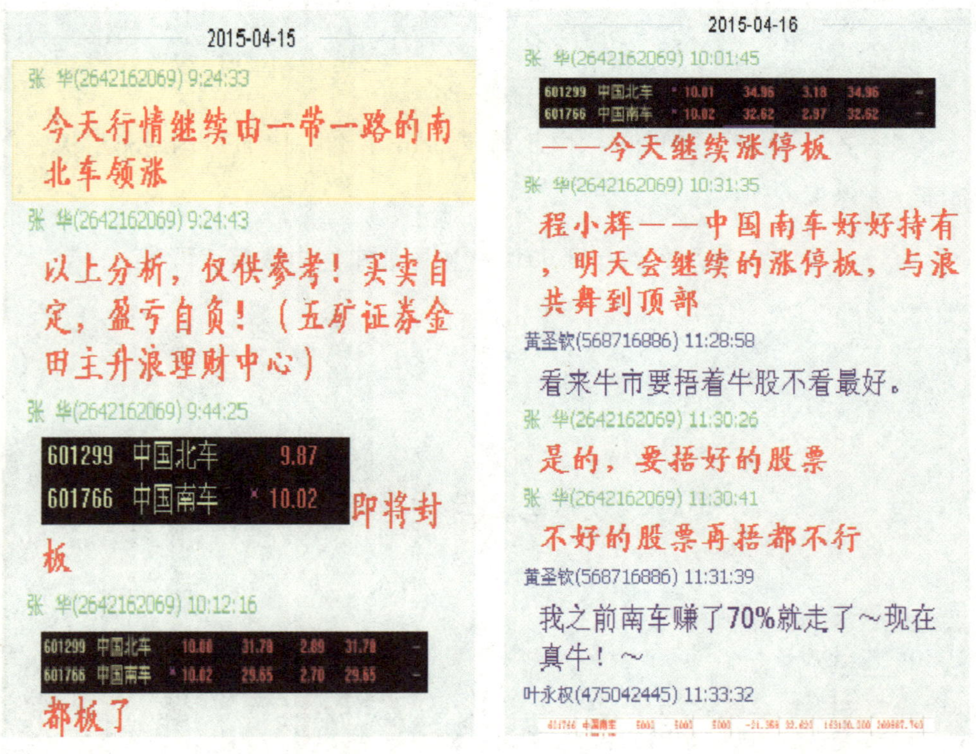

图 2—10

2015 年 4 月 15 日开盘前及盘中在“牛气冲天”学员群中对中国南北车的分析提示：

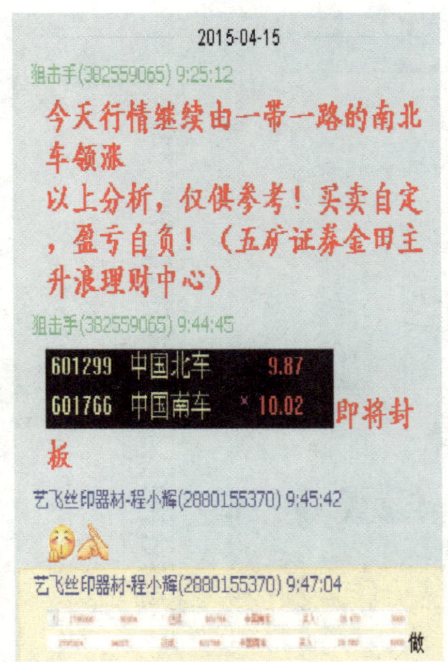

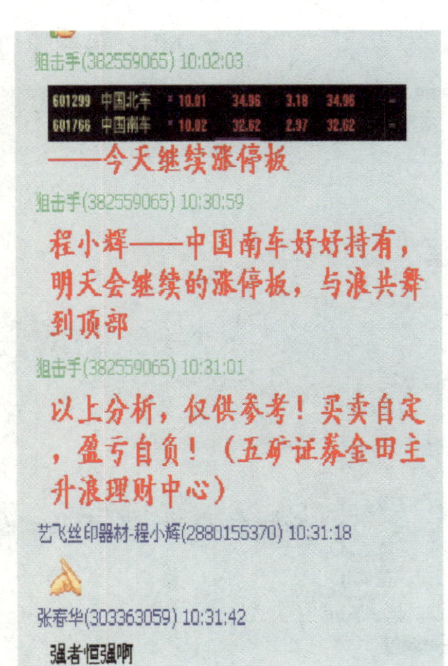

图 2—11

图 2—12、2—13 分别是中国南车、中国北车在 2015 年 4 月 15 日涨停板的图。

601766 **中国南车**（2015. 4. 15）

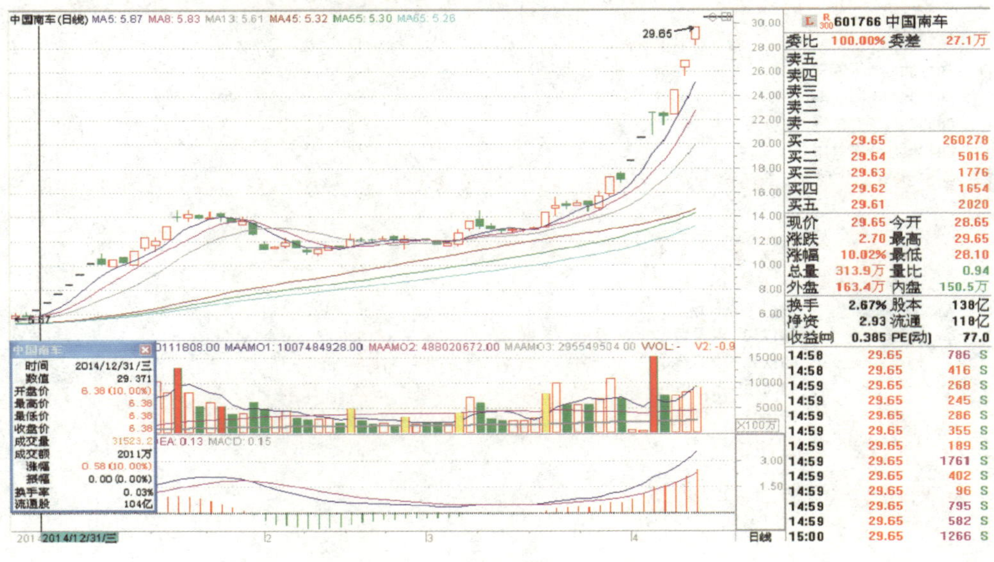

图 2—12

601299 **中国北车**（2015.4.15）

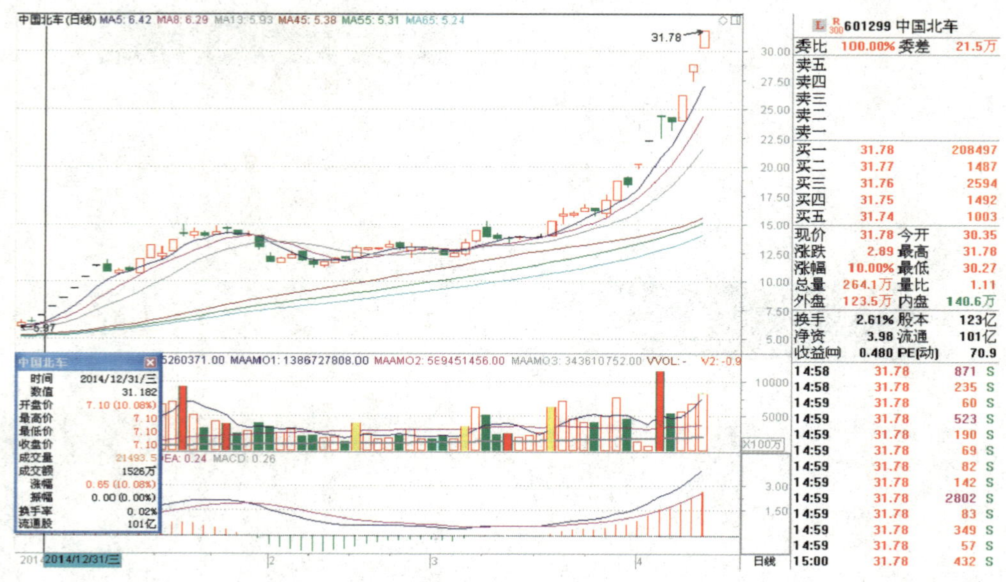

图 2—13

图 2—14 是 2015 年 4 月 17 日 8:53:54 开盘前及集合竞价提示分析。

张　华(2642162069)　8:53:54

2015年4月17日星期五：

601766中国南车、601299中国北车今天会继续上涨，创出T字板整理后的第五个涨停板……持有的朋友耐心与浪共舞。在冲击到第五个涨停板时，可以考虑一部分高抛低吸做差价，但底仓不动……

601766	中国南车	-
601299	中国北车	-
600875	东方电气	-
601991	大唐发电	-

今天可以关注：600875东方电气和601991大唐发电——可在盘中回调时逢低介入……

个人分析，仅供参考；买卖自定，盈亏自负。

（五矿证券金田主升浪理财中心）——2015-04-17

张　华(2642162069)　9:26:11

601766	中国南车	9.99	35.88	3.26	35.88	-
601299	中国北车	× 10.01	38.46	3.50	38.46	-
600875	东方电气	× 9.39	27.26	2.34	27.25	27.26
601991	大唐发电	× 1.13	7.18	0.08	7.18	7.19

集合竞价结果

南北车竟然直接封板

张　华(2642162069)　9:27:17

强者恒强——尽显龙头风范

图 2—14

如图 2—15 所示，2015 年 4 月 17 日中国南车一字板开盘封板。

601766 **中国南车一字板开盘封板**（2015. 4. 17）

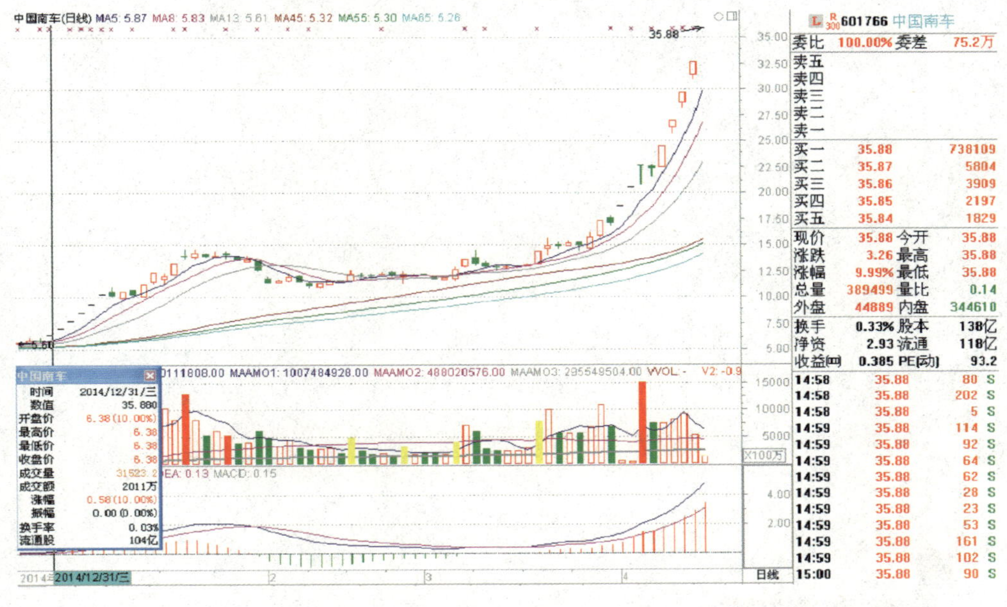

图 2—15

中国南车、中国北车不愧是“一带一路”行情中的领头羊，主升浪一直上涨到 2015 年 4 月 20 日涨停板，但当日涨停后跳水收阴，当天我们提示持有的朋友卖出，见下文第五节。

主升浪有何规律，请看图 2—16，理解“位置决定性质，性质决定成败”的含义，并区分清楚涨停板的位置与性质，还可参考《狙击涨停板》一书加深理解。

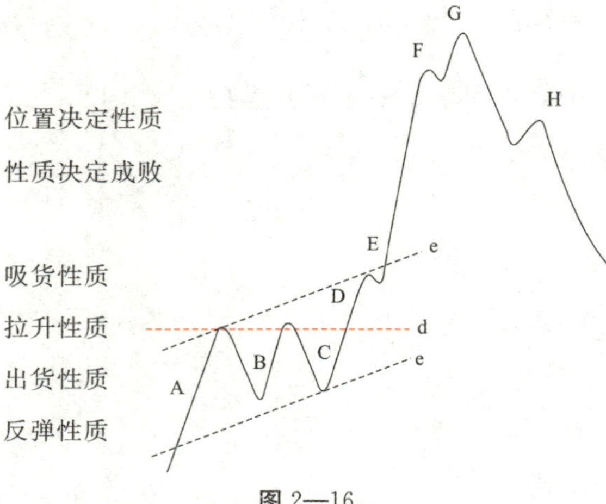

图 2—16

注：图 2—16 中四种性质的分析可以参考作者的处女作《狙击涨停板》中第123－128 页的内容。

操盘感悟

股市里 80％的主升浪是从涨停板开启的，但有 80％的涨停板是不能做的！只有突破拉升性质的涨停板才能拉起主升浪；只有用赢家的思维方式去炒股，你才能成为赢家。

思考题

10. 主升浪启涨的位置在哪里？
11. 最佳的 K 线突破形态是什么？
12. 黑马股的突破形态是什么？
13. 怎样设置突破止损？
14. 什么是中心点止盈、最低价止盈、保本止盈？

第五节 顶部 K 线形态

一波主升浪大幅上涨之后，就面临着主力将要兑现利润、结束行情、收兵回营的结局。主力在这里要走了，如果是其中的参与者，你走不走？这就在于你能否读懂主力在顶部操作出现的 K 线形态。

2015 年 4 月 20 日，601766 中国南车跳空高开高走，直奔涨停板，但盘中多次打开，有主力在出货，及至下午 13:20 后大幅跳水，盘中我们提示，如图 2—17、2—18 所示。

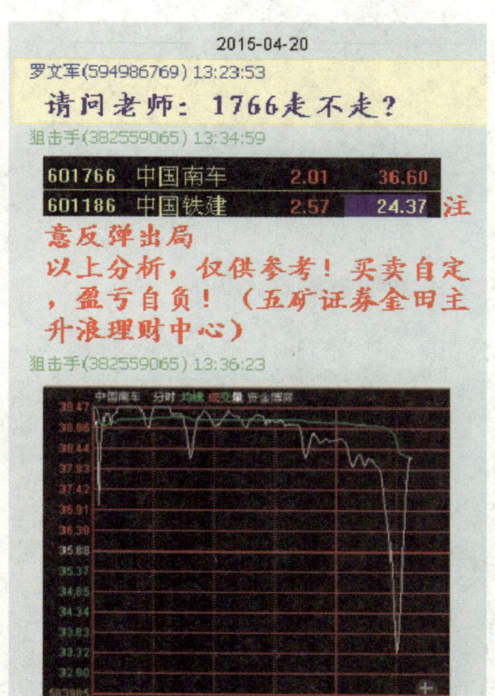

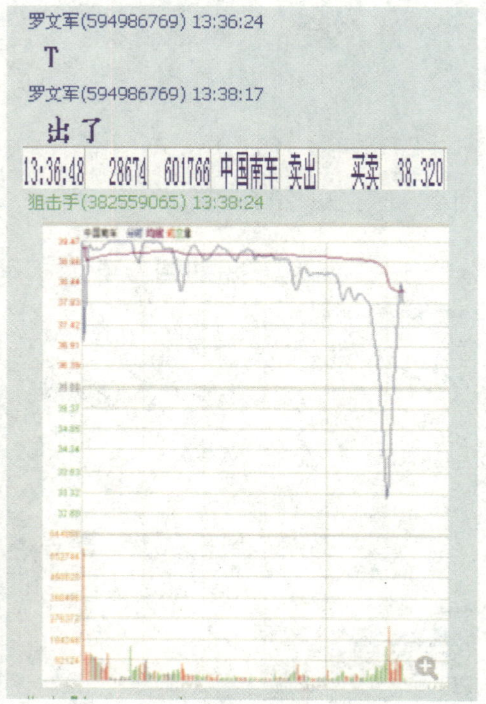

图 2—17

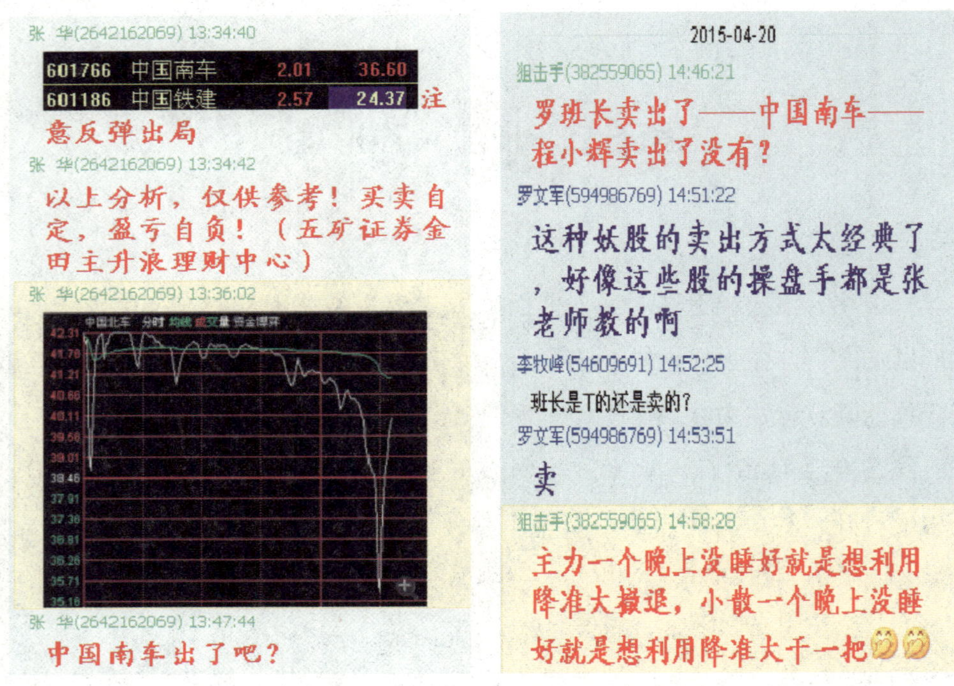

图 2—18

2015 年 4 月 20 日，中国南车、中国北车都在涨停板后打开收大阴线，如图 2—19、2—20 所示。

601766 **中国南车**（2015. 4. 20）**涨停板后收大阴线**

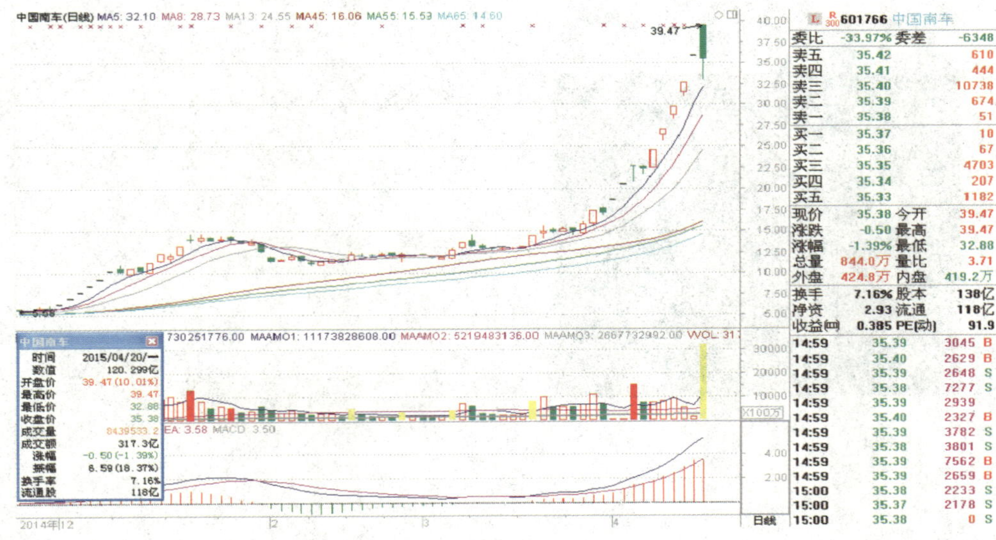

图 2—19

601299 **中国北车**（2015.4.20）**涨停板后收大阴线**

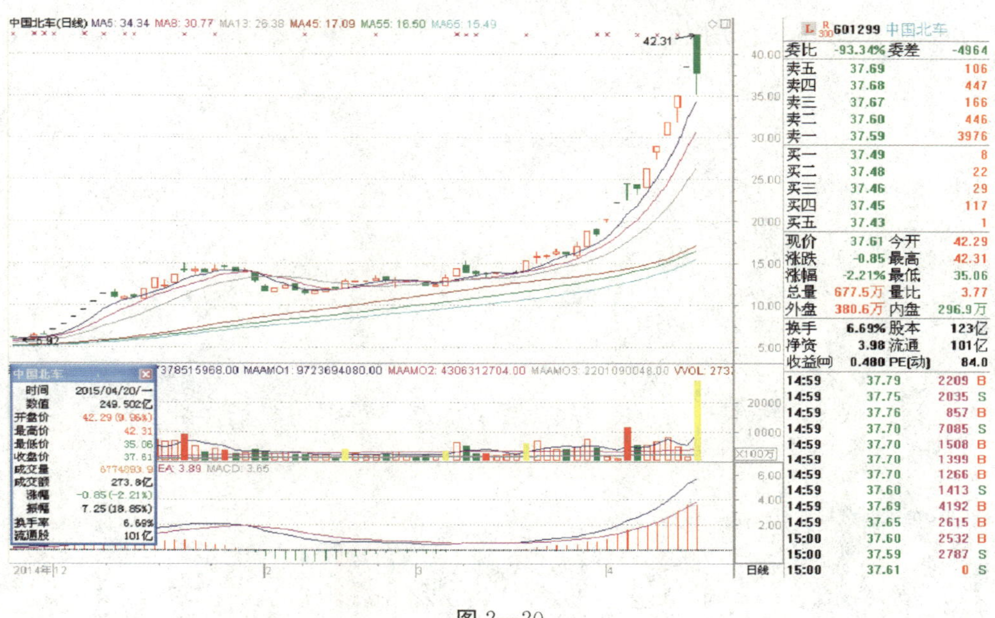

图 2—20

2015 年 4 月 20 日、中国南车、中国北车都在涨停板打开后收出大阴线，次日都是低开低走直至跌停板，然后就在跌停板附近运行。如果你能在 20 日当天卖出，就卖在了主升浪的顶部，就免去了其后的震荡。因此，顶部卖出的功夫是要好好学习的，要学习、学习、再学习，这样胜利大出局就属于你。

操盘的理想境界是进退自如。进退之道，是取舍之道，也是得失之道。当退不退最终的结果就是“风萧萧兮易水寒，壮士一去不复还”。当然，退是建立在知彼知己的基础之上，是建立在对顶部信号熟练掌握的基础之上的。理解了、掌握了，就会做到妙用存乎一心，进退潇洒自如。

图 2—21、2—22 分别是 399005 中小板指与 600917 重庆燃气的图形，图

中有三种顶部的K线形态，试说出它们的K线名称及其含义。如果能知道它们的名称及其含义，你就会与主力一起凯旋而归；如果不知道它们的名称及其含义，你就会留在山顶上站岗放哨。

399005 **中小板指**（2015.4.8、14、27）

图 2—21

600917 **重庆燃气**（2014.10.17、11.12、11.27）

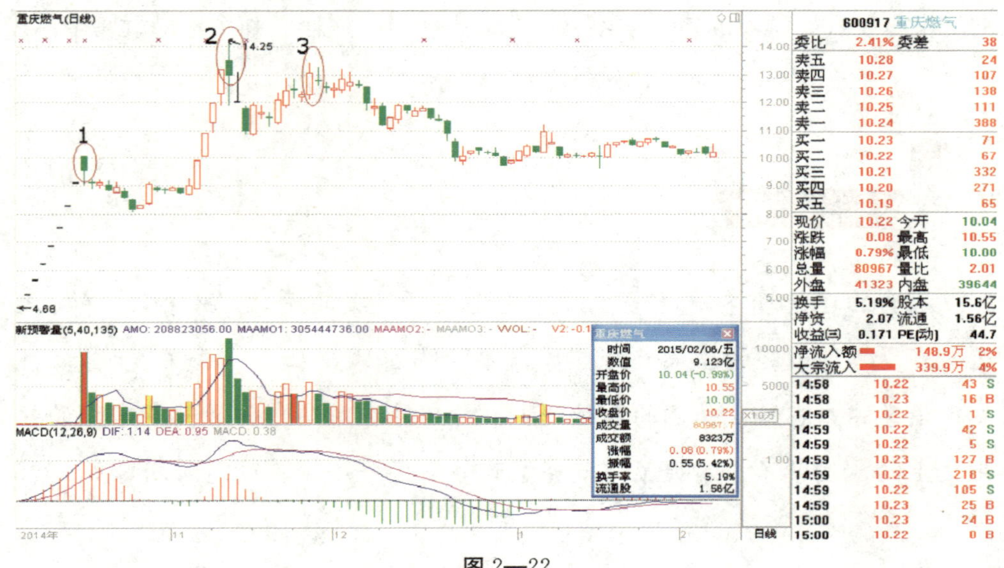

图 2—22

顶部的 K 线形态测试：

1. 图 2—21 中，第一个圆圈内的 K 线名称是什么？
2. 图 2—21 中，第二个圆圈内的 K 线名称是什么？
3. 图 2—21 中，第三个圆圈内的 K 线名称是什么？

答案见参见《借刀斩牛股》之一。

思考题

15. 常见的顶部 K 线形态有几种？

1. 大阴线
2. 覆盖线
3. 吊首线
4. 浪高线
5. 十字夜明星

试比较区分图 2—23、2—24 的不同之处：

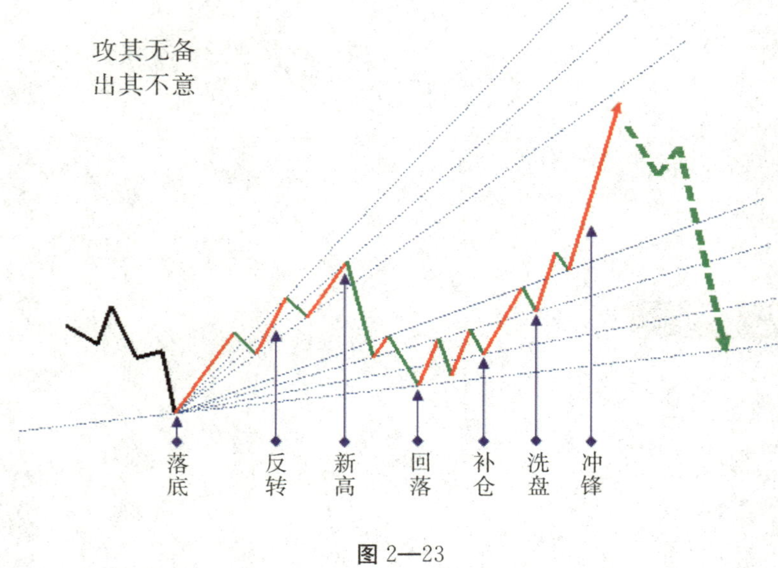

图 2—23

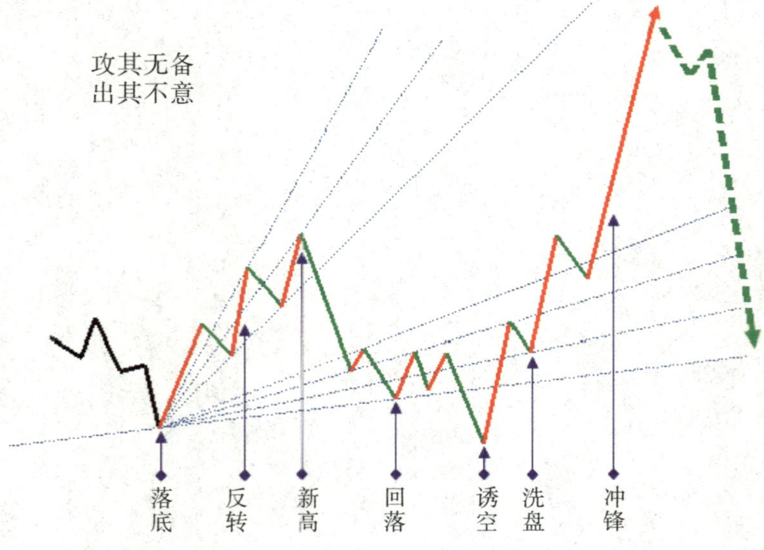

图 2—24

成交量系统

第一节　葛兰碧成交量九大法则

第一法则：

股价随着成交量的递增而上涨，为市场行情的正常特性，此种量增价涨关系，表示股价继续上升。下跌时候不需要成交量的配合，期价可以表现为自由落体。

第二法则：

在一个波段的涨势中，股价随着递增的成交量而上涨，突破前一波的高峰，创下新高价，继续上扬。然而，此波段股价上涨的整个成交量水准却低于前一波段上涨的成交量水准。此段股价创出新高，但量却没突破创新水准量，则此波段期价涨势令人怀疑，同时也是股价趋势潜在反转的信号。

第三法则：

股价随着成交量的递减而回升，股价上涨，成交量却逐渐萎缩，成交量是期价上升的原动力，原动力不足显示股价趋势潜在反转的信号。

第四法则：

有时股价随着缓慢递增的成交量而逐渐上升，渐渐地，走势突然成为垂直上升的喷发行情，成交量急剧增加，股价跃升暴涨。紧随着此波走势，继之而来的是成交量大幅萎缩，同时股价急速下跌。这种现象表示涨势已到末期，上升乏力，显示出趋势有反转的迹象。反转所具的意义，将视前一波股价上涨幅度的大小及成交量增加的程度而言。

第五法则：

股价走势因交易量递增而上涨，是十分正常的现象，并无特别暗示趋势反转的信号。

第六法则：

在前一波段的长期下跌形成谷底后，股价回升，成交量并没有因股价上涨而递增，股价上涨欲振乏力，然后又跌落至先前谷底附近，或高于谷底。当第二谷底的成交量低于第一谷底时，是股价将要上升的信号。

第七法则：

股价往下跌落一段相当长的时间，市场出现恐慌性抛售，此时随着日益放大的成交量，股价大幅度下跌；继恐慌卖出之后，预期股价可能上涨，同时恐慌卖出所创的低价，将不可能在极短的时间内突破。因此，随着恐慌大量卖出之后，往往（但并不一定是）是空头市场的结束。

第八法则：

股价下跌，向下跌破股价形态、趋势线或移动平均线，同时出现大成交量，是股价下跌的信号，明确表示出下跌的趋势。

第九法则：

当市场行情持续上涨数月之久，出现急剧增加的成交量，而股价却上涨无力，在高位整理，无法再向上大幅上升，显示股价在高位大幅振荡，抛压沉重，上涨遇到了强阻力，此为期价下跌的先兆，但股价并不一定必然会下跌。股价连续下跌之后，在低位区域出现大成交量，而股价却没有进一步下跌，价格仅小幅变动，此即表示进货，通常是上涨的前兆。

第二节 均量线的形态

主升浪均量线设置：5.40.135

主升浪均量线规则：

1. 两线开花形态。5 日均量线上穿 40 均量线，形成两线开花形态。次新股上市后运行还没有到 135 天时只能看到两线开花的形态。

2. 三线开花形态。首先是 5 日均量线上穿 40 均量线，然后再上穿了 135 均量线；其次是 40 均量线上穿了 135 均量线，至此形成均量线的三线开花形态。

3. 回吻形态。成交量的放大才会出现两线开花、三线开花形态，当成交量缩小后，反应最快的 5 日均量线就会掉头向下滑落，出现 5 日均量线回吻形态。

均量线的三线开花——回吻形态

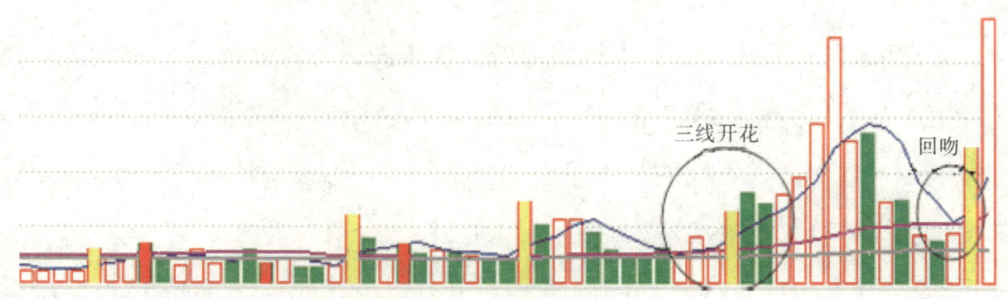

图 3—1

均量线的三线开花——回吻形态

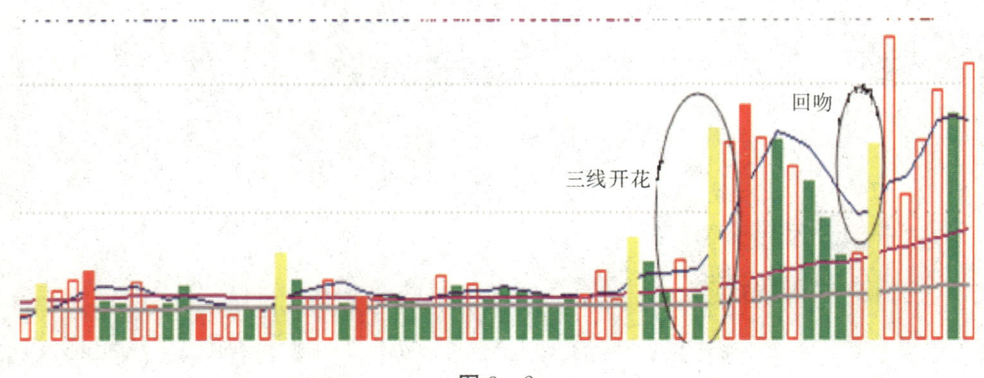

图 3—2

第三节　拉升时成交量的形态

成交必然是一部分人看空后市，另外一部分人看多后市，造成巨大的分歧。有买有卖、各取所需，才会成交。我们将拉升时成交量的形态分为下面四种形态：

1. 准备量。一般发生在市场趋势发生转折的转折点处，主力意准备大幅拉升前，常把成交量做得非常漂亮，几日或几周以来，成交量缓慢放大，价慢慢推高，成交量在近期的 K 线图上堆积成一堆超越前期所有量堆的形态，堆得越漂亮，就越可能产生大行情。

2. 洗盘量。准备量之后快速缩量，主力很少卖出，不知情的散户在卖出，成交越来越清淡，所以又急剧缩量。

3. 震仓量。这种情况一般是在洗盘之后，没有突发利好或大局基本稳定的前提下，主力有拉升，但量没有突破前高点。随后股价阴阳交错，上下震荡，主力为的是在主升浪之前进一步震出不坚定的持有者。

4. 攻击量。当主力开始拉升主升浪时，成交量比前一日成倍放大，或连续放大，直至突破前期震仓量的高点——一波主升浪将迎面而来。

主升浪量：准备量—洗盘量—震仓量—攻击量

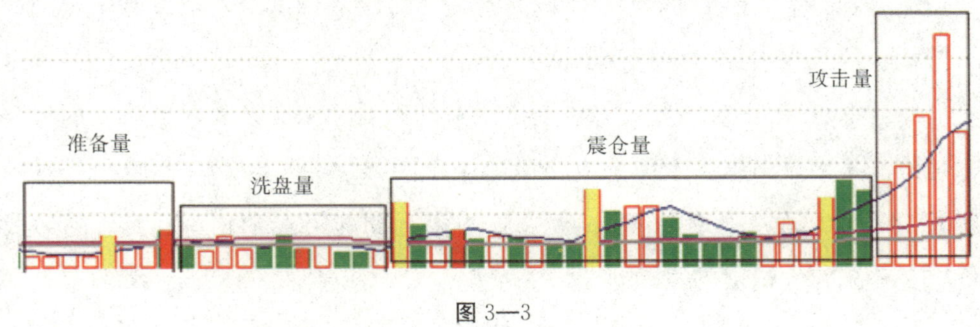

图 3—3

测试自己对上下两个成交量图形的分析。

主升浪量：准备量—洗盘量—震仓量—攻击量

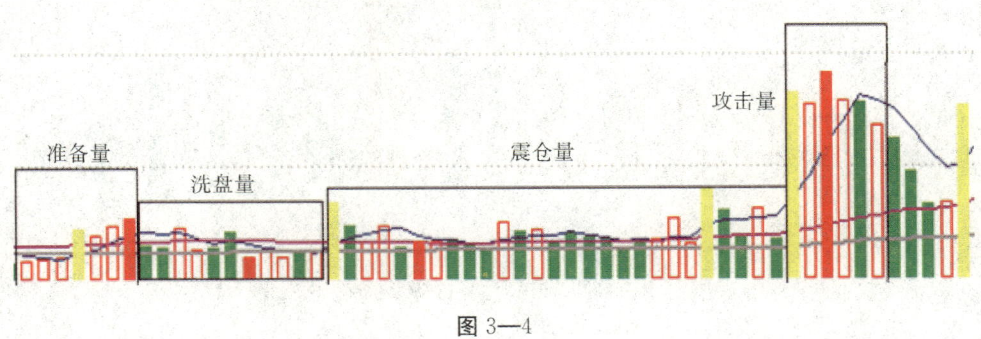

图 3—4

第四节　出货时成交量的形态

主力在连续攻击放量、股价经过一波大幅上涨后，就面临着顶部主力出货。首先会出现一根阴天量，其后甚至会有假阴量、背离量，这就告诉市场主力这一波主升浪的炒作接近尾声，主力在高位分批出货。我们将顶部主力出货时的成交量分为三种：

1. 阴天量。在攻击量之后某天成交量急剧放大，出现近期最大的量柱，盘中股价振幅超前，收盘收出阴线形态，这就是主力大举出货的标志。

2. 假阴量。在阴天量之后下跌几天后，股价高开低走，但没有跌破前一天阳线，这是主力第二次拉升出货。

3. 背离量。在假阴量后股价震荡下跌几天后又一次上涨，虽然表面看起来是价涨量增，但这次上涨的成交量却小于阴天量的量。价突不破假阴量对应的价——出现放量滞涨的背离量，这也是近期的第三个相对高点。随后股价将有一波较大幅度的下跌。

主升浪后出货：阴天量—假阴量——背离量

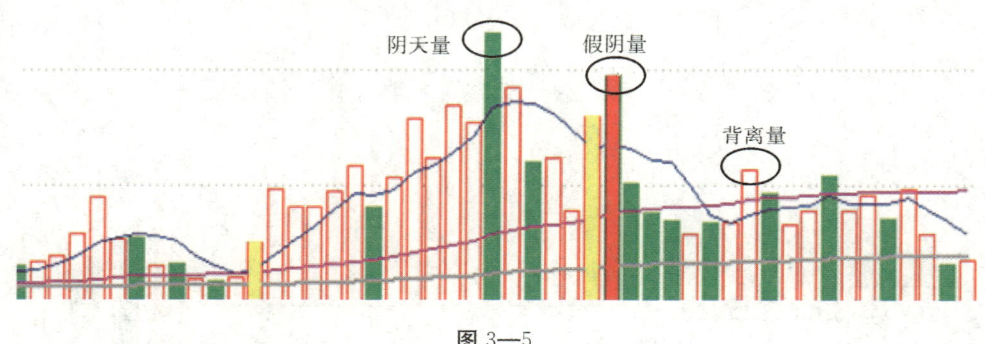

图 3—5

测试自己对图 3—5、3—6 两个成交量图形的分析。

主升浪后出货：阴天量—假阴量——背离量

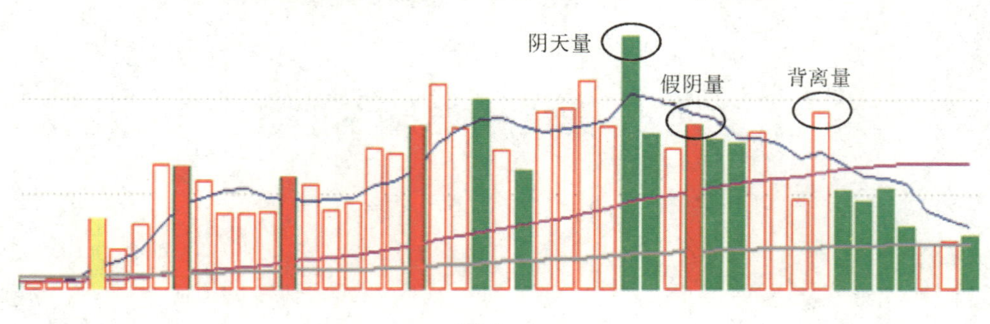

图 3—6

操盘感悟

股价的节奏是由量能波动的节奏来决定的，在盘中只要能看准成交量的变化、转折，就能把握住股价运作的节奏，量能波动的波峰、波谷就是成交量形态的核心所在。

要看出来，资金的布局、资金的动向、资金的态度是最重要的。

主流资金在干什么？

做多力量集中在哪里？有没有持续性？

做空的力量集中在哪里？有没有持续性？

比较之后，看主流资金在那里干什么？再考虑自己应该怎么办。

思考题

16. 怎样把握量能波动的波峰、波谷？
17. 怎样计算洗盘结束量？
18. 怎样计算攻击开始量？
19. 怎样计算主力开始出货？
20. 怎样判断主力引诱出货？

第四章 筹码系统

第一节　中信证券实例分析

2014 年 11 月 12 日，600030 中信证券创出近两年即 600 多天以来的新高点 15.43 元（图中最后一根 K 线）。这时图右边横对的筹码第一个主峰就在 13.25 元附近（图中筹码部位第一个主峰），如图 4—1 所示。

600030 中信证券（2014.11.12）

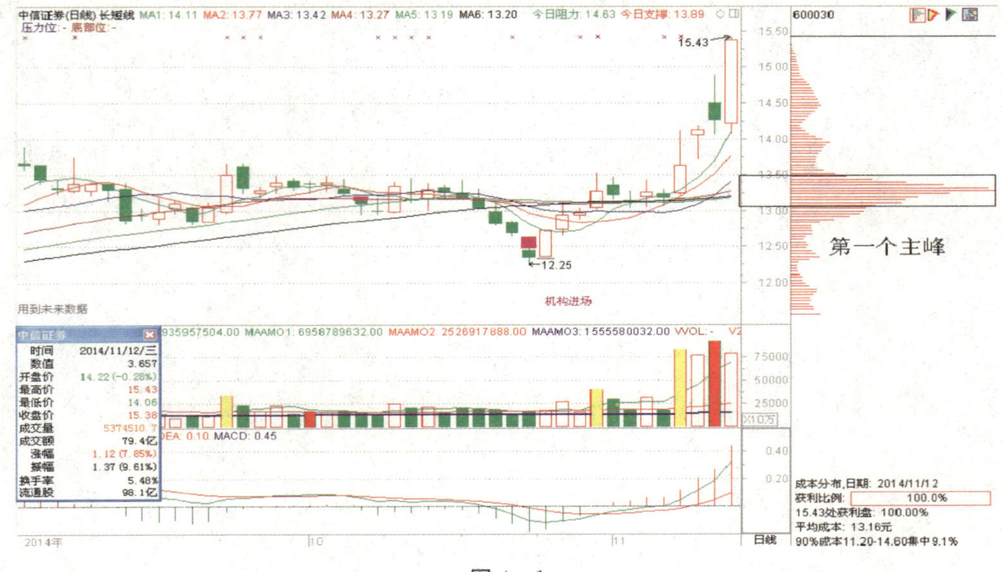

图 4—1

2014 年 12 月 9 日，中信证券洗盘之后连涨 14 天，上涨幅度高达 84.31%，创出两年以来的新高点 28.05 元，这时筹码的第一个主峰（13.25 元附近）依然不动（图中筹码部位第一个主峰），如图 4—2 所示。

600030 **中信证券**（2014.12.9）

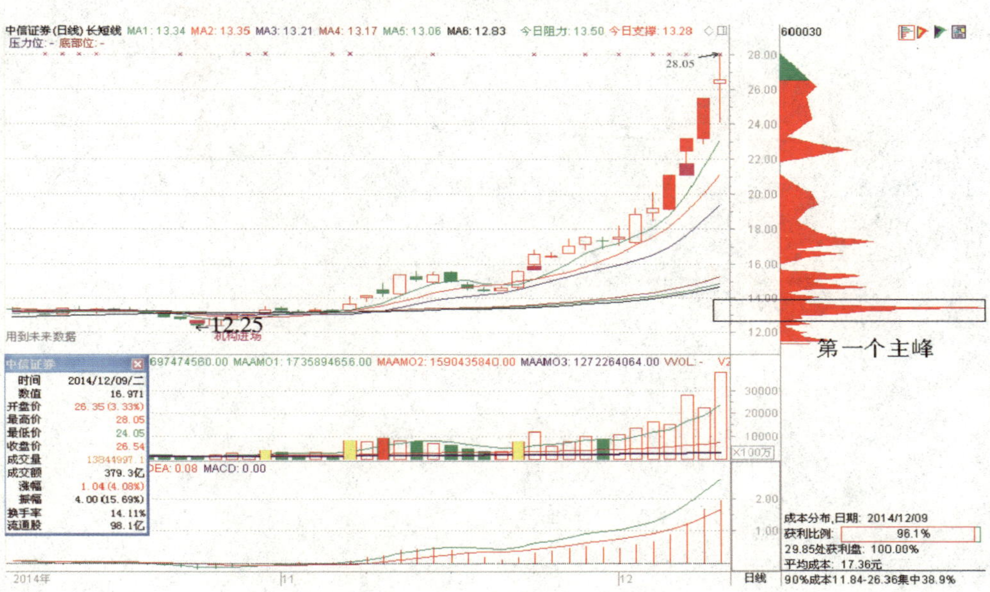

图 4—2

中信证券在 2014 年 12 月 9 日新高后休整两天后，连续 4 天上涨再创 32.75 元新高，拉出了第五个涨停板（图中右侧最后一根 K 线），这时筹码的第一个主峰（13.45 元附近）虽然没动，但可以看到在 12 月 17 日图形横对的右侧筹码部位出现了第二个主峰（26 元附近），如图 4—3 所示。

2014 年 12 月 17 日，中信证券拉出了第五个涨停板后经过六天的回调止跌收小阳线（图中最后一根 K 线），这时筹码的第一个主峰（13.25 元附近）、第二个主峰（26 元附近）都不同程度地缩短了；与此同时，在 12 月 17 日至 12 月 25 日之间 31.24 元附近出现一个绿色的筹码主峰（第三个主峰），这是回调 6 天中的套牢盘，大概在 40%左右，其主峰的长度超过了下面两个主峰的长度，如图 4—4 所示。

600030 **中信证券**（2014. 12. 17）

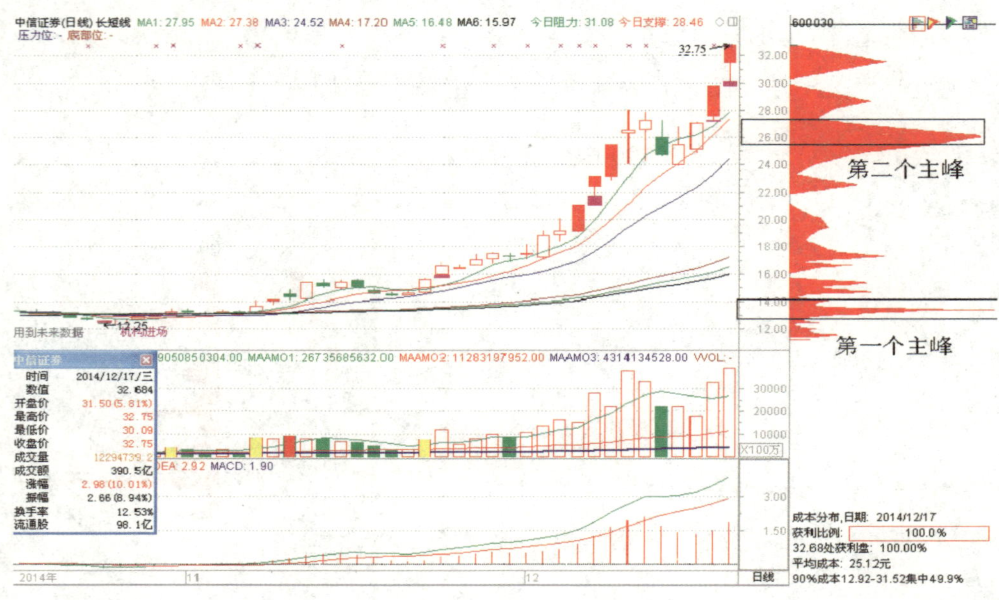

图 4—3

600030 **中信证券**（2014. 12. 25）

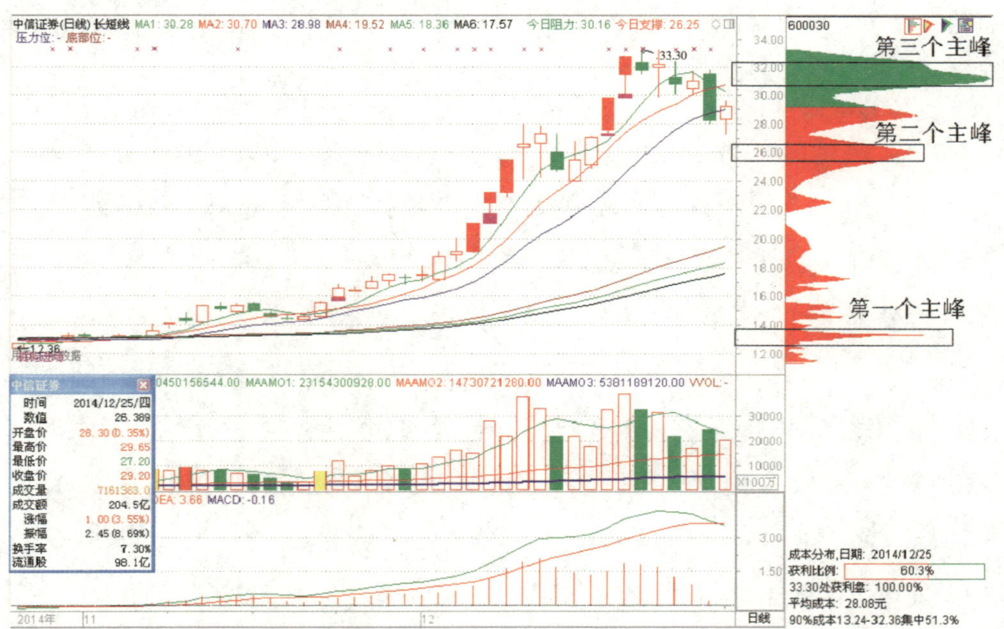

图 4—4

从 2014 年 12 月 25 日起，中信证券重拾升势，创出 37.25 元的新高（图中最后一根 K 线），这时筹码的第一个主峰（13.25 元附近）、第二个主峰（26.00 元附近）都大幅的缩短了；筹码主峰形成了第四个主峰（34.30 元附近），此时获利盘高达 98%，如图 4—4、4—5 所示。

600030 **中信证券**（2015.1.7）

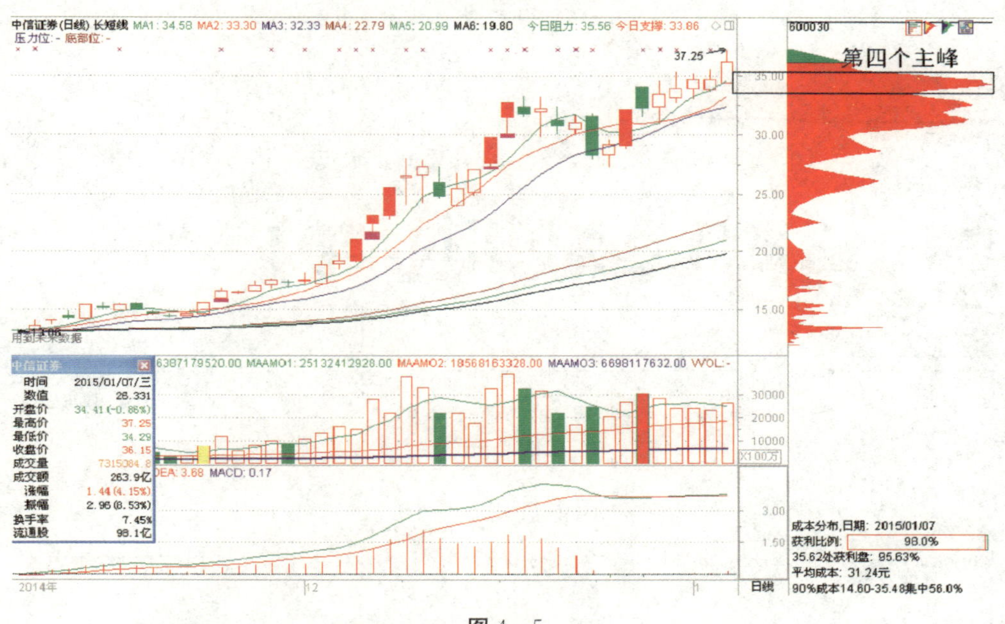

图 4—5

在 2015 年 1 月 13 至 16 日，图 4—6 中第一、第二主峰极度缩短，第三、第四主峰汇集到一起形成新的筹码主峰。为什么？原来 2015 年 1 月 16 日公司收到第一大股东中国中信有限公司《关于减持中信证券股份的通知》：“自 2015 年 1 月 13 日至 16 日，大股东通过上交所集中竞价交易系统减持公司股份合计 3.48 亿股，占公司总股本的 3.16%。”图 4—6 中右侧最后四根 K 线就是大股东减持的时间，这个新主峰是大股东减持的结果。

2015 年 1 月 19 日，受券商两融违规及中信证券第一大股东提前套现 110 亿影响，券商个股除宏源证券停牌，方正证券、东北证券、国信证券接近跌停外，其他开盘集体跌停。到当日收盘，证券板块 20 只股票除宏源证券停牌外，其余 19 只股票全部跌停板。图 4—7 是中信证券 2015 年 1 月 19 日的图形。

600030 中信证券（2015. 1. 16）

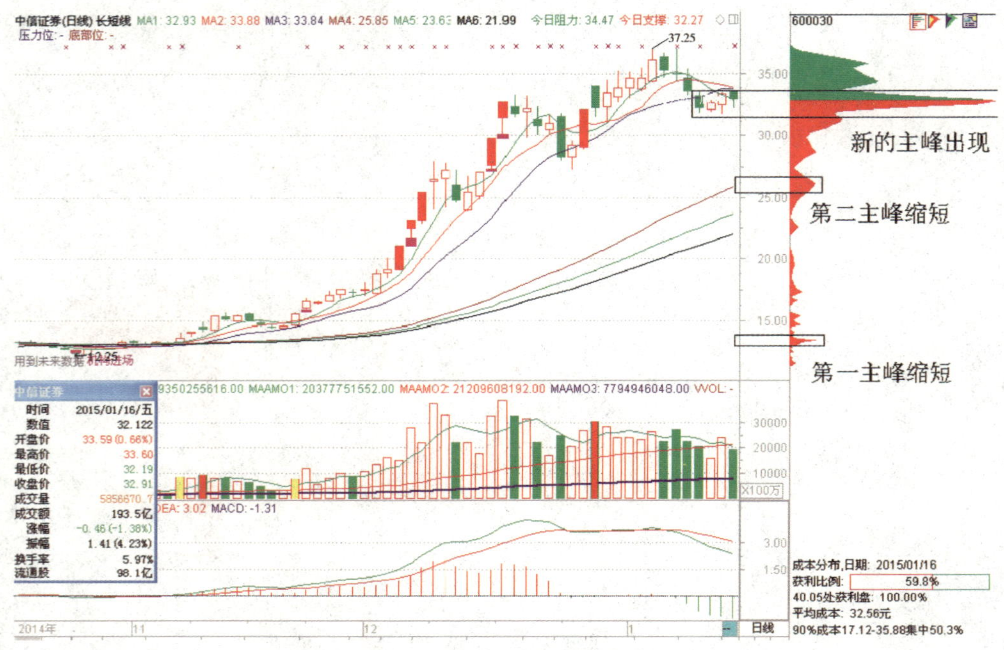

图 4—6

600030 中信证券（2015. 1. 19）

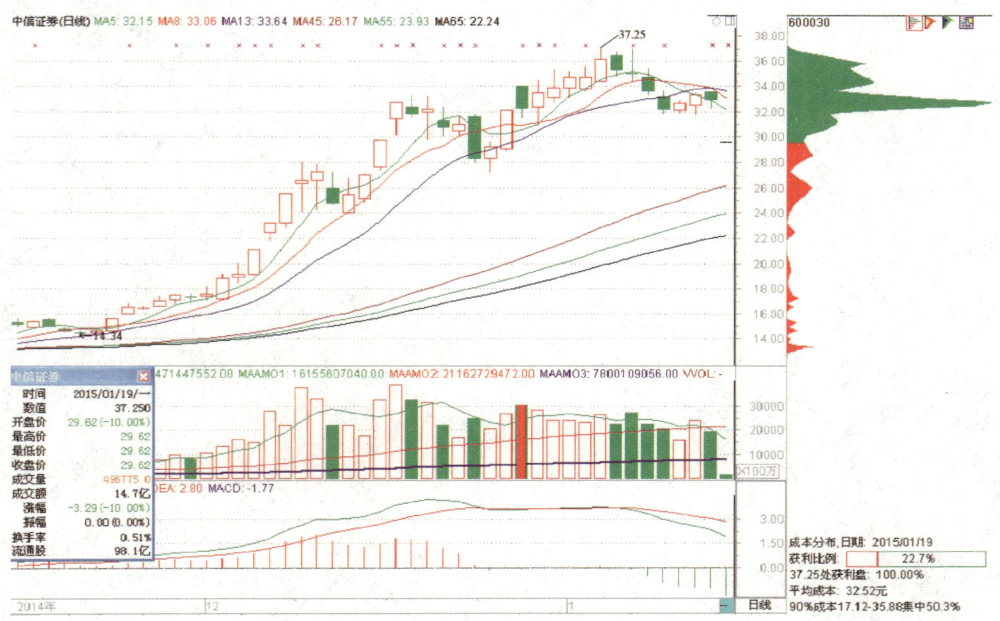

图 4—7

第二节　国桢环保实例分析

2015 年 3 月 18 日 300388 国祯环保晚间披露非公开发行股票预案，公司拟定增募资不超 5 亿元，公司股票于 3 月 19 日起复牌。

根据预案，国祯环保拟面向 5 名特定对象，发行不超过 1200 万股（含本数），募集资金净额不超过 5 亿元，全部用于补充生活污水处理投资运营项目配套资金和偿还银行贷款。

3 月 19 日复牌当天，国祯环保跳空高开低走，收出一根假阴线，但第一个筹码主峰没有上移，如图 4—8 所示。

300388 国桢环保（2015.3.19）

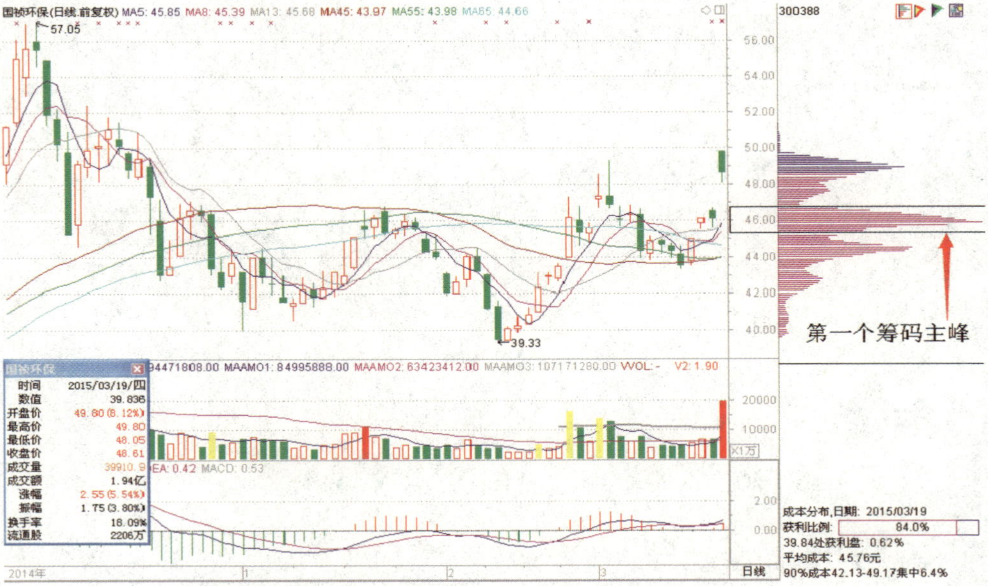

图 4—8

2015 年 3 月 23 日，国祯环保突破假阴线的高点收出一根小阳线，出现第二个筹码主峰，如图 4—9 所示。

300388 **国祯环保**（2015.3.23）

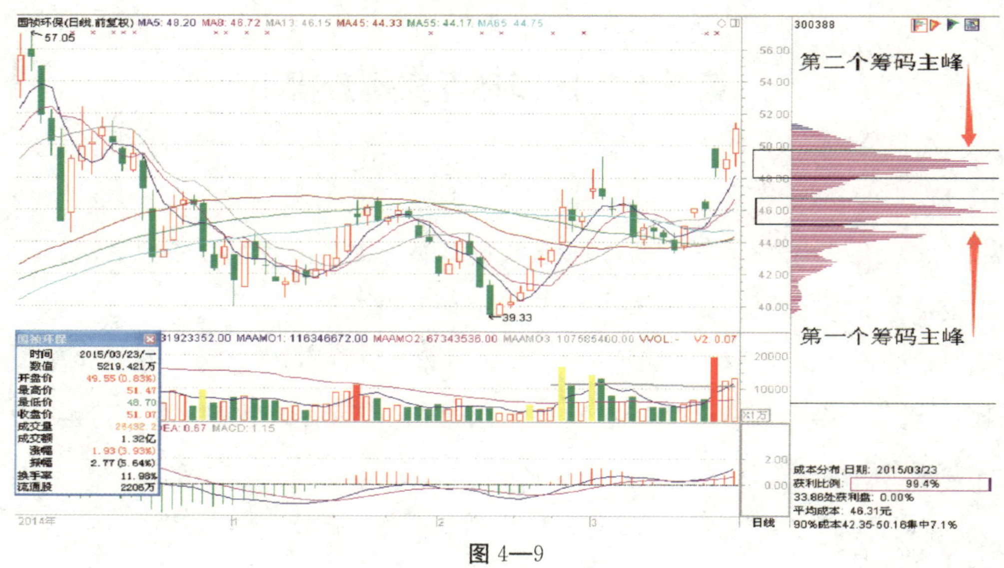

图 4—9

2015 年 3 月 24 日，国祯环保低开高走，下午封涨停板，第一、第二个筹码主峰没有动，获利盘高达 100%，如图 4—10 所示。

300388 **国祯环保**（2015.3.24）

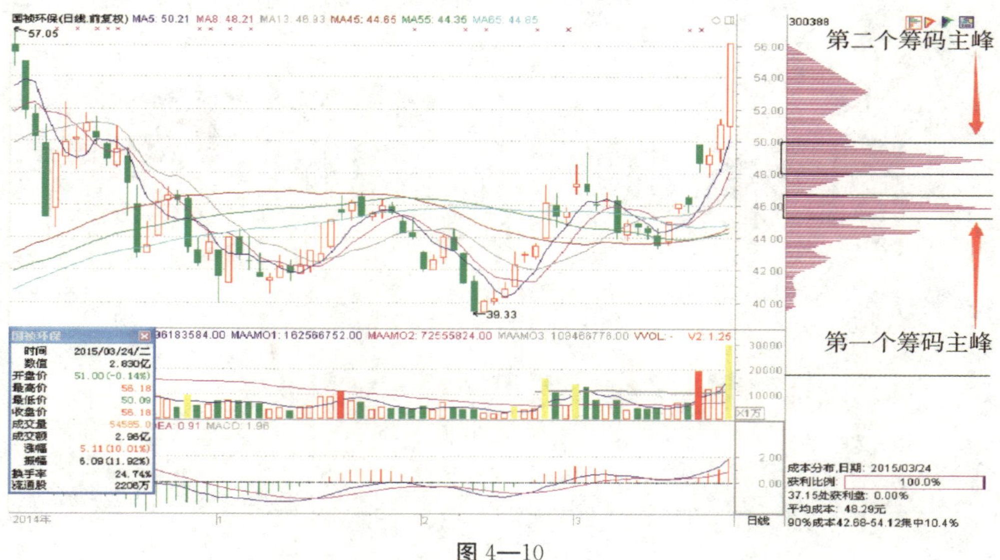

图 4—10

2015 年 3 月 25 日，国祯环保跳空高开，盘中冲击到涨停板，虽有抛售，但下面的两个筹码主峰依然没有上移，如图 4—11 所示。

300388 国桢环保（2015. 3. 25）

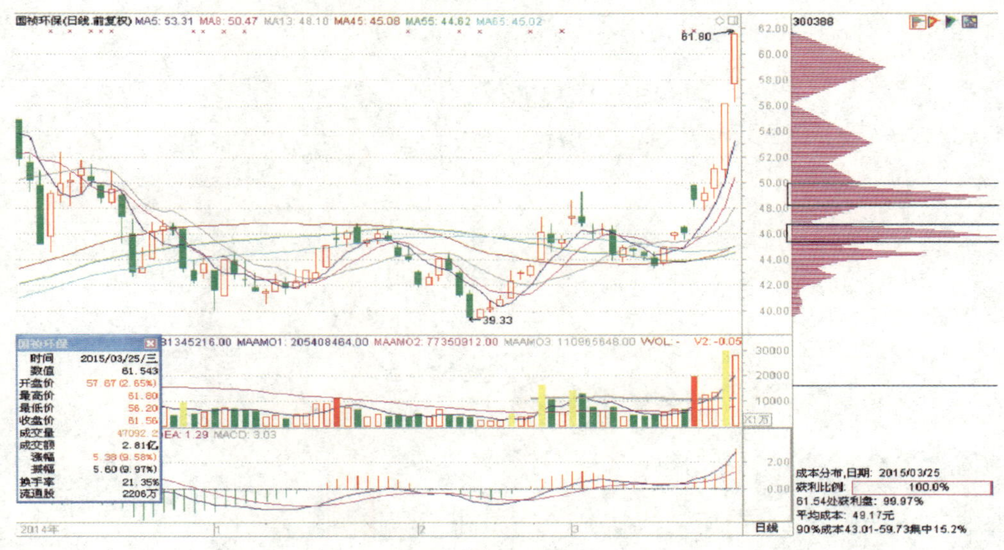

图 4—11

2015 年 3 月 26 日至 31 日，国祯环保连续洗盘四天时间，只见下面第一、第二个筹码主峰在缩短，但没有消失，说明主力没有走，盘中散户被洗盘出局，形成第三个筹码主峰，如图 4—12 所示。

300388 国桢环保（2015. 3. 31）

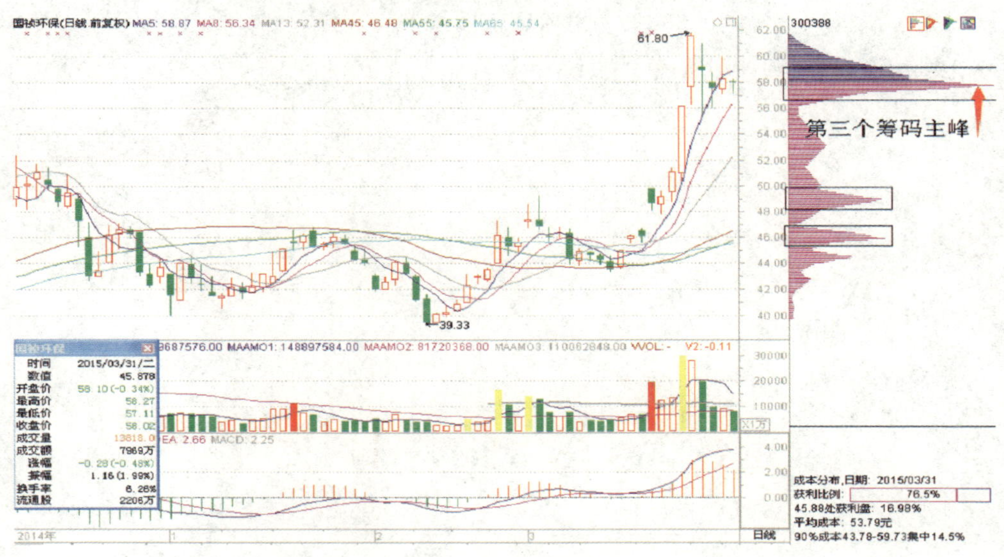

图 4—12

2015 年 4 月 1 日，国祯环保低开高走，一路上行直至涨停板，第三个筹码主峰没有上移，获利盘 100%，如图 4—13 所示。

300388 **国祯环保**（2015. 4. 1）

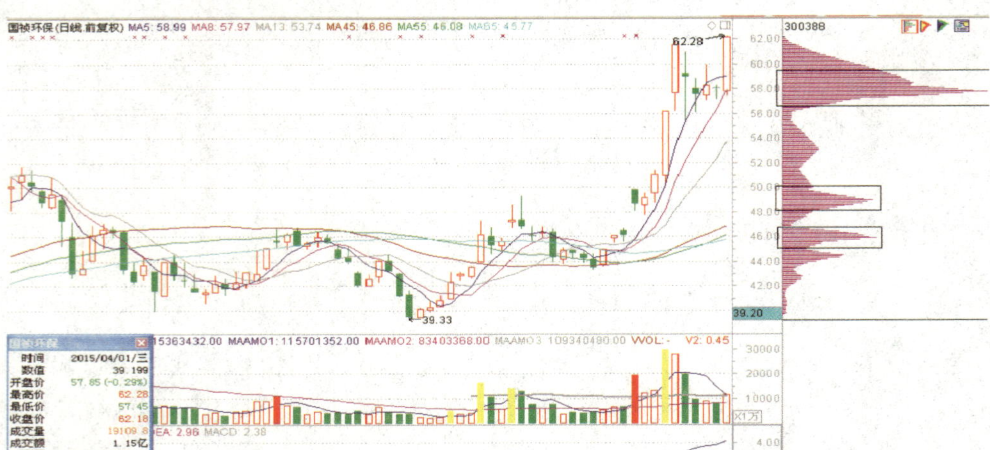

图 4—13

2015 年 4 月 2 日，国祯环保盘中大幅震荡，收出一根带有长上影线及下影线的形态，如图 4—14 所示。

300388 **国祯环保**（2015. 4. 2）

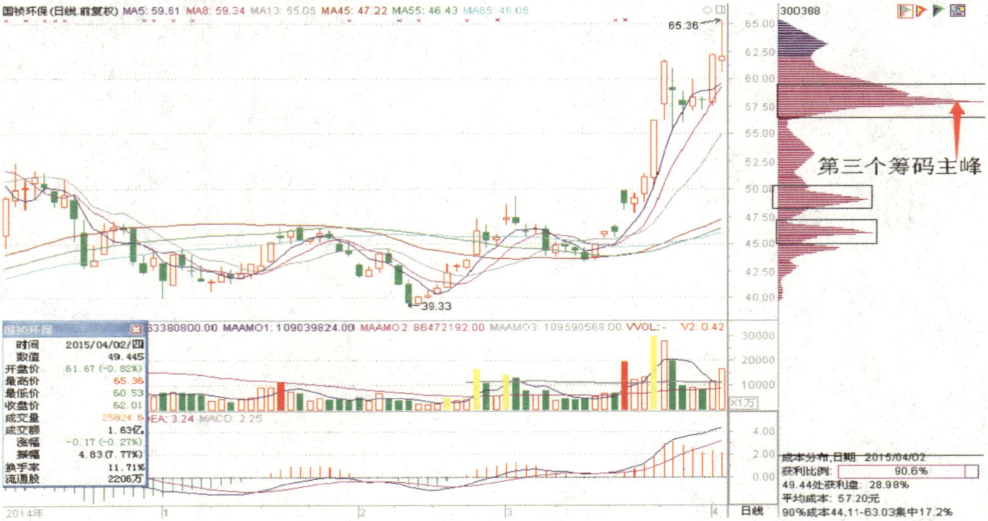

图 4—14

2014年4月2日（周四），国祯环保晚间发布年度报告，公司2014年度实现净利润5200.12万元，同比下降9.92%，每股收益0.69元。

2014年1—12月，公司实现营业收入10.23亿元，同比增长60.24%，主要是因为报告期内公司环境工程EPC业务收入增长所致，环境工程EPC业务实现收入增长202.58%，其中巢湖DBO项目贡献收入3.35亿元。

国祯环保表示，净利润增长主要系公司工程收入增长较快，应收款项较上年末有较大增长，计提的应收款项坏账损失较上年增加581.3万元，另外，受部分子公司所得税优惠政策影响，公司所得税费用较上年增加593.11万元。

2014年公司拟向全体股东每10股派发现金红利1.2元（含税），以资本公积金向全体股东每10股转增20股。

受高送配利好消息的刺激，2015年4月3日，国祯环保一字板开盘，此后连续一字板上涨，直到4月9日连续四个涨停板。不过，在4月9日这天，盘中有大量的筹码抛出，直至收盘，第一、第二、第三个筹码主峰都缩短了、上移了，如图4—15所示。

300388 国桢环保（2015.4.9）

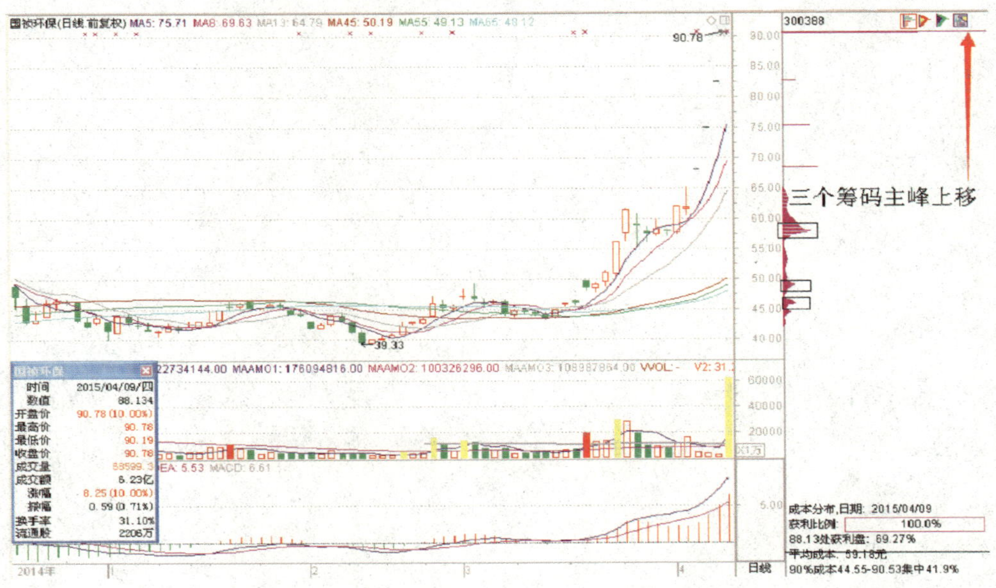

图4—15

2015 年 4 月 12 日晚间，国祯环保发布公告称，公司预中标合肥清溪净水厂 PPP 招标项目，工程总投资约 5.3 亿元。

公告显示，合肥市清溪净水厂 PPP 项目是合肥市首批采用 PPP 模式公开招标的项目，也是合肥市第一座全地埋式污水处理厂。项目设计规模 20 万吨/日。

国祯环保表示，若公司能够签订正式项目合同并顺利实施，将对公司 2015 年经营业绩产生积极影响。公司股票将于 2015 年 4 月 13 日开市起复牌。

2015 年 4 月 13 日，国祯环保跳空高开直奔涨停板，在这个利好的刺激下，持有者心态很好，抛售比 4 月 9 日大幅减少，如图 4—16 所示。

300388 **国桢环保**（2015.4.13）

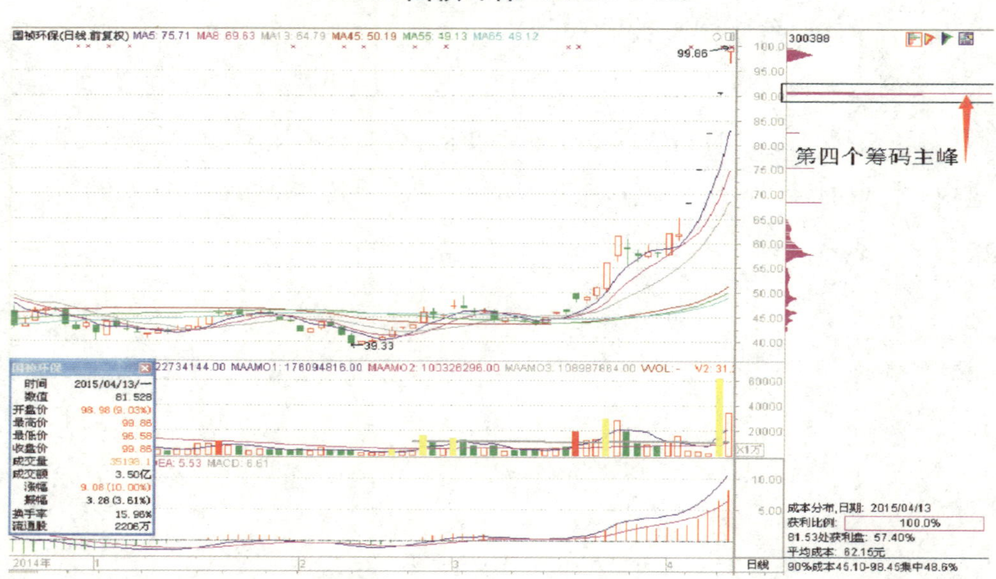

图 4—16

2015 年 4 月 14 日，国祯环保又是跳空高开，但很快回补了向上的跳空缺口，然后再度拉升到涨停板，吸引买盘介入，下午便露出了颓势，一路下跌收出一根大阴线，这根阴线再一次验证了“利好出货”的说法是正确的，如图 4—17 所示。

300388 **国桢环保**（2015. 4. 14）

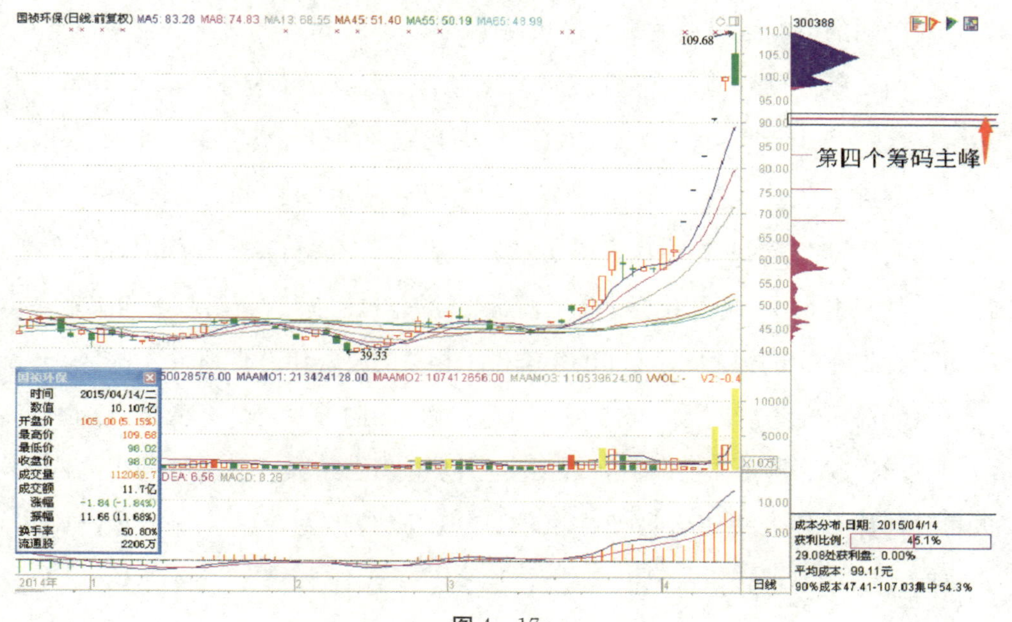

图 4—17

面对 4 月 14 日（周二）的大阴线下跌，国祯环保周二晚间澄清称，公司不存在重大工程无资质施工的情形，以及不存在重大项目虚假披露的情形。

近期有媒体质疑国祯环保公司存在重大项目存虚假披露、重大工程无资质施工、违法分包的问题。

国祯环保表示，公司作为投标联合体牵头人，与中铁四局集团有限公司及北京市市政工程设计研究总院有限公司组成联合体参与投标活动，符合招标文件的要求，通过了招标方的资格审查，并经招标方公开招标程序选择该联合体为第一中标人并予以公示。因此，公司不存在媒体所说的重大工程无资质施工的情形。

国祯环保表示，2014 年 9 月，公司承建的巢湖 DBO 项目在施工过程中发生的一起坍塌事故（一般事故），该起事故未对公司造成合同违约及其他重大经济损失，公司并未收到相关部门作出的停业整顿通知，当时也未收到相关部门的处罚决定，因此，公司未进行信息披露。2015 年 2 月 13 日，针对这起事故，公司及公司总经理王颖哲、副总经理刘端平收到了庐江县安全生产

监督管理局下发的行政处罚决定书。2015 年 2 月 16 日，公司已对该处罚事项以及对公司的影响做了相关的公告和说明。

公司在巢湖 DBO 项目实施过程中，对项目工程进行了劳务分包，未履行分包审批程序。2014 年 9 月 2 日，庐江县住房和城乡建设局下发了《停工通知》，9 月 15 日在上述暂停施工未经批准复工的情况下，该项目发生了坍塌事故。公司在该项目的施工过程中未认真落实施工方案，未落实行政主管部门的停产指令。针对上述事项，庐江县安全生产监督管理局对公司下发了行政处罚决定书，公司已对该处罚事项以及对公司的影响做了相关的公告和说明。

虽然公司在澄清谣传，但 4 月 15 日，该股却向下跳空低开低走直至跌停板，79.3%的筹码套在了高位，说明主力已经借利好来了一次胜利出局，可以想象环保利好的投资者被留在高位站岗，该股将无疑成为套牢盘，如图 4—18 所示。

300388 **国桢环保**（2015.4.15）

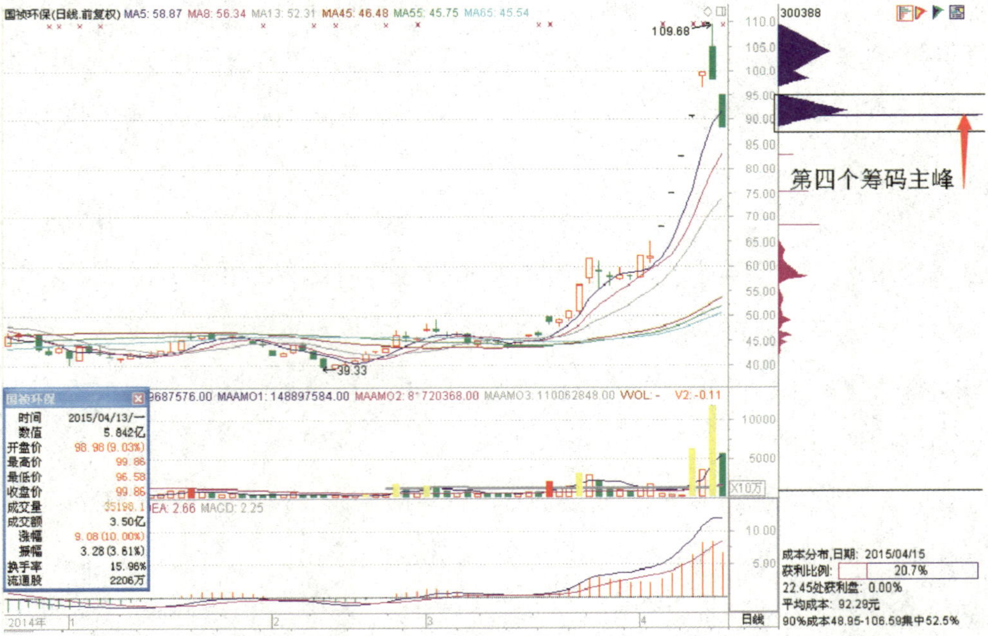

图 4—18

面对 20%的下跌，2015 年 4 月 16 日，国祯环保 2014 年度业绩说明会于 4

月 16 日（周四）下午在全景网举行。总经理王颖哲在活动中表示，水十条正式发布，公司未来发展前景良好，公司经营层有信心让公司的发展更好。

当天该股收出一根假阳线后，又连跌两天，至此，89.8%的持有者是亏损的，主力无疑出局了，如图 4—19 所示。

筹码主峰的集中上移，表示了前期低位介入的一些主力获利出局。此后，当筹码主峰再次集中时，表示又有新加入的主力及未走的老主力都在收集筹码。股市就像演戏一样，不懂的人看似乱哄哄你方唱罢他登场，实际上则是各行其是、各取所需。出局的人又在计划下一次行动，进场的人又在谋划下一次拉升。只要牛市不结束，一波又一波地炒作还会继续下去。当一只股票炒到天价的时候，就会有送红股、除权，然后继续接着炒作，直到熊市的到来。当主力大撤退之后，股价也就会像无边落叶萧萧下，飘飘洒洒落到地。看懂了筹码，也就看懂了主力，关键要会看。

300388 国桢环保（2015.4.20）

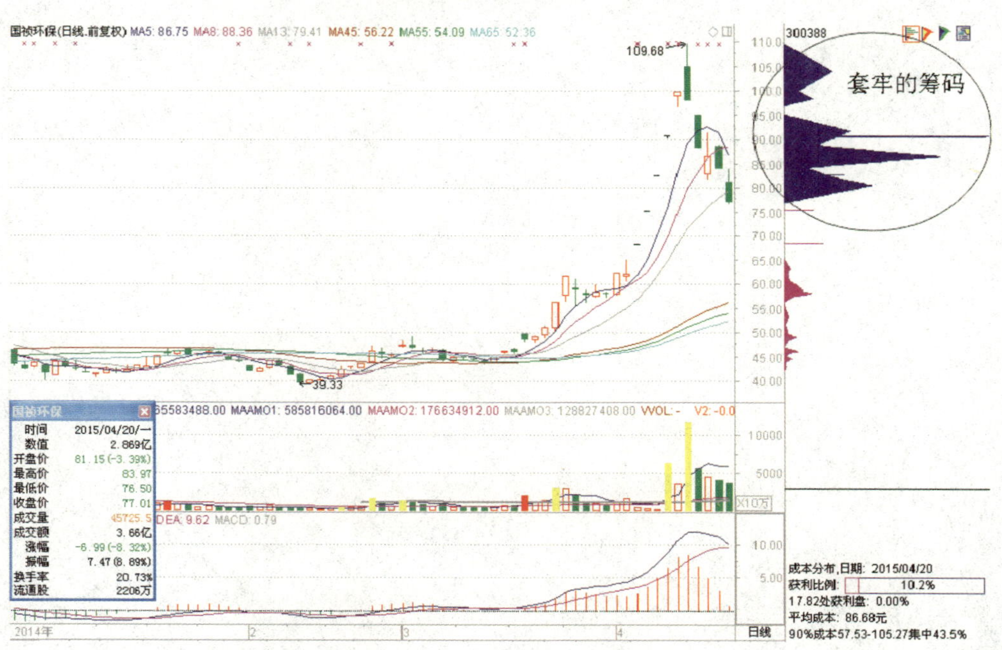

图 4—19

通过以上两个实例的分析，我们可以得出以下结论：

第一，低位的筹码主峰呈现的就是大主力的身影；

第二，筹码主峰没有上移，大主力就没有出；

第三，筹码主峰如果由低位大量上移到高位，表明大主力出局了。

思考题

21. 筹码的三个核心是什么？

22. 看筹码的三个核心是什么？

第五章 分时图系统

分时图系统由两部分构成，如图 5—1 所示，黑色竖线为分界线，竖线左边是盘面，显示的是图像；竖线右边是盘口，显示的是数量。

盘面包括：集合竞价、分时形态、分时成交量。

盘口包括：买卖窗口、现价窗口、换手窗口、成交窗口。

分时图系统我们重点研究的是：集合竞价、开盘 30 分钟走势、分时图经典形态、成交量经典形态。

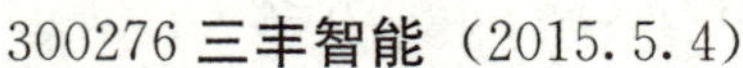
300276 三丰智能（2015.5.4）

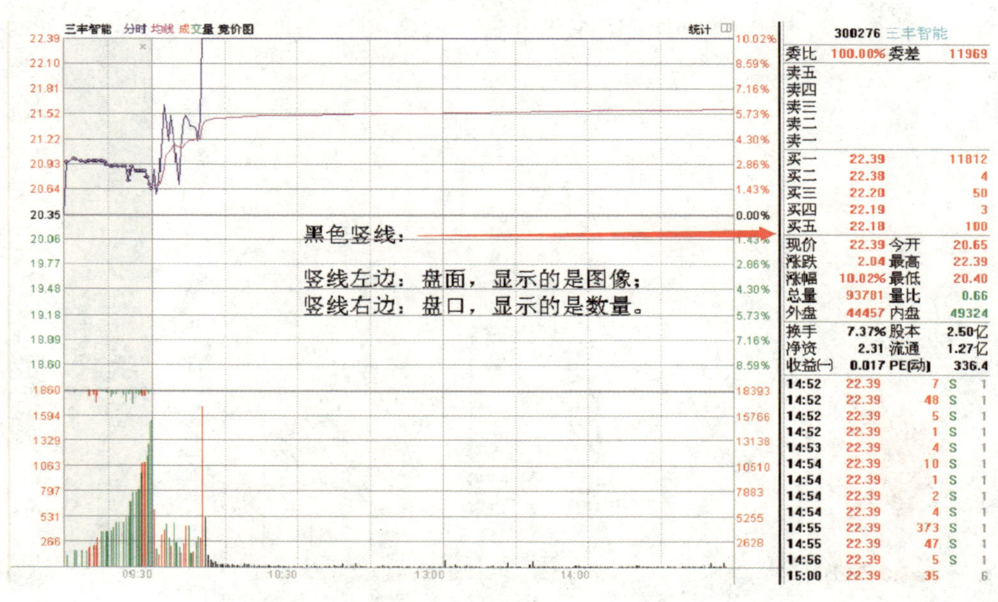

图 5—1

第一节 集合竞价的猫腻

从主力的操作手法上看，主力明显是在利用目前交易机制上的便利：9:15到9:25之间，此时能申报也能撤单，即以涨停价申报买单，把集合竞价推高；9:25以后就只能申报不能撤单，故在此时间之前把涨停板申报价格撤掉，但较高的集合竞价已经形成；在9:25之后或9:30开盘时，突然卖出股票并获利。

聪明的主力正是利用人们这种“跟大资金动向操作”的心理，在用自己的“大资金”频繁申报高价买单，待其他人跟风推高股价后，便迅速撤下已挂的买单，如此反复，待股价达到一定高位时，抛出自己手中持有的股票，从而获利。

2015年4月20日，601766中国南车从3月18日至4月17日在连续上涨17天，涨幅高达174.31%后，2015年4月20日（如图5—2）以这种手法利用集合竞价吸引不明真相的投资人在高位接盘。

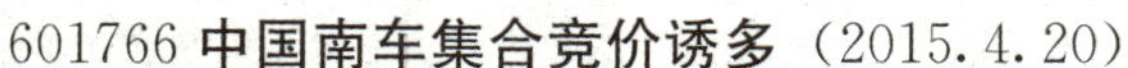
601766 **中国南车集合竞价诱多**（2015.4.20）

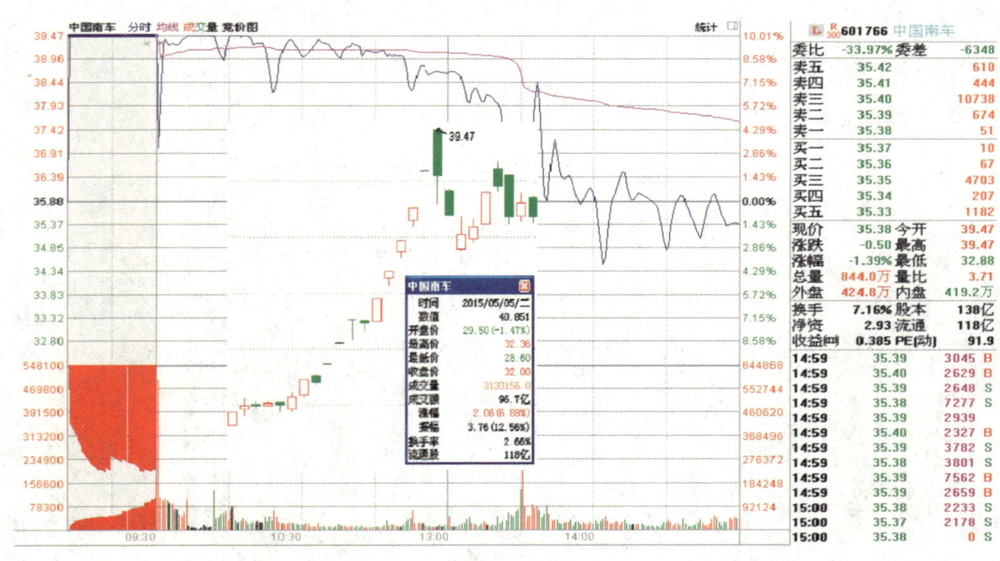

图5—2

2015 年 4 月 20 日主力在诱多出货之后一路下跌，直至 2015 年 5 月 4 日走势图，如图 5—3 所示。

大阴线（2015. 4. 20）——震荡下跌（2015. 5. 4）

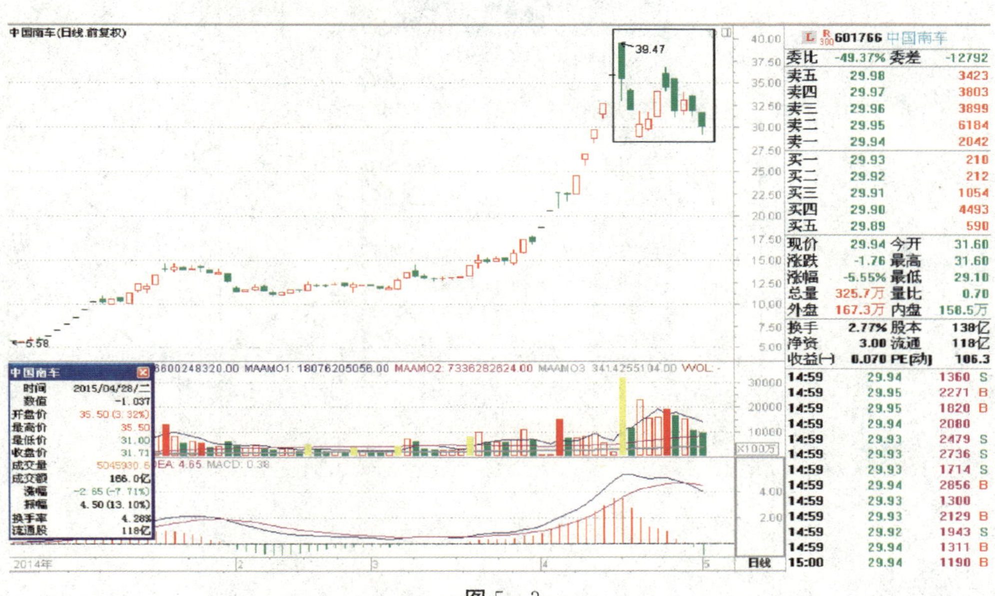

图 5—3

第二节 开盘 30 分钟走势

早盘 9:30 开盘后到 10:00 这半个小时的走势极为重要，它是前一个交易日后如何运作的关键，我们可以以 10 分钟为一个区间，从分时图上看多空的胜负。当然，必须结合股价目前的位置来判断。

如果 9:30 开盘后三个 10 分钟 K 线形成阳阳阳，或阳阴阳，或阴阳阳形态，当天收阳的概率比较大，如图 5—4 所示。反之，如果 9:30 开盘后三个十分钟 K 线形态形成阴阴阴、阴阳阴或阳阴阴，当天收阴的概率就比较大，如图 5—5 所示。

300276 三丰智能（2015.5.4）开盘 30 分钟 K 线图（阳、阳、阳）

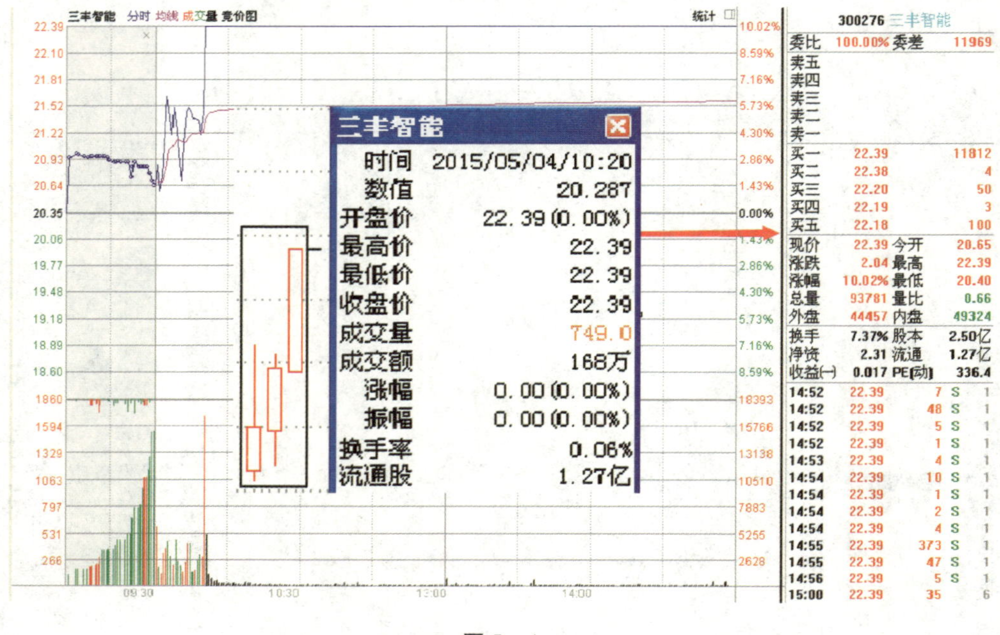

图 5—4

300059 东方财富（2015.5.4）开盘 30 分钟 K 线图（阴、阳、阴）

图 5—5

第三节 分时图经典形态

一、上涨形态

600528 中铁二局（2015. 2. 10）分时图：上涨形态

图 5—6

1. 形态特征

价位线以尖角波的形态缓慢地、持续地上涨，盘中虽然有回调，但回调基本不到均价线；均价线也缓慢地、持续地上行。

2. 形成原因

这是主力不断地、连续地买进，向上买进、价格上涨，停止买进，价格回落，然后再买进，从而使价位线呈现出这种尖角波的形态。当天抛盘大都被主力买进，这是主力势在必得的上涨形态。

3. 操作策略

对这种价位线以尖角波上涨的分时图的形态，发现后要趁回调逢低买进，只要尖角波谷一波比一波高，就不要犹豫地买进。

二、出货形态

600711 盛屯矿业（2015.3.10）：出货形态

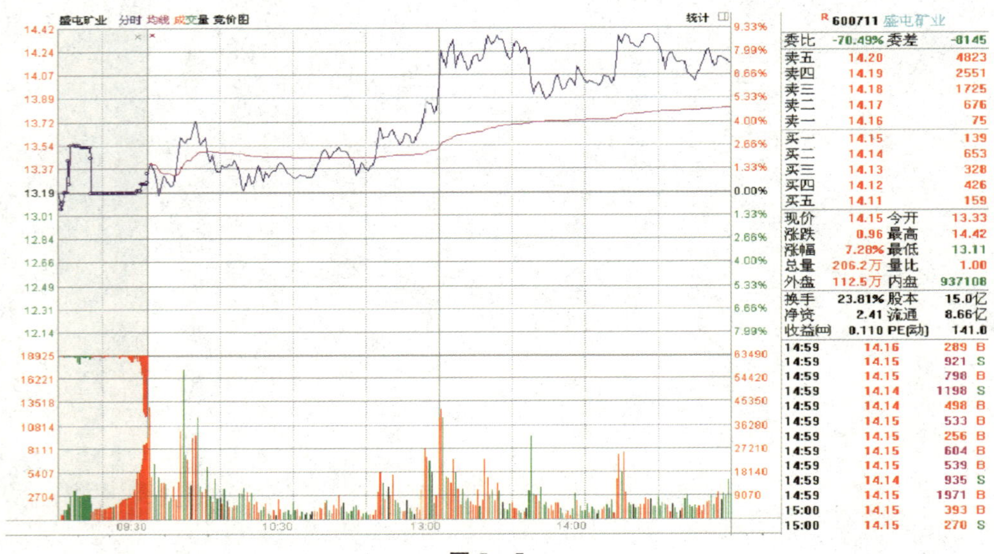

图 5—7

1. 形态特征

股价经过一波大幅上涨后，某天，上涨的力度在减弱，盘中只见小单拉高，大单卖出。盘中买盘只要出现新的高价，就有大的抛单出现，致使股价在高位反复徘徊不停。

2. 形成原因

这是主力在高位出货所形成的，盘中主力以小单拉高股价，引诱跟风盘买进。只要买盘大量跟进，主力就会大量卖出。然后，主力再在拉高、再卖出，盘中反复在一定的区间波动，股价就再也涨不起来。

3. 操盘策略

在分时图盘中只要看到这种大抛单连续出现的现象，就要趁主力拉高之际逢高卖出，不要被当日的红盘所误导，次日就会跳空低开，套牢前一天跟进的买盘。

三、下跌形态

000796 易食股份（2015.5.14）：下跌形态

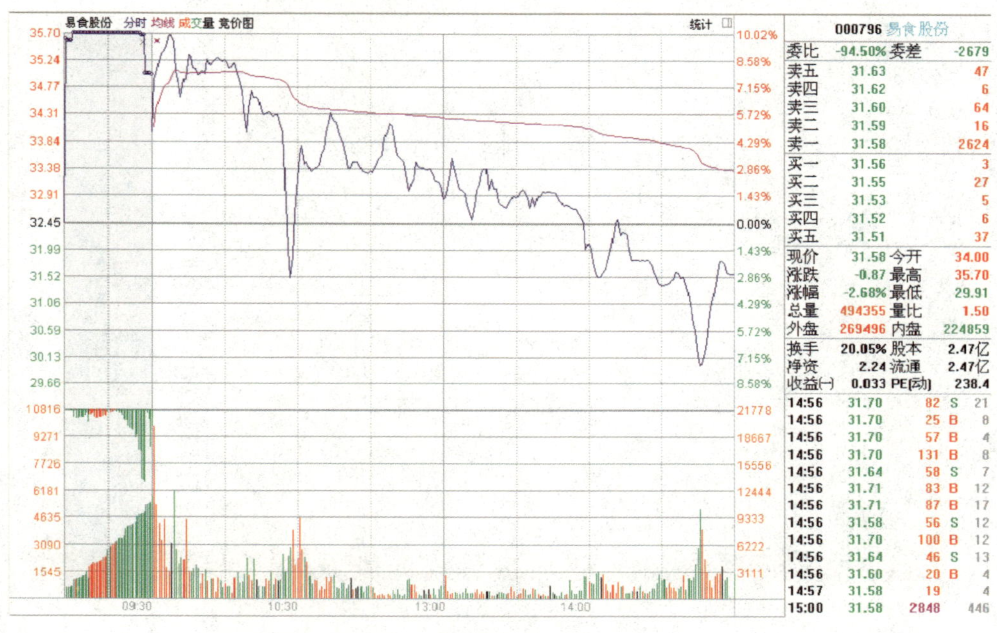

图 5—8

1. 形态特征

在集合竞价图中，经常会看到 9:15 开始就拉升股价到涨停板，吸引买盘跟进，9:30 开盘后经常是高开低走，快速下跌，盘中股价会有反弹冲高，但大部分时间价位线是在当天均价线之下运行，而且均价线也一路走低。

2. 形成原因

只有跟风盘买进，主力才能卖出较高的价钱。于是早盘就高开引诱买盘，买盘跟进后开盘快速下跌，使早盘跟风的买单都成交，主力则达到顺利出货的目的。当市场在犹豫之中，主力又快速拉升推高股价引诱买盘，在第一、第二次拉升时还能突破当日均价线，但后来就很难突破当日均价线了。

3. 操盘策略

从集合竞价中发现主力捣鬼的猫腻后，开盘就要趁早卖出。如果高开低走，超过一定的下跌幅度，反弹必须清仓出局。

四、诱空形态

300086 康芝药业（2015. 4. 1）：诱空形态

图 5—9

1. 形态特征

上涨初期的早盘高开低走、低开低走、冲高后大幅下跌等诱空形态，有三个显著特征：

（1）价位线形态与成交量形成底背离形态。

（2）尾盘股价又被拉起，K 线上留下较长的下影线或上影线。

（3）K 线形态经常呈现出探底线、下阻线、十字线。

2. 形成原因

这是主力有意制造恐惧，有意击垮持股者的信心，当持股者在恐惧中大量卖出后，会在尾盘拉起股价。

3. 操盘策略

洗盘末期，上涨初期股价没有出现诱空形态的特征，就要耐心等待直至诱空形态特征出现就可以操作。

五、诱多形态

600528 **中铁二局**（2015.3.5）：**诱多形态**

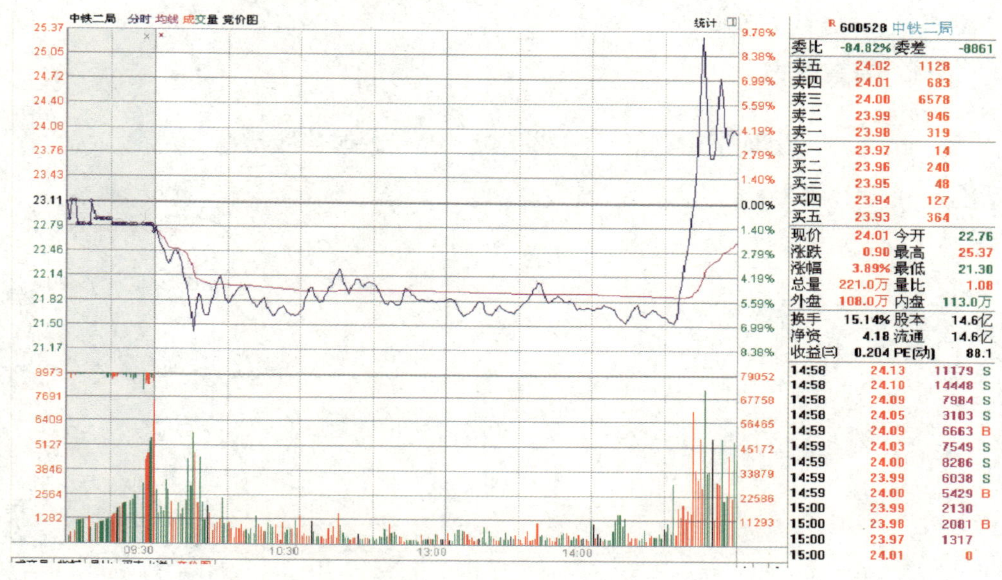

图 5—10

1. 形态特征

股价经过一波大幅上涨后，某日低开低走，往往在尾盘会出现一波大幅拉升的形态，同时成交量也会放大，出现一种放量上涨的形态，诱多形态有三个显著的特征：

（1）价位线形态与成交量形成顶背离形态。

（2）股价大幅冲高后有回落、亦有不回落，K 线上留下较长的下影线或上影线。

（3）K 线形态经常呈现出吊首线、浪高线、十字线。

2. 形成原因

股价经过一波大幅上涨后，主力必须想方设法引诱买盘才能卖出股票兑现利润，往往选择在尾盘较短的时候内突然袭击，拉高股价，引诱买盘，这样既能在高位卖出，又能留下一根高位的阳线作为持有或者买进者的定心丸来误导看不懂的人。

3. 操盘策略

(1) 持有者恰好借机卖出。

(2) 空仓者不必追高。

六、背离形态

上证指数（2015.4.28.10：06）分时均线背离

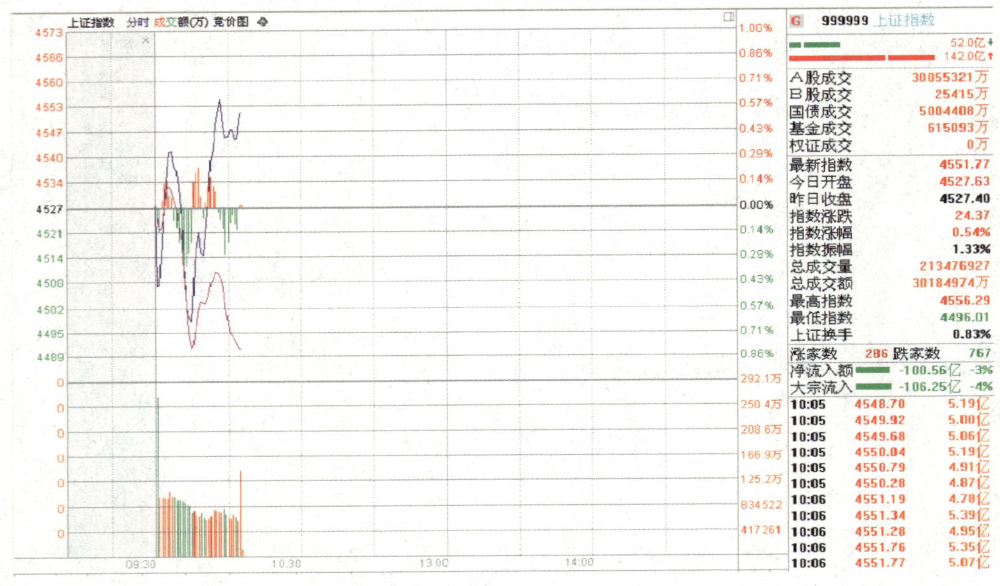

图 5—11

1. 形态特征

在波段顶部的阳线后，次日分时图开盘出现高开低走，初期两条线还会同时上下震荡，然后出现背离形态，即一条线向上运行，一条线向下运行。向上运行的是盘大的股票（标准线为白色线）涨幅大，通常表示大盘指数；向下运行的是小盘的股票（标准线为黄色线）跌幅大，通常表示为小盘股指数。背离时间不会久，大盘就会出现高位跳水式、断崖式下跌，跌势之快、跌势之猛，瞬间便会造成市场恐慌。此时可谓“兵败如山倒”，抛盘蜂拥而出，造成当天阴线收盘。

2. 形成原因

两条均线的背离，一方面标志市场多空双方产生分歧；另一方面不排除盘中主力声东击西，拉抬大盘，制造上涨的假象，吸引资金追涨，掩护自己的资金撤离。

3. 操盘策略

盘中一旦发现分时图形态出现背离形态，就要迅速地、毫不犹豫地逢高出局。当天不出局，此后往往遭遇被套的处境。

第四节　分时图成交量经典形态

国内股市 A 股目前交易时间是一天四个小时，即 240 分钟，在分时图成交量部分每分钟一根量柱，量柱左右两侧是成交量的数据。每根量柱的大小可以用左右的数据来衡量，每分钟的量柱横向排在一起则形成高低不等的量峰，一些经典特征的量峰具有不同的含义。在这里我们把分时图成交量的量峰按其特征分为七种类型。

一、攻击量（早盘攻击量、尾盘攻击量）

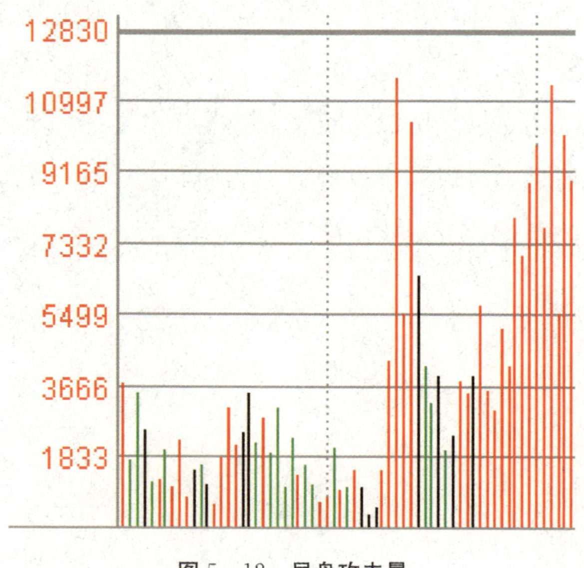

图 5—12　早盘攻击量

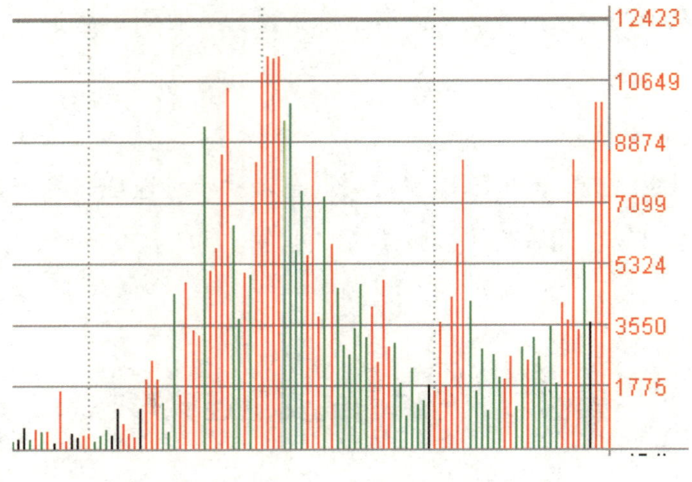

图 5—13　**尾盘攻击量**

1. 形态特征

在一段时间内，成交量持续地放大，量柱由低到高甚至成倍的集中放大，就像井喷一样聚集喷射。

2. 形成原因

只有连续地大量买进，才会形成攻击量，这是机构主力在大量地买进，在收集那些看不懂后势持有者的筹码。

在底部，必然是主力在买进；在顶部，必然是主力在卖出。

3. 操盘策略

在底部发现攻击量后，可以判断这个股票有主力在行动，可以择机跟进；在顶部发现攻击量后，可以判断这时有主力机构在卖出。持有者要卖出，空仓者千万不要上当受骗，看见放量就买进。

二、对倒量

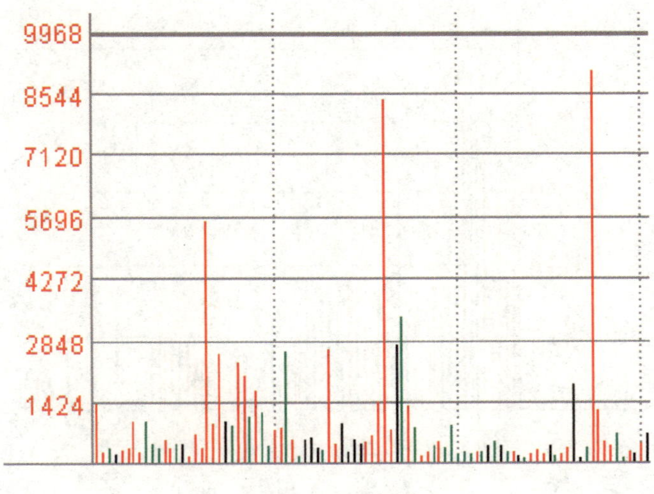

图 5—14 对倒量

1. 形态特征

成交量呈现出单根突然突兀的放大，呈现出单根独立的量柱，没有持续性，一根量柱放大后下一根就立即缩小。

2. 形成原因

这是主力在对倒时形成的特征，主力对倒的目的，要根据股价所处的位置来判断，主力吸货、洗盘、拉升、出货都会用对倒来误导市场，让看不懂的人做出误判。

3. 操盘策略

对倒量出现后，最好的行动就是按兵不动，任凭主力在忽悠，我自岿然不动。

三、洗盘量

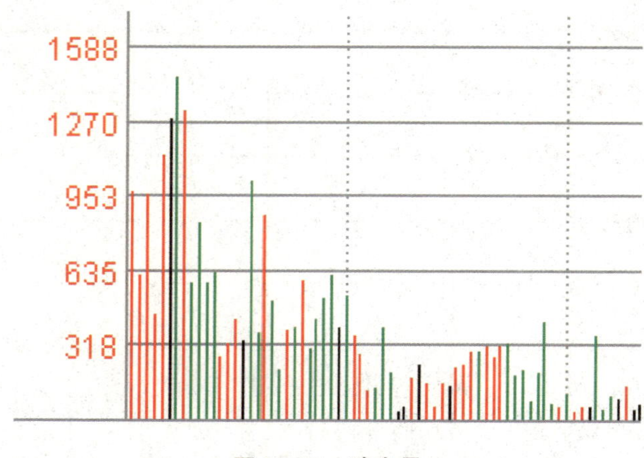

图 5—15 洗盘量

1. 形态特征

股价高开低走，高开后略微放量拉升，低走时成交量成倍地缩小，盘中可以看到卖出的成交量大于买进的成交量，且一波比一波小。

2. 形成原因

主力开盘拉高股价，然后下跌，恐惧的散户在卖出，因此不会出现大的成交量；另外主力对倒打压，股价越来越低，持有者越来越恐惧，空仓的不敢买进。

3. 操盘策略

洗盘没有止跌企稳，就不要去贪便宜；洗盘止跌企稳才是进场的机会。

四、平头量

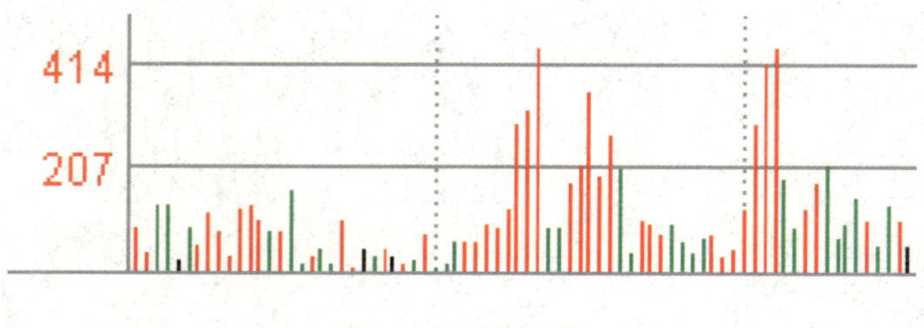

图 5—16 平头量

1. 形态特征

成交量连续放大直至一波的最高量出现，然后缩量；接着又有一波连续的放量，但这次成交量的数据与前一次成交量的数据大概相等，从而形成平头量。

2. 形成原因

主力在分批买进，买一阵、停一阵。

3. 操盘策略

平头量的出现，如果股价一波比一波高，有可能面临拉升，不妨在平头量出现后逢低再买进。

五、递增量

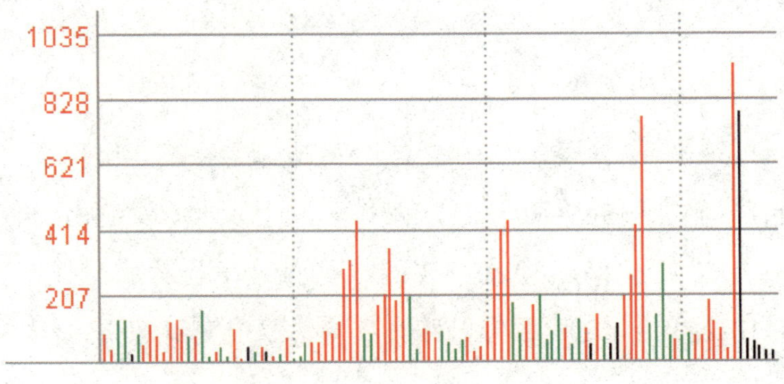

图 5—17 **递增量**

1. 形态特征

成交量一波连续放量后，然后缩量，接着再连续放量，再缩量；但后一波的量大于前一波的量，一波比一波大形成递增量。

2. 形成原因

股价上涨，成交量放大，呈现出价涨量增的形态，这是市场做多的力量大于做空的力量，才导致了递增量的形成。

3. 操盘策略

当发现个股呈现出价涨量增的递增量形态后，就要趁盘中回调择机买进，不要犹豫，过了第一个低点，就不会有相同的低价了，能买进就是幸运。

六、递减量

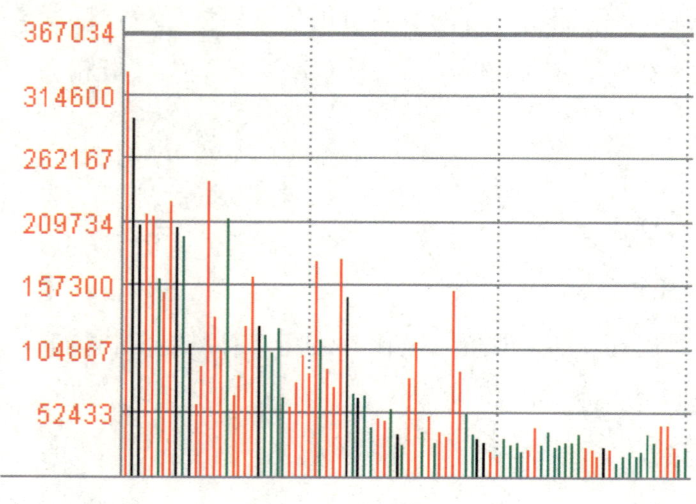

图 5—18　递减量

1. 形态特征

股价低开或平开后一路走高，但成交量却与之背离，出现了价涨量减的局面，股价涨高、成交量缩小，且一波比一波小。当股价创出当天的最高价后，对应的成交量仅仅超过前一波的成交量——预示股价到了当天的顶部——下跌由此开始，之后股价虽然有反弹，但成交量却再也超不过前一波的高点了。

2. 形成原因

股价经过一波连续几天的上涨后，做多的动能已经大为降低，特别是遇到前期的高点时，若出现递减量，就明确地告诉市场，这一波涨升将告一段落。

3. 操盘策略

递减量一旦出现，就是市场下跌的信号，持有者要迅速获利了结。空仓者千万不要逢低买进，否则就会在高山顶上站岗而备受折磨。

七、冲板量

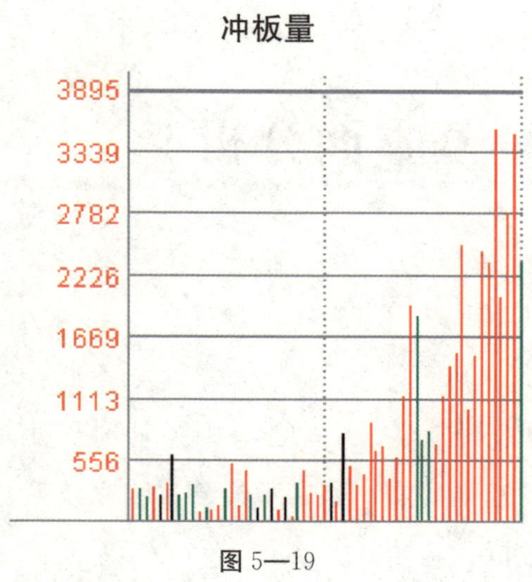

图 5—19

1. 形态特征

冲板量是指成交量持续地、成倍地集中放大，股价则是连续上涨直至到涨停板。冲板量与攻击量最大的区别在于，冲板量会使股价连续攻击到涨停板，而攻击量却不一定使股价上涨到涨停板。

2. 形成原因

冲板量是主力不停买进盘中所有抛盘而形成的，主力势在必得，不到涨停板不罢休，伴随股价处在的位置必然是突破前高或者突破历史高点。

3. 操盘策略

发现攻击量出现的时候，一定要结合股价所处的位置来决定自己如何操作。

思考题

21. 分时图上最佳的买进时机？最佳的买进方法？

22. 分时图上最佳的卖出时机？最佳的卖出方法？

基本面分析

基本面分析是根据经济学、金融学、财务管理及投资学基本原理，对决定证券价值及价格的基本要素，如宏观经济、国家政策、行业、市场、上市公司等方面的综合分析。

基本面分析很大程度上依赖了经验的判断，对证券市场的分析难以数量化、程式化，受投资者的主观能力的制约比较大。

散户如何简练地抓住基本面分析的要害，形成比较有价值的参考，我们不妨弃繁就简，主要从市值数据、股东户数、股东变化、最新异动、最新提示、公司大事等方面来分析。

第一节　市值数据

在市值数据里，看流通市值、总市值；相对而言，流通市值、总市值比较小的股票容易操作。

000835 长城动漫（2015.3.12）

【截止日期】2015-03-12 市值数据

排名	股票名称	股价(元)	流通A股(万股)	总股数(万股)	流通市值(亿元)	总市值(亿元)
1	上海石化	4.9600	238500.00	1080000.00	118.30	535.68
2	华锦股份	9.0200	120050.18	159944.25	108.29	144.27
3	陕西黑猫	14.9600	12000.00	62000.00	17.95	92.75
4	开滦股份	6.7300	123464.00	123464.00	83.09	83.09
5	云煤能源	7.0600	95202.89	98992.36	67.21	69.89
6	宝泰隆	11.5200	38700.00	54700.00	44.58	63.01
7	岳阳兴长	24.1300	23437.25	23439.21	56.55	56.56
8	山西焦化	6.8800	65683.28	76570.00	45.19	52.68
9	煤气化	9.0700	51374.70	51374.70	46.60	46.60
11	长城动漫	13.1200	30537.00	30537.00	40.06	40.06

表 6—1

第二节　股东户数

000835 长城动漫（2014.9.30）

【2.股东户数】

截止日期	股东户数	户均持股	较上期变化	筹码集中度
2014-09-30	58122	5253	无明显变化	较集中
2014-06-30	59166	5161	无明显变化	较集中
2014-04-18	60351	5059	无明显变化	较集中
2014-03-31	60297	5064	无明显变化	较集中
2013-12-31	61115	4996	无明显变化	较分散
2013-09-30	64978	4699	无明显变化	较分散
2013-06-30	68193	4478	无明显变化	较分散
2013-03-31	70813	4312	无明显变化	较分散
2012-12-31	76494	3992	无明显变化	较分散
2012-09-30	78569	3886	无明显变化	较分散
2012-06-30	77140	3958	无明显变化	较分散
2012-03-31	80082	3813	无明显变化	较分散
2011-12-31	79654	3833	无明显变化	较分散
2011-09-30	83833	3642	无明显变化	较分散
2011-06-30	80738	3782	无明显变化	较分散
2011-03-31	82174	3716	无明显变化	较分散
2010-12-31	75184	4061	趋向集中	较分散

表 6—2

在股东户数里，如果户均持股在增加，股东户数在减少是最佳的，说明主力在收集筹码。注意：由于季报的滞后，看到的数据要与市场当时的形态对照分析，看主力走了没有。

第三节　股东变化

000835 **长城动漫**（2014.9.30）

【3.股东变化】
截至日期：2014-09-30 十大流通股东情况 A股户数:58122 户均流通股:5253
累计持有:5463.74万股,累计占流通股比例:17.89%,较上期变化:1.16万股↑

股东名称（单位:万股）	持股数	占流通股比(%)	股东性质	增减情况
长城影视文化企业集团有限公司	2607.75	8.54 A股	公司	新进
四川圣达集团有限公司	1000.00	3.27 A股	公司	↓-2607.75
兴业国际信托有限公司—兴业泉州<2007-12号>资金信托	407.93	1.34 A股	私募基金	↑43.79
田农	255.26	0.84 A股	个人	未变
中融国际信托有限公司—恒赝1号证券投资集合资金信托计划	250.43	0.82 A股	私募基金	↑8.40
西部信托有限公司—西部信托·稳健人生系列伞型结构化3期证券投资集合资金信托计划	224.10	0.73 A股	私募基金	↑15.58
广东粤财信托有限公司—杰凯一期	210.87	0.69 A股	私募基金	↑19.28
中融国际信托有限公司—中融增强75号	188.77	0.62 A股	私募基金	↑24.11
费占军	176.00	0.58 A股	个人	未变
林高	142.63	0.47 A股	个人	未变

表 6—3

在股东变化里面：

一、看十大流通股东中，退出的与新进的是谁？并对比双方的持股数；

二、主要看十大流通股东性质，以谁为主？是公司、私募基金？还是公墓基金，或者个人？还是……

第四节　最新异动

000835 长城动漫（2015.3.13）

【4.最新异动】
【交易日期】2015-03-13 日涨幅偏离值达7%
涨跌幅:8.61% 成交量:6229.00万股 成交金额:84499.00万元

买入金额排名前5名营业部		
营业部名称	买入金额(万元)	卖出金额(万元)
中国银河证券股份有限公司绍兴证券营业部	5115.98	843.50
华泰证券股份有限公司深圳益田路荣超商务中心证券营业	4258.26	235.48
华泰证券股份有限公司成都人民南路证券营业部	2933.09	4.18
广发证券股份有限公司江门江华路证券营业部	2504.58	98.01
中信证券（浙江）有限责任公司杭州市心南路证券营业部	1745.03	43.15
卖出金额排名前5名营业部		
营业部名称	买入金额(万元)	卖出金额(万元)
光大证券股份有限公司杭州庆春路证券营业部	168.40	2102.09
国泰君安证券股份有限公司宁波彩虹北路证券营业部	35.94	1378.69
国元证券股份有限公司上海虹桥路证券营业部	-	998.34
中国银河证券股份有限公司金华证券营业部	92.61	969.14
中国银河证券股份有限公司绍兴证券营业部	5115.98	843.50

表 6—4

最新异动里：

第一，可以看到最新的买入金额排名前 5 名营业部的买入金额与卖出金额的对比；

第二，可以看到最新的卖出金额排名前 5 名营业部的买入金额与卖出金额的对比；

第三，可以将买入与卖出总量进行对比，从而判断多空胜负。

23. 基本面分析的重点是什么？

24. “十三五”规划带来的机遇是什么？

25. 在中篇的六个系统里，你有没有“短板”的地方？

附一：

战略性新兴产业发展“十二五”规划

《战略性新兴产业发展“十二五”规划》里将七大战略性新兴产业中四个定位为支柱产业，三个定位为先导产业。

从新兴产业所处发展阶段和推进层次来看，预计到2020年，节能环保、新一代信息技术、生物、高端装备制造产业将成为国民经济的支柱产业，新能源、新材料、新能源汽车产业将成为国民经济的先导产业。

一、节能环保方面：“十二五”期间，全国新增污水配套管网建设能力20万吨，新增污水处理规模9000万吨，升级改造污水处理规模5000万吨；新增污泥日处理能力4.7万吨；新增垃圾填埋日处理能力25万吨，新增垃圾焚烧日处理能力15万吨；新增燃煤电厂脱硝设施1.8亿千瓦；开展重金属污染治理示范试点；支持建设一批清洁生产示范工程。

二、新一代信息技术包括信息网络基础设施、新一代移动通信、下一代互联网核心设备、智能终端、三网融合、物联网、云计算、集成电路、新型显示和高端软件及服务器。

三、生物产业重点发展生物医药、生物农业、生物能源、生物环保、生物服务外包五大方面。关于生物医药方面的发展，未来五年将主要强调用于重大疾病防治的生物技术药物、新型疫苗、诊断试剂、化学药物等创新型药物品种。

四、高端装备制造有五大重点领域，包括航空装备、卫星制造与应用、高铁及城市轨道交通装备、海洋工程装备和智能制造装备。

五、新能源方面，到2015年，我国的风能、核能、太阳能等发电装机容量分别达到1.5亿千瓦、8000万千瓦和2000万千瓦。这将为相关行业的设备和施工商带来巨大商机。

六、新材料的应用几乎可以渗透到国民经济各个领域，也是战略性新兴产业的奠基石。医用、环保、电子信息、建筑、化工等领域的新材料需求空间不可想象。资料显示，“十二五”规划为新材料行业发展确定了五大方向，细分应用领域达到12个以上，涉及上市公司近百家。

七、在新能源汽车的产业链条上，有电池、充电站、整车生产等。

基本面的研究要和政策结合起来，然后再用技术分析选择时机。

中篇小结

“木桶理论”告诉我们，木桶盛水的多少不在于它最长的那些板子，而在于它最短的那块板子，只有弥补了短板，水才能盛满。

在中篇里，我们集中分析了炒股的工具。炒股的主要工具无非就是均线、价格、成交量、筹码、分时图、基本面这六个系统。这六个系统里，哪一个系统工具都不能短板。短板越多，炒股效果越差。没有内幕的散户，没有内幕的投资者，唯有全面地、系统地、熟练地掌握了这些工具，才可以进入股市这个不见硝烟的战场进行博弈。否则，无异于赤手空拳与荷枪实弹对阵，焉能不败？

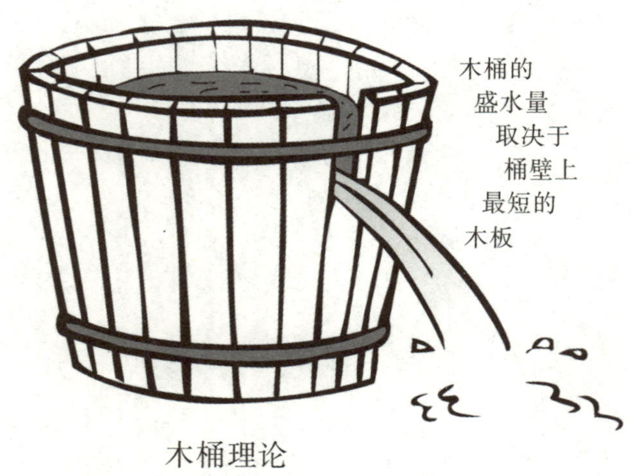

木桶理论

下篇

实盘操作

理论是灰色的，技术是死板的，只有当它们被实际地运用于活生生的生活实践，才具有其价值和生命力。本书上、中两篇所论述的主升浪之大道和猎取主升浪的种种系统工具，也只有当你能融会贯通、得心应手地综合运用于硝烟弥漫的股市实践，你才能真正规避股市的风险，自信从容地走上主升浪之道从而与浪共舞。因此，在本书下篇，我们将复盘我们实盘指导操作过的部分股票以及当时在盘前、盘中的分析，让读者看看我们是如何将操作理念和系统工具坚决而恰当地运用于股市的实盘操作过程中，如何及时地踏上主升浪，并在高位获利出局的。这才是本书的关键和所要达到的最终目的。

2014 年 7—8 月 深天马 A 主升浪实盘操作

一、启涨背景

000050 深天马 A 具备全息手机概念。全息手机是采用全息显示技术的一种创新型手持终端。全息手机可以从各个角度感受到浮在屏幕上的全息效果。配合空中交互功能，堪称在视角和触觉上完成了革命性的体验。

深天马公司自 2009 年起已开始与亿思达合作开发 3D 眼镜技术，是亿思达 3D 产品的主力供应商和技术合作伙伴。公司 2013 年底与亿思达集团开始合作开发基于液晶透镜技术的裸眼 3D 显示方案，并成为亿思达 takee 全息手机中关键显示器件的核心供应商之一。

二、综合分析

2014 年 7 月 16 日，深天马 A 在长线组走平之际，股价跳空高开大幅波动，成交量随即超前放大，看筹码也很集中。

2014 年 7 月 17 日，深天马 A 刊登证监会并购重组委审核公司发行股份购买资产并募集配套资金暨股票停牌公告。

（公告全文："深天马 A 关于中国证监会并购重组委审核公司发行股份购买资产并募集配套资金暨关联交易事宜暨公司股票停牌的公告。

深天马 A 接到通知，证监会上市公司并购重组委员会将于近日审核公司发行股份购买资产并募集配套资金暨关联交易事宜。根据相关规定，经申请，公司股票自 2014 年 7 月 17 日上午开市起停牌，待公司公告审核结果后复牌。公司将及时公告证监会上市公司并购重组委员会的审核结果。"）

2014年7月25日（星期五），深天马A公司刊登公司股票复牌公告。

（公告原文："深天马A于2014年7月24日收到中国证券监督管理委员会的通知，经中国证监会上市公司并购重组委员会于2014年7月24日召开的2014年第39次并购重组委工作会议审核，公司发行股份购买资产并募集配套资金暨关联交易事项获得有条件通过。根据相关规定，经公司申请，公司股票自2014年7月25日开市起复牌。"）

7月25日，复牌当天深天马A跳空低开低走，回补了7月16日向上的跳空缺口。

2014年7月28日（星期一），深天马A跳空高开，下午13:08开始直奔涨停板。

三、盘中提示

在综合分析后，在盘口我们看到主力大单买进，又给了机会。形态表明主力在这里是真要开始行动了。在盘中，我们提示可以考虑买进，如截图1—1、1—2所示。

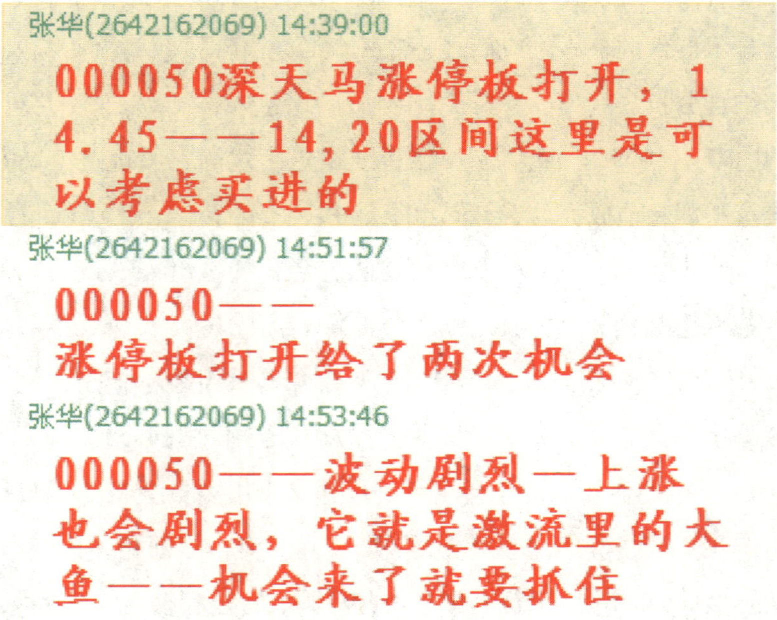

张华(2642162069) 14:39:00

000050深天马涨停板打开，14.45——14,20区间这里是可以考虑买进的

张华(2642162069) 14:51:57

000050——
涨停板打开给了两次机会

张华(2642162069) 14:53:46

000050——波动剧烈—上涨也会剧烈，它就是激流里的大鱼——机会来了就要抓住

图1—1

000050 **深天马 A**（2014.7.28）**涨停板**

图 1—2

深天马 A 于 7 月 28 日晚间发布澄清公告，针对近日媒体发布新闻，关于“全息手机预订超 50 万部，深天马供应关键器件”的报道。公司表示，经核实，报道基本属实。

深天马 A 称，公司从 2006 年开始研发裸眼 3D 应用显示技术，公司确立了以液晶透镜和 HDDP 等为代表的未来裸眼 3D 显示技术的主要发展方向。目前，公司已可以提供包含 TFT 模组、3D 液晶透镜、CTP 一体式全贴合的显示解决方案。

公司自 2009 年起，已开始与亿思达合作开发 3D 眼镜技术，是亿思达 3D 产品的主力供应商和技术合作伙伴。公司 2013 年底与亿思达集团开始合作开发基于液晶透镜技术的裸眼 3D 显示方案，并成为亿思达 takee 全息手机中关键显示器件的供应商之一。

但该项目目前并未开始量产，未来的订单量存在不确定性，在订单尚未确定前，对公司业绩不会构成实质性影响。

2014 年 7 月 29 日，深天马 A 刊登澄清公告：

近日，媒体发布新闻称“全息手机预订超 50 万部，深天马供应关键器件”。主要内容如下：

此外，刘美鸿还透露，takee 全息手机采用了深天马 A（000050）所提供的最核心的 3D 显示器件，使该手机能够实现立体显示效果。

据了解，深天马自 2009 年起就与亿思达合作开发 3D 眼镜技术，一直是亿思达 3D 产品的主力供应商和技术合作伙伴。2013 年底，双方开始合作开发基于液晶透镜技术的裸眼 3D 显示方案，深天马由此成为亿思达 takee 全息手机中关键显示器件的核心供应商之一。

资料显示，深天马从 2006 年开始研发裸眼 3D 应用显示技术，公司确立了以液晶透镜和 HDDP 等为代表的未来裸眼 3D 显示技术的主要发展方向。目前，深天马已可以提供包含 TFT 模组、3D 液晶透镜、CTP 一体式全贴合的显示解决方案。

经核实，以上报道基本属实。深天马 A 针对上述报道说明如下：

公司从 2006 年开始研发裸眼 3D 应用显示技术，公司确立了以液晶透镜和 HDDP 等为代表的未来裸眼 3D 显示技术的主要发展方向。目前，公司已可以提供包含 TFT 模组、3D 液晶透镜、CTP 一体式全贴合的显示解决方案。

公司自 2009 年起已开始与亿思达合作开发 3D 眼镜技术，是亿思达 3D 产品的主力供应商和技术合作伙伴。公司 2013 年底与亿思达集团开始合作开发基于液晶透镜技术的裸眼 3D 显示方案，并成为亿思达 takee 全息手机中关键显示器件的供应商之一。

但该项目目前并未开始量产，未来的订单量存在不确定性，在订单尚未确定前，对公司业绩不会构成实质性影响。

2014 年 7 月 29 日，早盘、开盘前及盘中我们提示深天马 A，如图 1—3 所示。

2014 年 7 月 29 日早盘、盘中提示深天马 A

2014-07-29

五矿-马杰(1020530809) 9:05:44

2014年7月29日星期二【个股回顾】：

昨天，在银行、券商、有色这几个大盘蓝筹板块的带动下，沪深两市放量大涨，沪指创年内新高——2177.95；在7月13日、20日、26日连续三周的周日、周六五矿主升浪论坛上，我们都用图形标示告诉了大家大盘会上涨的…参加过论坛的朋友都会提前知道大盘的上涨；绝不会是今天报刊消息昨天看到大盘大涨后，今天才宣告"深沪市大涨吹来牛市消息"…实际上，昨天最强的板块是航天军工，其中的黑马就是——000050深天马！这是一匹天马行空的走势，也是一条激流里的大鱼…

以上分析，仅供参考！买卖自定，盈亏自负！（五矿证券金田主升浪理财中心）

张 华(2642162069) 10:32:33

000050深天马涨停板

张 华(2642162069) 10:32:39

000050深天马涨停板

张 华(2642162069) 10:34:58

昨天涨停板打开提示；今天早盘提示：昨天最强的板块是航天军工，其中的黑马就是——000050深天马！这是一匹天马行空的走势，也是一条激流里的大鱼……

图 1—3

注："五矿—马杰"是五矿证券的投资顾问，也是我在五矿证券主升浪理财中心的助理。

到 2014 年 7 月 29 日当天收盘，深天马 A 拉起了第二个涨停板，如图 1—4 所示。

000050 深天马 A（2014.7.29）第二个涨停板

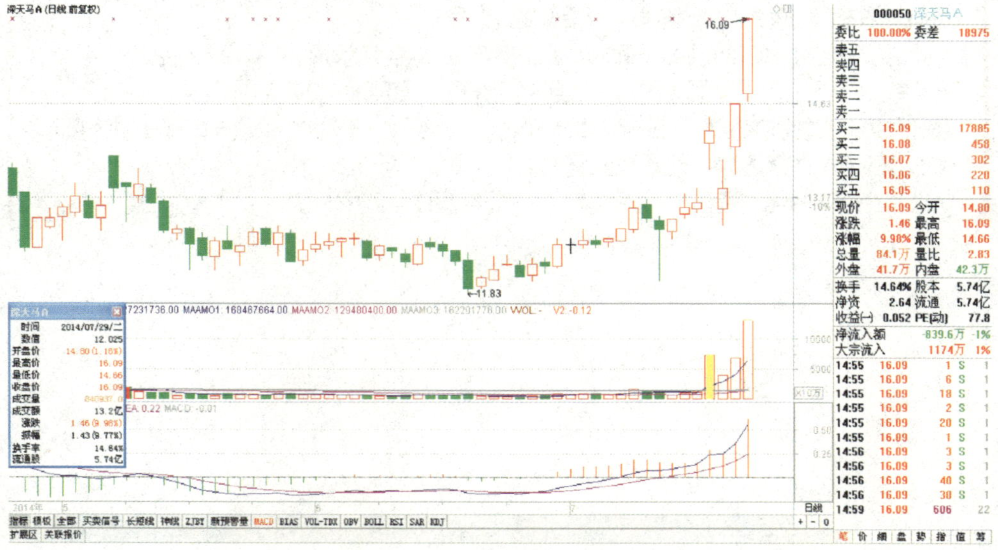

图 1—4

2014年7月30日，深天马A在跳空高开，收出一个“跳空假阴线”。这种假阴线，比前一天的收盘价实际上依然有涨幅，是一个变相的阳线。7月31日，低开高走，盘中突破前一天跳空假阴线的高点再创新高。这意味着会继续的上涨。

2014年8月1日，开盘前我在我的博客当中写了什么是慢牛股、快牛股、疯牛股时分析了深天马A就是一个疯牛股：具体分析见博客原文，如图1—5、1—6所示。

2014年8月1日星期五： (2014-08-01 09:03:28) [编辑] [删除]

标签：疯牛 牛股 田主 星期 五矿 设好止盈 竭诚

分类：默认分类

狙击涨停板——张华 [编辑]

网址：http://blog.eastmoney.com/jujiztb

2014年8月1日星期五：

什么是慢牛股？600623双钱股份就是慢牛股，我们提示在11.50—11.70区间可以逢低介入，昨天收盘价12.13——涨得慢，8个交易日，仅涨3.59%，会继续上涨，耐心持有……

什么是快牛股？000831五矿稀土就是快牛股，我们提示在20.90—21.26区间可以逢低介入，昨天收盘价25.95——涨得比较快，8个交易日，区间涨幅26.34%；昨天突破整理平台，今天会再创新高……设好止盈，25.48击穿后获利了结！25.48之上与浪共舞，第二目标位28.30附近……底仓不动，每天盘中可以用一部分资金高抛低吸做差价，滚动操作、摊薄成本——到目标位附近出局。

什么是疯牛股？000050深天马A就是疯牛股，我们提示在14.20—14.45区间可以介入，昨天收盘价16.87——涨得快，4个交易日，区间涨幅26.84%；；昨天盘中再创新高，今天还会再创新高……设好止盈，16.42击穿后获利了结！16.42之上与浪共舞……第一目标位18.50附近……底仓不动，每天盘中可以用一部分资金高抛低吸做差价，滚动操作、摊薄成本——到目标位附近出局。

以上分析，仅供参考！买卖自定，盈亏自负！（五矿证券金田主升浪理财中心）

图1—5

我们金田主升浪理财中心喜欢的就是慢牛股、快牛股、疯牛股！……慢牛股会演变成快牛股、快牛股会演变成疯牛股，疯牛股会演变成——黑马股、白马股、乃至天马股；天马行空，势不可挡……喜欢慢牛、快牛、疯牛股；喜欢黑马、白马、天马股的朋友，欢迎加入我们金田主升浪理财中心，我们将竭诚为朋友提示慢牛、快牛、疯牛股和黑马、白马、天马股；我们将竭诚为朋友们服务。

早盘、盘中我们经常做点评。我们的理念：

·理念：狙击涨停板，只做强势股

·目标：猎取主升浪，一浪涨30%

·方法：借刀斩牛股，波段来操作

·选股：慢牛股、快牛股、疯牛股

·资金：三三制——分牛操作

地址：深圳市福田区金田路经贸中心47层五矿证券金田主升浪理财中心。

备注：我们只接纳资金在300万以上的客户

欢迎到五矿开户

欢迎到五矿参加学习交流

欢迎到五矿购买金田阳光私募

阅读（266）|评论（2）|分享

炒股多年却还是伤痕累累？

图 1—6

注：在 2014 年 8 月 1 日博文中提到的慢牛股 600623 双钱股份，是我们在 2014 年 7 月 22 日提示的，到 2014 年 11 月 28 日停牌；直至 2015 年 3 月 24 日复牌，从 14.32 元启涨，一波连续上涨冲到最高价 31.08 元，截至 2015 年 4 月 9 日，区间涨幅 16.31 元，涨幅高达 114.70%，期间拉出 7 个涨停板。

2014 年 8 月 1 日，深天马 A 低开，盘中震荡洗盘，临收盘时收出一根小阳线，趋势依然向好。

2014 年 8 月 4 日，盘中深天马 A 创出新高后，没有再拉升，而是在缺口之上震荡横盘整理，如图 1—7 所示。

000050 深天马 A（2014. 8. 4）

图 1—7

一般人看到这根带有长上影线的小实体 K 线，认为这是射击之星，误认为是顶部的 K 线形态，实际不是这样。因为主力没有走，既然主力没有走，一般的投资人就没有必要被这种 K 线形态所欺骗。不过要设好止盈价，第二天，我们在开盘前提示，如图 1—8 所示。

2014 年 8 月 5 日开盘后，只见深天马 A 跳空高开，早盘拉升突破了昨天上影线的高点，盘中我们点评，如图 1—9 所示。

8 月 6 日，开盘前我们提示，如图 1—10 所示。

2014-08-05
五矿-马杰(1020530809) 9:15:47
2014年8月5日星期二【个股回顾】：
昨天，大盘表现出奇的强劲——选好强势个股操作！非强势股不做！强者恒强
我们7月28在14,20附近提示的000050深天马，今天止盈价位为：16.65，不能击穿，击穿反弹获利了结；反之，与浪共舞...
我们8月1日在20.40附近提示的002166莱茵生物，今天止盈价位为：21.30，不能击穿，击穿反弹获利了结；反之，与浪共舞...
以上分析，仅供参考！买卖自定，盈亏自负！（五矿证券金田主升浪理财中心）

图 1—8

张 华(2642162069) 9:49:07
000050深天马——今天再创新高——强势
张 华(2642162069) 10:12:45
上涨获利 的股票一定要锁定利润——不要让盈利变为亏损——大盘很诡异
张 华(2642162069) 10:41:43
000050——深天马涨停板
张 华(2642162069) 10:42:30
000050——深天马涨停板——恭喜持有的朋友发财

图 1—9

2014-08-06
张 华(2642162069) 9:15:42
2014年8月6日星期三【个股回顾】：
沪深指数的调整就在眼前，前期涨幅过大到了波段顶部的个股最好获利了结！！创业板前期滞后于大盘——还有上涨的动能——精选个股，谨慎操作！！！
我们7月28在14.20附近提示的000050深天马，昨天涨停板报收18.68；今天止盈价为：17.88，不能击穿，击穿反弹获利了结；反之，与浪共舞……该股主力目标远大！

图 1—10

8 月 6 日当天，深天马 A 跳空高开低走，收盘又出现一个跳空的假阴线，如图 1—11 所示。这根跳空假阴线，比起 7 月 30 日的跳空假阴线，实体比较大，但仍然是主力在高位的一种强势洗盘的形态。这种形态只要次日不继续下跌，反而上涨突破假阴线的高点，就可以确认是主力在以高位的阴线在恐吓持有者。当然，对这种阴线要设好止盈价，只要不破止盈价，就不要恐惧。

000050 深天马 A（2014.8.6）假阴线

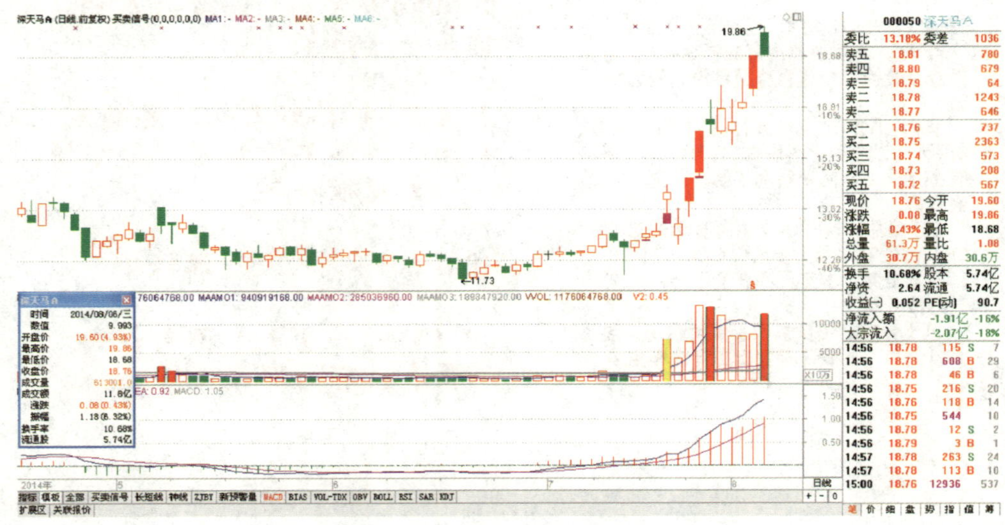

图 1—11

8 月 7 日，深天马 A 跳空高开高走，盘中我们及时提示，如图 1—12 所示。

8 月 8 日，开盘前我们提示分析“像深天马这样的疯牛股是凤毛麟角的——该股主力目标远大”，如图 1—13 所示。

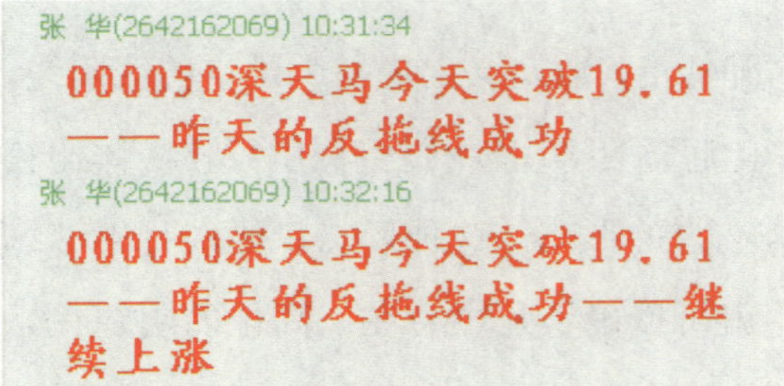

张 华(2642162069) 10:31:34

000050深天马今天突破19.61——昨天的反拖线成功

张 华(2642162069) 10:32:16

000050深天马今天突破19.61——昨天的反拖线成功——继续上涨

图 1—12

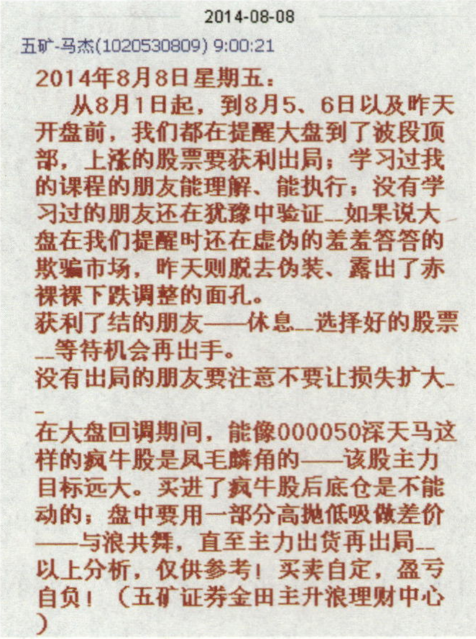

2014-08-08

五矿-马杰(1020530809) 9:00:21

2014年8月8日星期五：

从8月1日起，到8月5、6日以及昨天开盘前，我们都在提醒大盘到了波段顶部，上涨的股票要获利出局；学习过我的课程的朋友能理解、能执行；没有学习过的朋友还在犹豫中验证…如果说大盘在我们提醒时还在虚伪的羞羞答答的欺骗市场，昨天则脱去伪装、露出了赤裸裸下跌调整的面孔。

获利了结的朋友——休息…选择好的股票…等待机会再出手。

没有出局的朋友要注意不要让损失扩大…

在大盘回调期间，能像000050深天马这样的疯牛股是凤毛麟角的——该股主力目标远大。买进了疯牛股后底仓是不能动的；盘中要用一部分高抛低吸做差价——与浪共舞，直至主力出货再出局…

以上分析，仅供参考！买卖自定，盈亏自负！（五矿证券金田主升浪理财中心）

图 1—13

8 月 8 日，深天马 A 收出一根小十字阳线，与前一天的 K 线组合形成了高位的孕出线，如图 1—14 所示。是顶部吗？不是！因为主力没有出局，只不过是一天强势的休整而已。如果要卖出，也要根据次日走势才可以定夺。

000050 **深天马** A（2014. 8. 8）**高位孕出线**

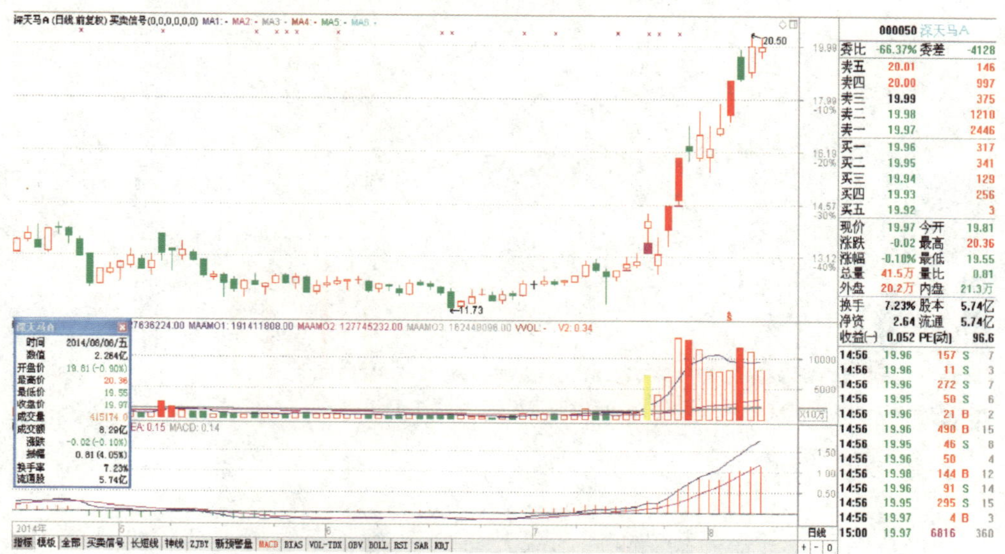

图 1—14

经过周末假日的休息后，8 月 11 日开盘前我们提示深天马 A 的止盈是 19. 47 击穿，反弹出局；反之，与“浪”共舞，如图 1—15 所示。

当天深天马 A 跳空高开高走，盘中我们点评，如图 1—16 所示。

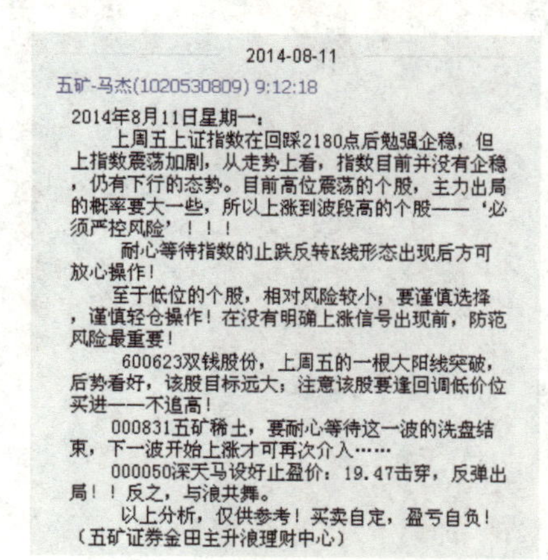

2014-08-11

五矿-马杰(1020530809) 9:12:18

2014年8月11日星期一：

上周五上证指数在回踩2180点后勉强企稳，但上指数震荡加剧，从走势上看，指数目前并没有企稳，仍有下行的态势。目前高位震荡的个股，主力出局的概率要大一些，所以上涨到波段高的个股——‘必须严控风险’！！！

耐心等待指数的止跌反转K线形态出现后方可放心操作！

至于低位的个股，相对风险较小；要谨慎选择，谨慎轻仓操作！在没有明确上涨信号出现前，防范风险最重要！

600623双钱股份，上周五的一根大阳线突破，后势看好，该股目标远大；注意该股要逢回调低价位买进——不追高！

000831五矿稀土，要耐心等待这一波的洗盘结束，下一波开始上涨才可再次介入……

000050深天马设好止盈价：19.47击穿，反弹出局！！反之，与浪共舞。

以上分析，仅供参考！买卖自定，盈亏自负！

（五矿证券金田主升浪理财中心）

图 1—15

张 华(2642162069) 9:40:13

000050深天马——真正的天马——天马行空、独来独往

图 1—16

000050 **深天马 A**（2014. 8. 11）**第四个涨停板**

图 1—17

8 月 12 日，开盘前我们点评，深天马 A 是独一无二的天马，如图 1—18 所示。

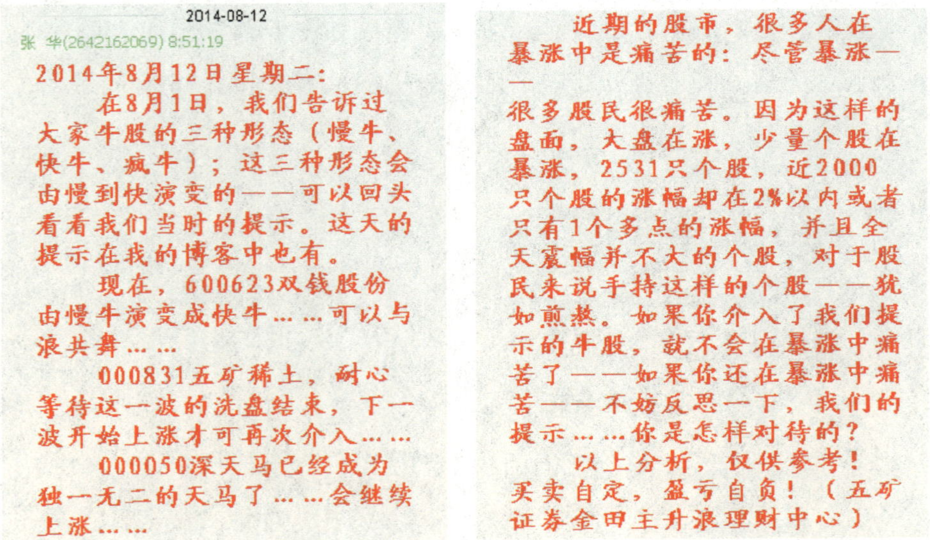

2014-08-12
张 华(2642162069) 8:51:19
2014年8月12日星期二：
在8月1日，我们告诉过大家牛股的三种形态（慢牛、快牛、疯牛）；这三种形态会由慢到快演变的——可以回头看看我们当时的提示。这天的提示在我的博客中也有。
现在，600623双钱股份由慢牛演变成快牛……可以与浪共舞……
000831五矿稀土，耐心等待这一波的洗盘结束，下一波开始上涨才可再次介入……
000050深天马已经成为独一无二的天马了……会继续上涨……

近期的股市，很多人在暴涨中是痛苦的：尽管暴涨——很多股民很痛苦。因为这样的盘面，大盘在涨，少量个股在暴涨，2531只个股，近2000只个股的涨幅却在2%以内或者只有1个多点的涨幅，并且全天震幅并不大的个股，对于股民来说手持这样的个股——犹如煎熬。如果你介入了我们提示的牛股，就不会在暴涨中痛苦了——如果你还在暴涨中痛苦——不妨反思一下，我们的提示……你是怎样对待的？
以上分析，仅供参考！
买卖自定，盈亏自负！（五矿证券金田主升浪理财中心）

图 1—18

8 月 12 日，深天马 A 跳空高开，临收盘又一次留下了一根带长上影线的 K 线，如图 1—19 所示。

000050 **深天马** A（2014. 8. 12）**出现射击之星**

图 1—19

深天马 A 是不是到了顶部？8 月 12 日这个 K 线形态有点玄，到底次日如何走，要在盘中看发展。综合来看，主力没有走。

8 月 13 日，深天马高开后稍做回调后一路走高，直至涨停板，这已经是这波拉升中的第五个涨停板了。盘中我们点评道，如图 1—20 所示。

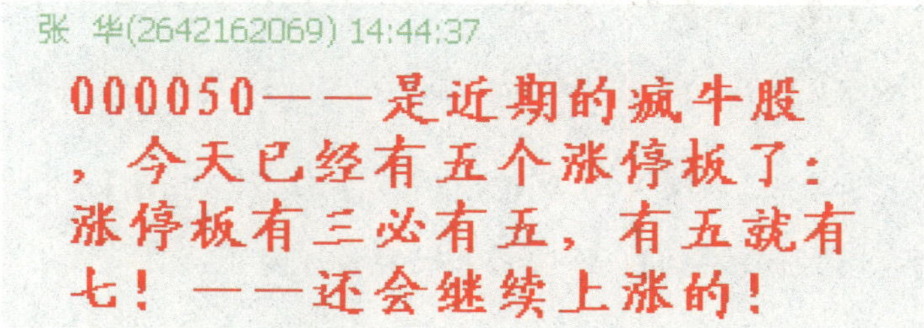

张 华(2642162069) 14:44:37

000050——是近期的疯牛股，今天已经有五个涨停板了：涨停板有三必有五，有五就有七！——还会继续上涨的！

图 1—20

8 月 14 日，开盘前我们点评大盘及三个牛股，如图 1—21 所示。

2014-08-14

张 华(2642162069) 9:22:17

2014年8月14日星期四：

昨天下午收盘前最后一刻我们已经提示"大盘尾盘拉起——骗线——警惕——该出局就出局——不要犹豫"；今天要谨防回调，防范风险最重要！

我们在7月中下旬提示的三个牛股（慢牛股、快牛股、疯牛股）目前运行在不同的阶段：

慢牛股600623双钱股份这两天在洗盘，止跌后才会反转，逢低吸纳……反转加仓……与浪共舞！

快牛股000831五矿稀土，洗盘没有结束，没有止跌……耐心等待，止跌反转、开始上涨才可再次介入！！！

疯牛股000050深天马昨天拉出第5个涨停板，继续在疯涨，今天还会再创新高……昨天我们在盘中提示"000050——是近期的疯牛股，今天已经有五个涨停板了：涨停板有三必有五，有五就有七！——还会继续上涨的！"，主力没有出局……请大家拭目以待。没有学习过我们课程的朋友是不敢做的，即就是做了，方法不对头，胆量不够也拿不住！

以上分析，仅供参考！买卖自定，盈亏自负！（五矿证券金田主升浪理财中心）

图 1—21

盘中，看到深天马 A 走出的 K 线形态后，我们两次提示，如图 1—22 所示。

张 华(2642162069) 14:35:55

000050深天马今天的K线形态不好——大盘也很犹豫———要谨慎！谨慎！

张 华(2642162069) 14:46:50

000050深天马今天的K线形态不好——大盘也很犹豫———要谨慎！谨慎！

图 1—22

2014 年 8 月 14 日，深天马 A 收出吊首线形态，如图 1—23 所示：最后这根 K 线形态已经提示我们，该股目前已经有风险了，必须高度警惕！

000050 深天马 A（2014.8.14）收出吊首线形态

图 1—23

我们再看看 2014 年 8 月 14 日深天马 A 刊登的股票异常波动公告，公告原文如下：

天马微电子股份有限公司（以下简称“公司”）股票（证券简称：深天马 A；证券代码：000050）交易价格连续三个交易日内（分别为 2014 年 8 月 11 日、12 日、13 日）日收盘价格涨幅偏离值累计达到 20%。根据深圳证券交易所的有关规定，属于股票交易异常波动。

公司董事会通过电话问询等方式，对公司控股股东、实际控制人就相关问题进行了核实，核实情况如下：

1. 公司前期披露的信息不存在需要更正、补充之处；

2. 近期存在公共传媒报道关于公司与亿思达 takee 全息手机合作事项，公司再次声明，该项目目前未开始量产，未来的订单量存在不确定性，在订单尚未确定前，对公司业绩不会构成实质性影响；

3. 近期公司经营情况及内外部经营环境未发生重大变化；

4. 公司、控股股东和实际控制人不存在关于本公司的应披露而未披露的重大事项；

5. 股票异常波动期间控股股东、实际控制人未发生买卖公司股票的行为。

从公告的中我们看到的是一切正常，但从股价走势图上我们看到的却是吊首线形态——这根K线形态告诉我们，已经有人在这里欺骗市场。

2014年8月15日，上午8点我的Q上收到了一条消息，宣传深天马A的投资亮点。其目的很明显，让看不懂的人买进。8:37:30回答道：今天是2014年8月15日——深天马已经到了波段顶部。如图1—24所示。

深天马A（000050）

投资亮点：

1. 公司属于微电子行业，是专门从事生产、销售液晶显示屏(LCD)和液晶显示模块(LCM)产品的高科技型企业，是国内中小尺寸液晶显示器主要厂家之一。2011年上半年，随着全球经济复苏、智能手机和平板电脑的热销，带动中小尺寸面板需求稳定增长，公司抓住市场需求积极调整产品结构和客户结构，使得公司上半年液晶显示器业务实现营业收入约210.921万元，较上年同期上升42.3%。

2. 丰富产品线，加大产业链整合：公司受托管理中航光电子的5代线，从而使公司在4.5代线的基础上丰富了中小尺寸生产线的布局。中航光电子5代线过去专注于电脑显示屏业务，盈利并不理想，公司接管后，拓宽其应用领域，并对生产线进行了调试和整改。此外，公司在产业链上加大垂直整合力度。武汉天马除建设月产3万片TFT面板外，还将建设供上海、成都和武汉天马使用的月产9万片彩色滤光片，彩色滤光片占TFT面板成本的20%-30%，将有助于降低公司的成本。

狙击手 8:37:30

今天是2014年8月15日——深天马已经到了波段顶部

图1—24

从早盘向社会散发利好消息，到盘中忽悠看不懂的人接盘。我们看看昨天的K线形态，再看看今天盘中拉升步履艰难的分时图，就可以判断这是波段的顶部，要出局回避的，这里有风险。请看8月15日当天深天马A的分时图。如图1—25所示：

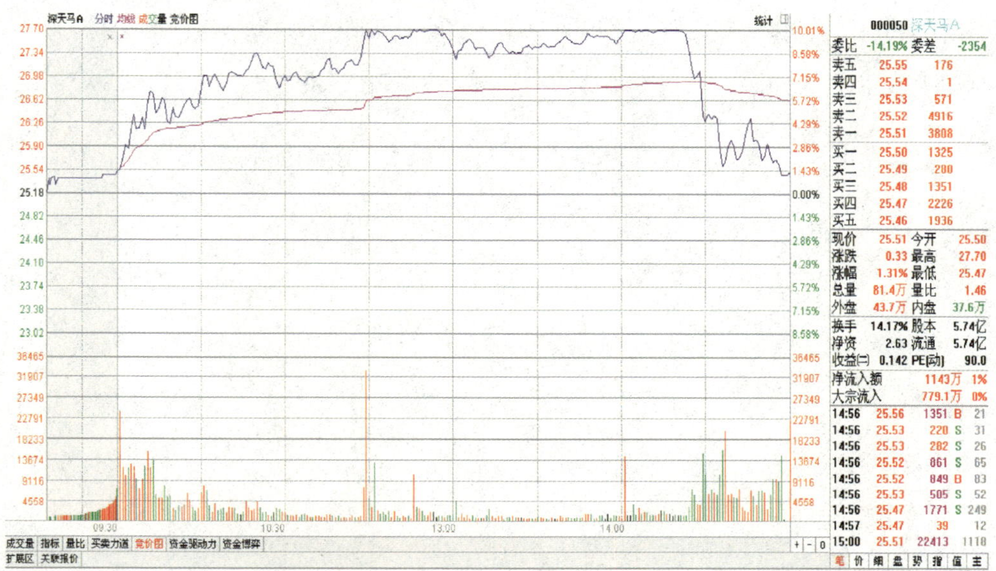

图 1—25

8 月 15 日收盘，深天马 A 收出了十字线——宣告了波段顶部的到来，如图 1—26 所示。

图 1—26

8 月 15 日后，深天马 A 回调了四个交易日，从 27.00 元回调到 23.00 元后止跌；8 月 22 日 K 线反转，又开始了一波上涨，如图 1—27 所示。

000050 **深天马 A**（2014. 8. 22）**止跌上涨**

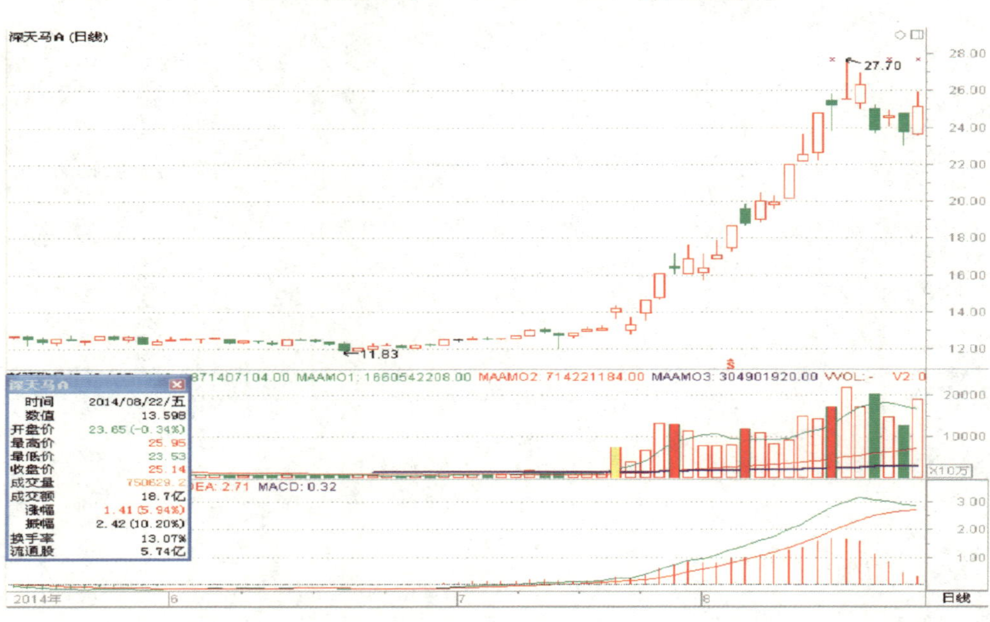

图 1—27

2014 年 8 月 23 日，深天马 A 刊登发行股份购买资产并募集配套资金暨关联交易事项获中国证监会核准批复公告：

深天马 A 于 2014 年 8 月 22 日收到中国证券监督管理委员会《关于核准天马微电子股份有限公司向中航国际控股股份有限公司等发行股份购买资产并募集配套资金的批复》（证监许可【2014】858 号）。现将批复主要内容予以公告。

一、核准公司向中航国际控股股份有限公司发行 29，590，540 股股份、向上海张江（集团）有限公司发行 28，181，469 股股份、向上海国有资产经营有限公司发行 26，772，390 股股份、向上海光通信公司发行 14，090，730 股股份、向成都工业投资集团有限公司发行 28，300，007 股股份、向成都高新投资集团有限公司发行 17，979，642 股股份、向湖北省科技投资集团有限公司发行 132，682，883 股股份、向中国航空技术国际控股有限公司发行 77，895，877 股股份、向中国航空技术深圳有限公司发行 81，075，304 股股份购买相关资产。

二、核准公司非公开发行不超过 140，239，015 股新股募集本次发行股份购买资产的配套资金。

三、公司本次发行股份购买资产并募集配套资金应当严格按照报送中国证监会的方案及有关申请文件进行。……

2014 年 8 月 25 日，深天马 A 拉出第六个涨停板。2014 年 8 月 26 日，深天马 A 尾盘拉出第七个涨停板。回顾 8 月 13 日我们点评时曾经说过："涨停板有三必有五，有五就有七。"8 月 26 日虽然拉出了第七个涨停板，不过没有封死，这就标志着离顶部已经不远了，如图 1—28 所示。

000050 深天马 A（2014. 8. 26）跳空上涨

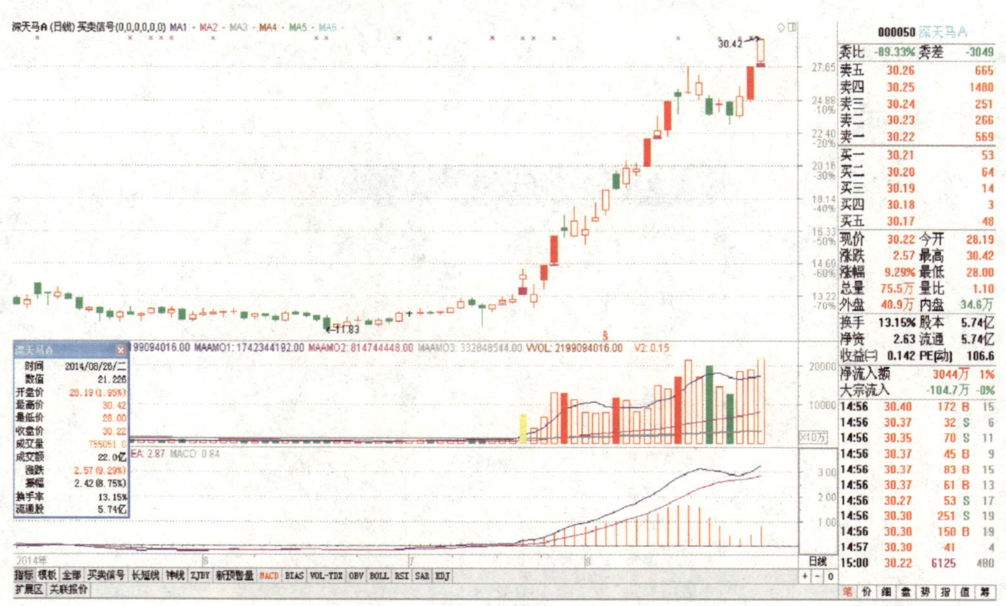

图 1—28

2014年8月27日，深天马A公司发布股票交易异常波动公告：

公司股票（证券简称：深天马A；证券代码：000050）交易价格连续两个交易日内（分别为2014年8月25日、26日）日收盘价格涨幅偏离值累计达到20%。根据深圳证券交易所的有关规定，属于股票交易异常波动。

公司董事会通过电话问询等方式，对公司控股股东、实际控制人就相关问题进行了核实，核实情况如下：

1. 公司前期披露的信息不存在需要更正、补充之处；

2. 公司未发现近期公共传媒报道了可能或已经对公司股票交易价格产生较大影响的未公开重大信息；

3. 近期公司经营情况及内外部经营环境未发生重大变化；

4. 公司、控股股东和实际控制人不存在关于公司的应披露而未披露的重大事项；

5. 股票异常波动期间控股股东、实际控制人未发生买卖公司股票的行为。

从2014年7月25日到8月27日，深天马A经过24个交易日，区间涨幅高达113.11%，如表1—1所示。

深天马A 区间统计

起始时间	2014-07-25	周期数	24个
终止时间	2014-08-27	自然日	34天
前收盘价	14.19	阳线	19个
开盘价	13.00	阴线	5个
最高价	30.95	平线	0个
最低价	12.77	上涨	19个
收盘价	30.24	下跌	5个
成交量	14649659	平盘	0个
成交额	321.6亿	阶段排行	
加权均价	21.955	板块排行	
区间涨幅	16.05(113.11%)	形态匹配	
区间振幅	18.18(142.36%)		
区间换手	255.12%	关闭	

表1—1

2014 年 8 月 28 日开盘前 8:40:37，一位敢死队队员发消息推荐深天马 A——“给我板”①，如图 1—29 所示，实际上主力在拉高出货。

2014 年 8 月 28 日，盘中我们提示深天马要回调了，如图 1—30 所示。

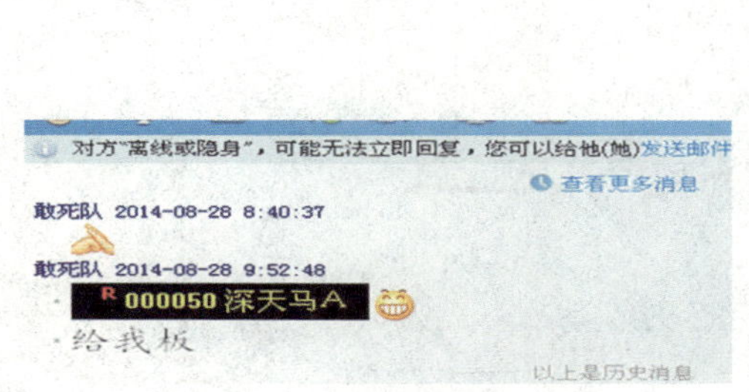

图 1—29

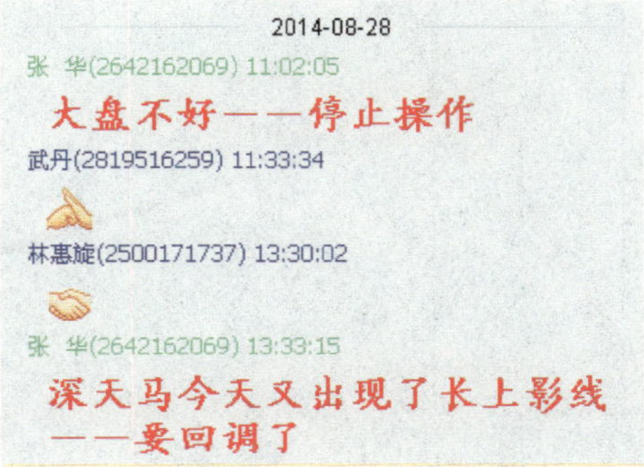

2014-08-28
张 华(2642162069) 11:02:05
大盘不好——停止操作
武丹(2819516259) 11:33:34
林惠旋(2500171737) 13:30:02
张 华(2642162069) 13:33:15
深天马今天又出现了长上影线——要回调了

图 1—30

000050 深天马 A（2014.8.28）尾盘跌停板

图 1—31

① 注：敢死队的马仔忽悠别人跟进——掩护敢死队出货

从2014年7月25日到8月28日，深天马A的一波主升浪结束，然后就是漫长的下跌之路，如图1—32所示。

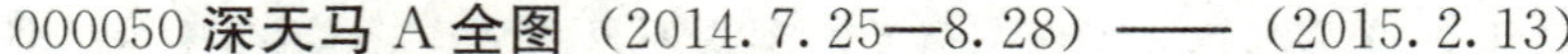

000050 **深天马A全图**（2014.7.25—8.28）——（2015.2.13）

图1—32

深天马A2014年7月到8月这一波主升浪的炒作是谁干的？请比较一下表1—2、1—3。

000050 **深天马A股东研究**（2014.6.30）

截至日期：2014-06-30 十大流通股东情况 A股户数:42712 户均流通股:13443
累计持有:32794.58万股,累计占流通股比例:57.11%,较上期变化:302.31万股↑

股东名称（单位:万股）	持股数	占流通股比(%)	股东性质	增减情况
中航国际控股股份有限公司	26197.68	45.62 A股	公司	未变
深圳市通产集团有限公司	4825.14	8.40 A股	公司	未变
游朗飞	416.60	0.73 A股	个人	↑131.26
中国建设银行股份有限公司—博时裕富沪深300指数证券投资基金	271.89	0.47 A股	基金	新进
中国对外经济贸易信托有限公司—外贸信托·朱雀漂亮阿尔法集合资金信托计划	235.82	0.41 A股	私募基金	新进
胡总旗	202.63	0.35 A股	个人	↓-36.26
中国人民财产保险股份有限公司—传统—普通保险产品	173.31	0.30 A股	保险理财	新进
詹福康	171.16	0.30 A股	个人	↑7.03
中信信托有限责任公司—中信·融赢浙商1号伞形结构化证券投资集合资金信托计划	163.36	0.28 A股	私募基金	↑26.88
施建华	137.00	0.24 A股	个人	新进

表1—2

000050 **深天马 A 股东研究**（2014.9.30）

截至日期：2014-09-30 十大流通股东情况 A股户数:63404 户均流通股:9056
累计持有:32043.45万股,累计占流通股比例:55.80%,较上期变化:-751.13万股↓

股东名称（单位:万股）	持股数	占流通股比(%)	股东性质	增减情况
中航国际控股股份有限公司	26197.68	45.62 A股	公司	未变
深圳市通产集团有限公司	4825.14	8.40 A股	公司	未变
陈德明	172.80	0.30 A股	个人	新进
朱世儒	146.37	0.25 A股	个人	新进
纪澧南	133.66	0.23 A股	个人	新进
王棋铢	128.37	0.22 A股	个人	新进
童雅妮	128.31	0.22 A股	个人	新进
德邦基金—浦发银行—德邦基金—荣华3期资产管理计划	111.00	0.19 A股	基金专户	新进
曾哲文	100.13	0.17 A股	个人	新进
吴耀	100.00	0.17 A股	个人	新进

表 1—3

我们比较一下深天马 A 两个季度的股东研究，结论不言自明。历史将会重演，这就是主升浪的奥秘。

2014 年 8—9 月 营口港主升浪实盘操作

一、启涨背景

公司位于环渤海经济圈与东北经济区的交界点，是距东北三省及内蒙古东四盟腹地最近的出海口，是我国东北地区最便捷的出海口之一，也是我国所有沿海地区 20 个主要港口之一。"一带一路"的大背景给营口港带来了丰富的想象空间。

2014 年 6 月 16 日，10 股转增 20 股派 5.29 元（含税）的超豪爽分配，使 600317 营口港成为游资非常看好的炒作对象。

二、综合分析

在除权除息后经过两个多月的横向盘整，在两组均线黏合区域，2014 年 8 月 20 日早盘半个小时迅速拉升涨停板，且牢牢地封死涨停板，当日成交量小于除权、除息后的第一个涨停板，说明横向盘整期间，将没有承受能力的持有者清洗出局后，持股者的心态比较稳定。从盘口形态、K 线形态、筹码形态来看，都具备连续上涨的动能。

三、盘中提示

在综合分析后，8 月 21 日，营口港在跳空高开，然后大幅波动，然而在上午的半天时间里一直没有回补向上的跳空缺口，下午 13:40 后开始向上拉升，当时我们在盘中分析提示逢低买进，如图 2—1 所示。

600317 营口港（2014.8.21）盘中分析

张华(2642162069) 13:53:49

600317营口港昨天，今天都逆势而动——很强——可以在2.80-2.90区间逢低买进3成

以上分析，仅供参考！买卖自定，盈亏自负！（五矿证券金田主升浪理财中心）

张华(2642162069) 14:14:10

600317营口港—强于大盘，主力在大量买进——有继续上涨的动能——一般人是不敢买的

张华(2642162069) 14:15:43

600317营口港—强于大盘，主力在大量买进——有继续上涨的动能——一般人是不敢买的——越是不敢买的股票，涨幅越大——请大家拭目以待

图 2—1

2014 年 8 月 21 日当天，营口港经过大半天的盘中震荡，又封板了，这是营口港这波主升浪的第二个涨停板，如图 2—2 所示，在收盘后，我们点评营口港明天还会上涨。

600317 营口港（2014.8.22）盘中分析

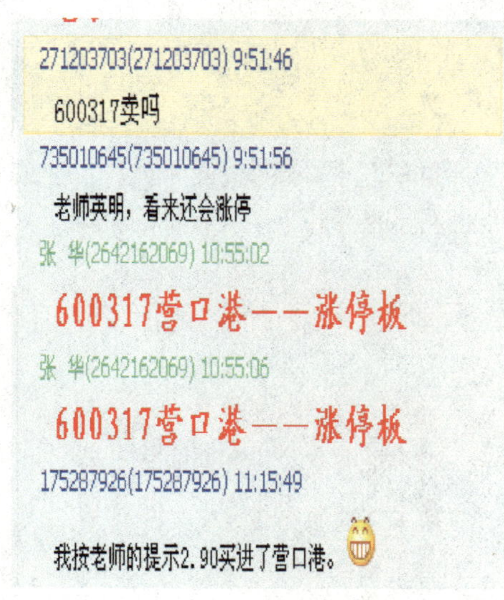

图 2—2

2014 年 8 月 25 日（星期一），开盘前我们回顾分析了营口港，如图 2—3 所示。

600317 **营口港**（2014. 8. 25）

2014-08-25

五矿-马杰(1020530809) 9:09:14

2014年8月25日星期一【个股回顾】：

600317营口港现在已经三个涨停板了，我们提示在2.80-2.90区间可以买进；今天止盈价：3.09；只有不击穿3.09就可以与浪共舞；反之，获利了结

300059东方财富在上周五我们提示在12.60—12.80区间可以买进，收盘于13.46封涨停板，该股是互联网金融概念股爆发领涨的领头羊，有继续的上涨动能；今天的止盈价：12.90；在12.90上方可以逢盘中调整在低点买进；只要不击穿12.90就可以与浪共舞；

600623双钱股份在12.90附近出现插入线，止跌企稳，静待反转出现，才可以确认B点，确认后方可加仓_后市突破13.87则会继续上涨突破14.44的前高点

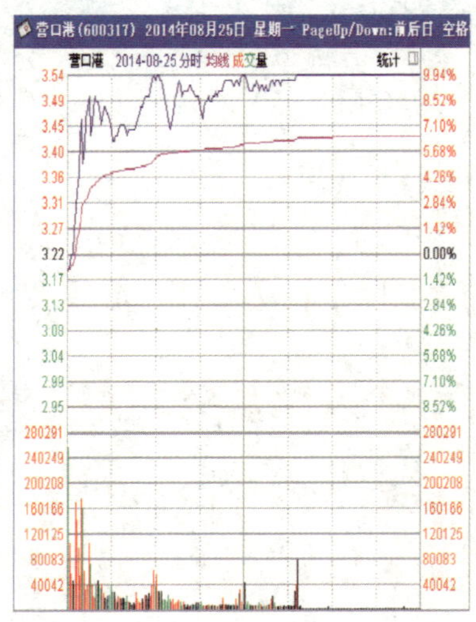

图 2—3

2014 年 8 月 25 日（星期一），开盘后，我们继续分析营口港：今天能拉出第四个涨停板——明天就会有第五个涨停板——与“浪”共舞。

到下午 13:36:22 营口港封住了第四个涨停板——我们恭喜持有的朋友——等待第五个涨停板的回报，如图 2—4 所示。

600317 **营口港**（2014. 8. 25）

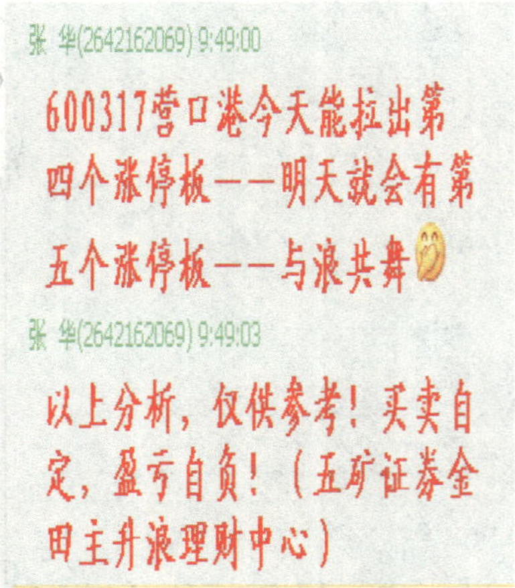

张 华(2642162069) 9:49:00

600317营口港今天能拉出第四个涨停板——明天就会有第五个涨停板——与浪共舞

张 华(2642162069) 9:49:03

以上分析，仅供参考！买卖自定，盈亏自负！（五矿证券金田主升浪理财中心）

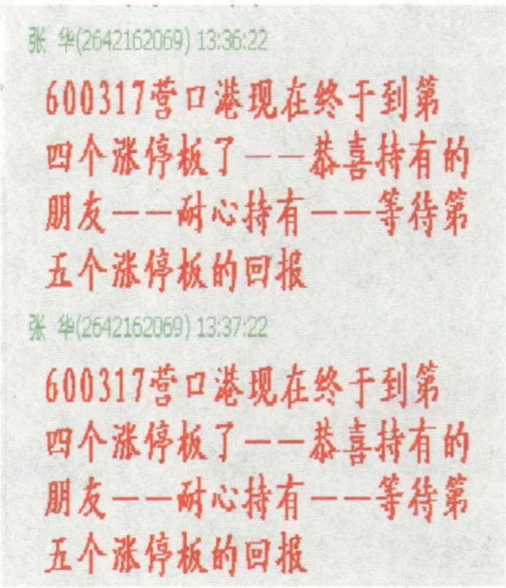

张 华(2642162069) 13:36:22

600317营口港现在终于到第四个涨停板了——恭喜持有的朋友——耐心持有——等待第五个涨停板的回报

张 华(2642162069) 13:37:22

600317营口港现在终于到第四个涨停板了——恭喜持有的朋友——耐心持有——等待第五个涨停板的回报

图 2—4

2014 年 8 月 26 日，开盘前在我的博客中分析了大盘、营口港、深天马 A，如图 2—5 所示。

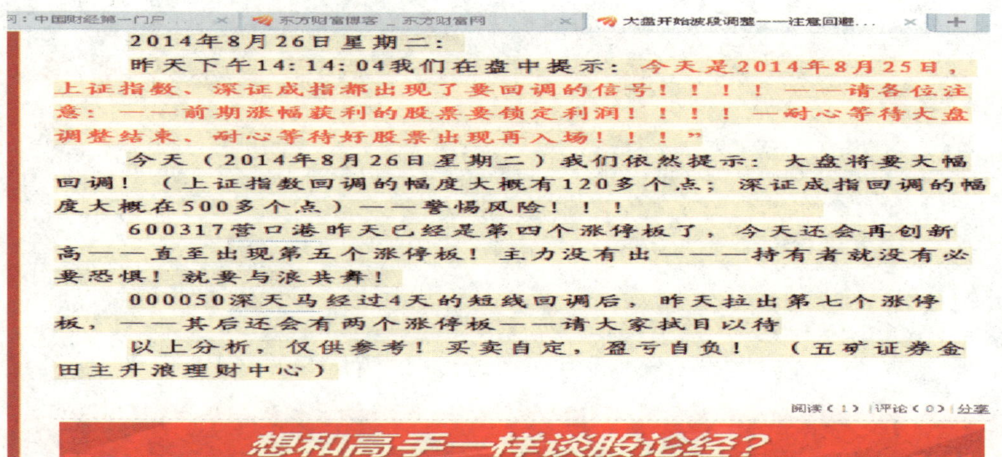

2014年8月26日星期二：

昨天下午14:14:04我们在盘中提示：今天是2014年8月25日，上证指数、深证成指都出现了要回调的信号！！！！——请各位注意：——前期涨幅获利的股票要锁定利润！！！！—耐心等待大盘调整结束、耐心等待好股票出现再入场！！！”

今天（2014年8月26日星期二）我们依然提示：大盘将要大幅回调！（上证指数回调的幅度大概有120多个点；深证成指回调的幅度大概在500多个点）——警惕风险！！！

600317营口港昨天已经是第四个涨停板了，今天还会再创新高——直至出现第五个涨停板！主力没有出———持有者就没有必要恐惧！就要与浪共舞！

000050深天马经过4天的短线回调后，昨天拉出第七个涨停板，——其后还会有两个涨停板——请大家拭目以待

以上分析，仅供参考！买卖自定，盈亏自负！（五矿证券金田主升浪理财中心）

阅读（1）｜评论（0）｜分享

想和高手一样谈股论经？

图 2—5

2014 年 8 月 26 日，营口港在早盘 9:49 封涨停板：实现了我们提之前对它能拉出五个涨停板的研判。在研判中，我们分析过“冲击到第五个涨停板后，可以考虑出局一半”，如图 2—6 所示。

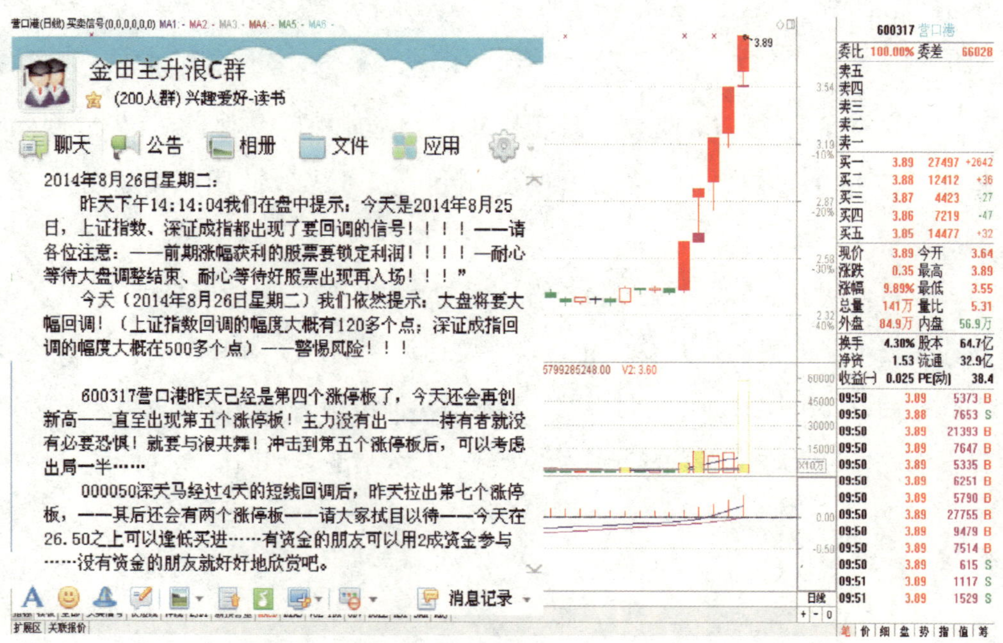

图 2—6

2014 年 8 月 26 日，9:48 营口港冲击到涨停板，如图 2—7 所示。

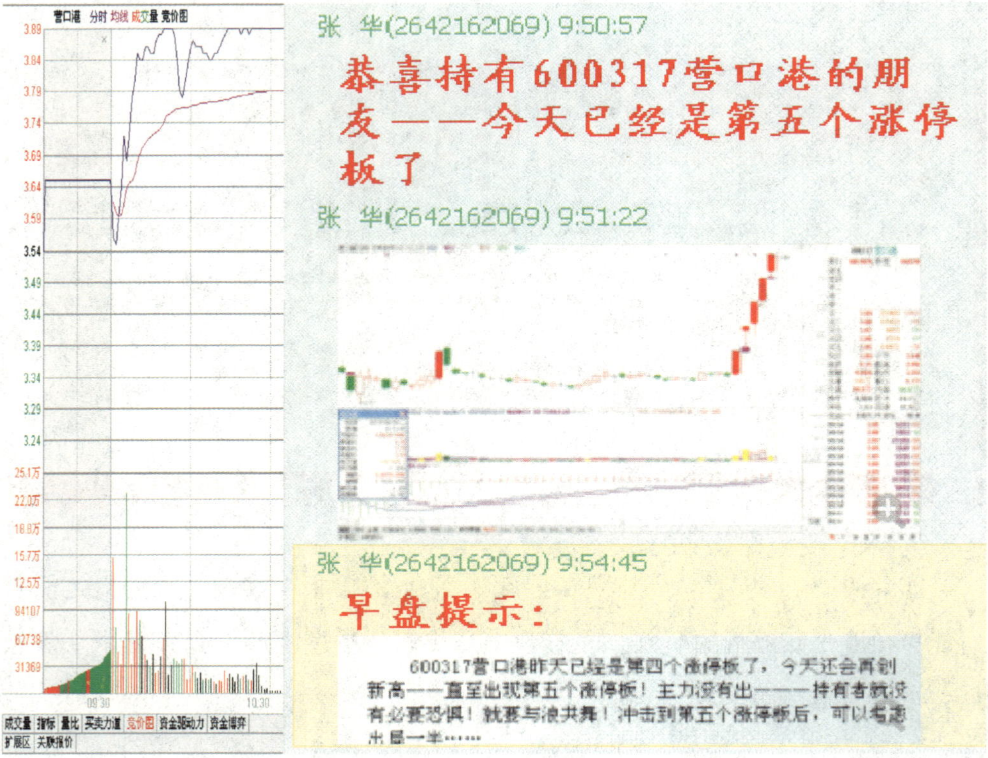

图 2—7

2014 年 8 月 26 日，营口港在早盘 9:49 封涨停板后，到下午 13:26 涨停板打开，主力在出货，K 线图出现了一个带长上影线的阴线，如图 2—8 所示。

营口港从下午 13:26 涨停板打开，主力出货，给我们的信息就是：这一波连续五个涨停板的拉升要停止了，它要回调。既然主力要出货、要调整，那么我们也要出局的。在它封板前，早盘提示冲击到第五个涨停板出局一半。在发现主力出货时，留下的一半当然要——反弹清仓，如图 2—9 所示。

600317 营口港（2014.8.26）

图 2—8

600317 营口港（2014.8.26）

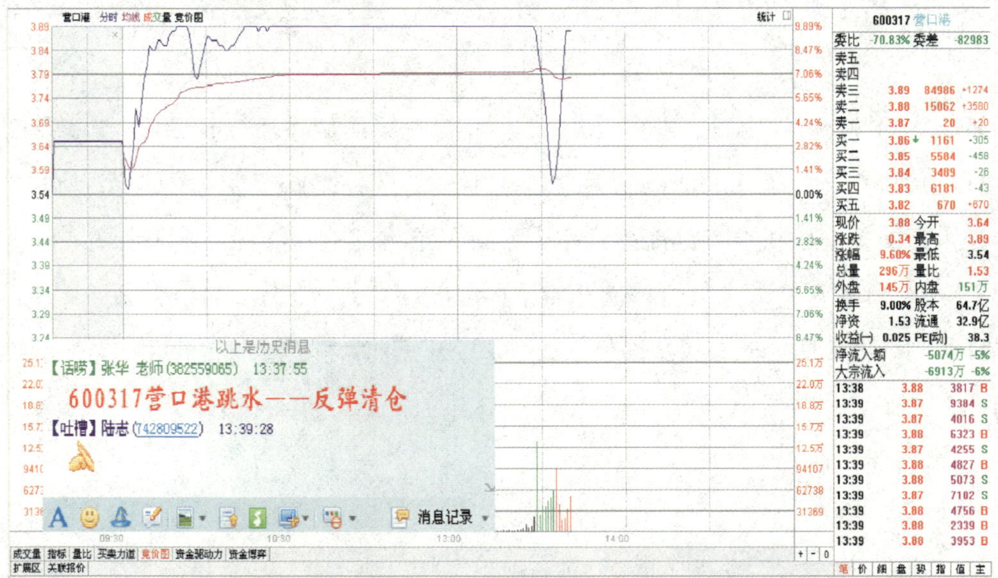

图 2—9

既然发现了主力在出货，那么散户就应该毫不犹豫地卖出。主力持股量大，出货需要时间，这时候散户船小好调头，跟上主力卖出就对了。领会了主力意图就会踏上主力的节奏来操作，如图 2—10 所示。

600317 **营口港**（2014. 8. 26）

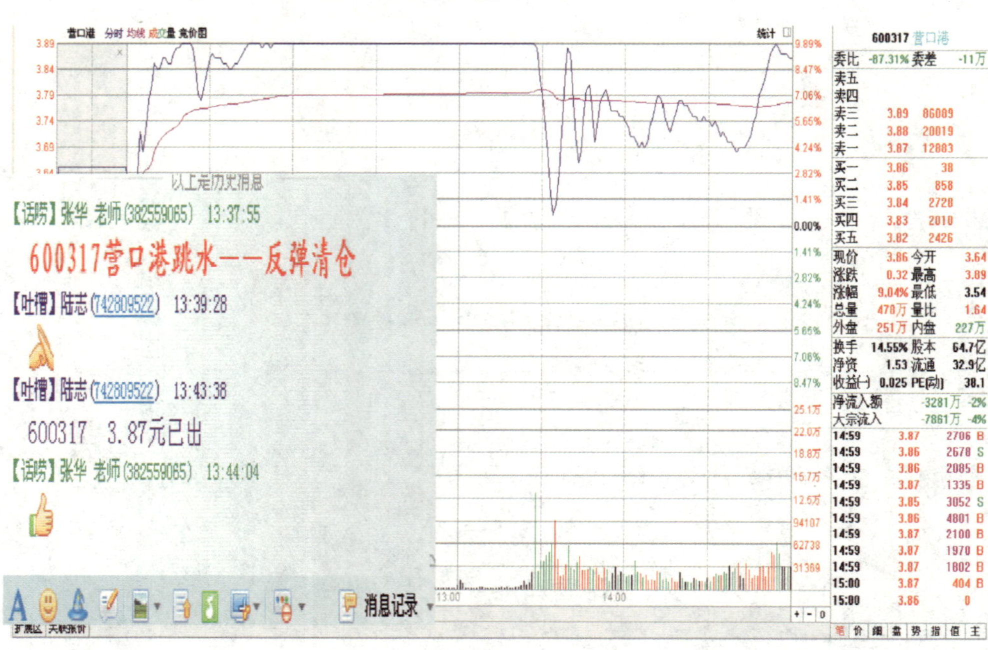

图 2—10

2014 年 8 月 27 日、28 日、29 日，经过三天的调整后，到 2014 年 9 月 1 日，营口港开始了第二波的拉升。这时唯一的选择是跟上主力的脚步，再次介入，能把握住机会，就能挣到主力不得不给你的钱，如图 2—11 所示。

从 2014 年 9 月 1 日营口港开始了第二波的拉升，9 月 2 日涨停板，9 月 3 日假阴线，9 月 4 日再次涨停板，9 月 5 日开盘前，一则关于营口港的消息出现，如图 2—12 所示。

600317 **营口港**（2014. 9. 1）

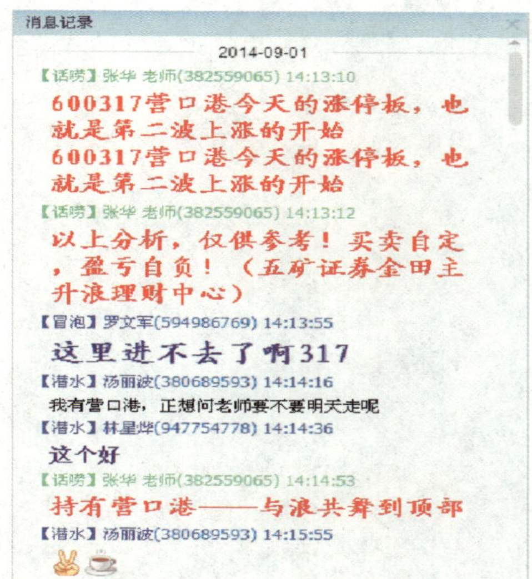

图 2—11

600317 **营口港**（2014. 9. 5）

> 宁波敢死队影子股曝光

营口港（600317）

投资亮点：

1．公司位于环渤海经济圈与东北经济区的交界点，是距东北三省及内蒙东四盟腹地最近的出海口，其陆路运输成本较周边港口相对较低，具有非常明显的区位优势。公司也是我国东北地区最便捷的出海口之一，也是我国所有沿海地区20个主要港口之一。

2．货种结构日趋完善，集装箱业务成为新亮点：进入2000年以后，营口港着力建设大型专业化集装箱泊位、大型专业化矿石泊位、专用钢铁泊位、油品及液体化工品泊位和大型原油码头，扩大堆场，发展现代物流中心，以发展多元化货种。目前公司经营的主要货种包括集装箱、铁矿石、钢材、油品、液体化工、粮食、煤炭、汽车等，货种结构的完善令公司具备较强的抵御风险的能力。

图 2—12

面对利好消息，无知的人就会忍耐不住激动的心情——买进。

看到这则消息，开盘前 9:19:55 提示警惕主力出货。

盘中提示“注意——营口港炒作后；下来又要炒作 601018 宁波港了——能

进去的就会跟上主力的炒作”，如图 2—13 所示。其后宁波港又拉出三个涨停板。

营口港—宁波港（2014. 9. 5）

2014-09-05

五矿-马杰(1020530809) 9:19:55

2014年9月5日星期五：

近期热点继续关注航天军工、重组及资产注入、传媒娱乐、互联网信息、汽车新能源、特色医药。中线仍可跟踪券商股、主力控盘股。

我们是波段操作，紧跟热点；严格遵守止盈、止损操盘策略；

本周我们点评关注了下列个股：

在东亚自贸板块，我们提示的600317营口港第二波又有三个涨停板了，该股主力没有出局，会继续上涨，持有的朋友请注意，主力不出货，就不要耽心，可以与浪共舞到顶部；如果今天击穿今天4.48，反弹出局；反之，与浪共舞！特别注意，别有用心的人今天（2014.9.5）开始公开发布营口港的利好——警惕主力出货...

张 华(2642162069) 11:25:07

注意——营口港炒作后；下来又要炒作601018宁波港了——能进去就会跟上主力的炒作

张 华(2642162069) 11:25:09

以上分析，仅供参考！买卖自定，盈亏自负！（五矿证券金田主升浪理财中心）

张 华(2642162069) 11:25:16

注意——营口港炒作后；下来又要炒作601018宁波港了——能进去就会跟上主力的炒作
以上分析，仅供参考！买卖自定，盈亏自负！（五矿证券金田主升浪理财中心）

图 2—13

从图 2—14 中我们看到，营口港在 2014 年 9 月 5 日后一直在横向盘整中。我们的理念，紧跟主力炒作的节奏，主力拉升我们跟进，主力出货我们卖出，然后寻求新的目标股，不能把资金放在不上涨的股票中耽误时间。

600317 **营口港（图中黑竖线处）**（2014. 9. 5）

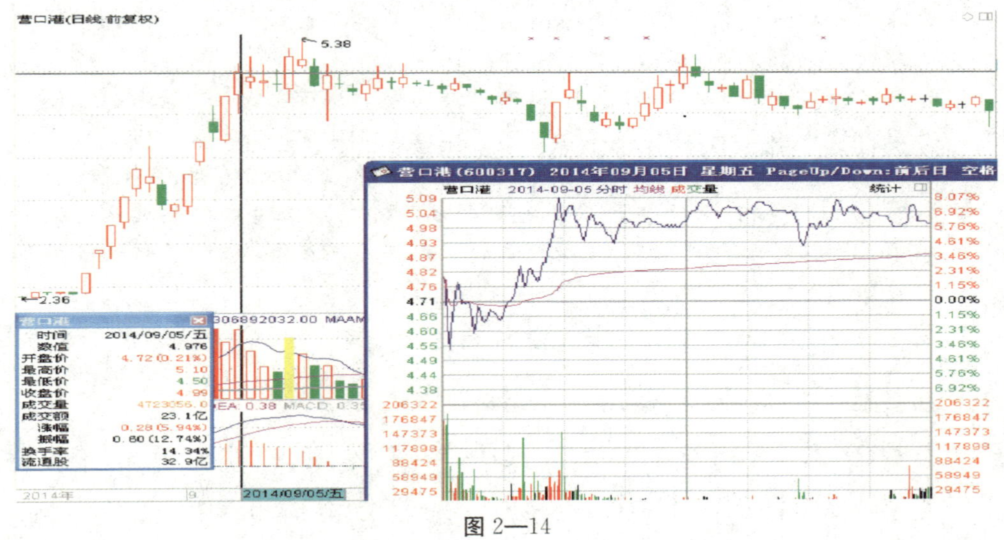

图 2—14

第三章 2015年2月 中铁二局主升浪实盘操作

一、启涨背景

据新华社消息，2015年发改委将推进一批重大交通基础设施项目建设，主抓中西部铁路、城际铁路等新开工重大项目相关工作。同时，创新投融资模式，进一步研究细化鼓励社会资本进入交通基础设施领域的支持政策和保障措施，积极吸引社会资本，用好铁路发展基金平台，扩大铁路建设资本金来源。

中国基建增速向上，海外建筑市场空间广阔。随着国家“一带一路”相关规划、配套支持政策出台后，中国工程公司走出去步伐将明显加快。

政策预期升温，600528中铁二局将是泛亚铁路的最大受益者。预计到2020年，世界铁路总投资额将超过15万亿元，平均每年投资金额将达2.5万亿元，中国企业每年获得的市场份额或将达3750亿元。泛亚铁路从云南昆明出发，分为东、中、西三线，在曼谷汇合后最终到达新加坡。规划建设的中泰、中老、中缅、新马铁路总投资超过3200亿元。母公司中国中铁或将获得超过2500亿元的市场份额，公司总部坐落于四川成都，将直接受益于泛亚铁路建设，预计理论市场份额或将达250亿元，是2013年铁路合同额的1.64倍。截至2014年11月底，已有3条泛亚铁路获批，分别是大（理）瑞（丽）铁路、玉（溪）磨（憨）铁路、祥（云）临（沧）铁路，预算总投资927亿元。

二、综合分析

2014 年 12 月，中铁二局在一波连续大涨创出 5 年新高之后，进入回调阶段，经过一个月的回调后止跌企稳；长线组趋势向上不变；股价围绕短线组穿越、在 20%区间上下波动；成交量呈现出上涨量大于下跌量，是一种震仓的形态；筹码已经集中在震仓区域，特别是在 2 月 4 日涨停板后走出一个上升三法形态的雏形，标志着调整的结束，我们耐心等候的机会终于来临。

三、盘中提示

在综合分析后，2 月 10 日，中铁二局低开高走，10:05 盘中分析，如图 3—1 所示。

提示 600528 **中铁二局**（2015.2.10/10：05：20）

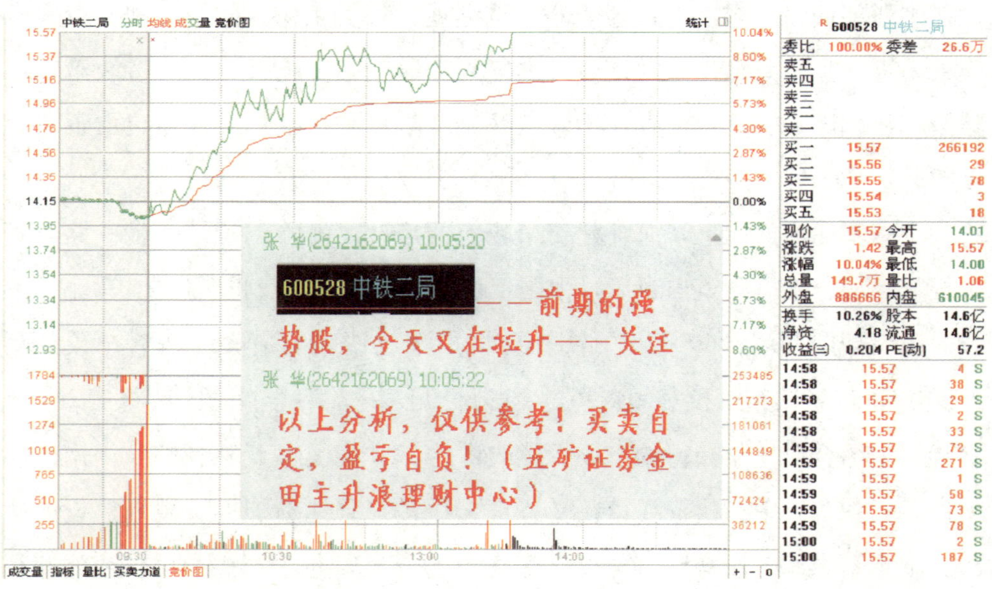

图 3—1

在当天分析点评后，股价一路攀升，下午拉升到涨停板，如图 3—2 所示。

提示——中铁二局（2015.2.10/10：05：20）

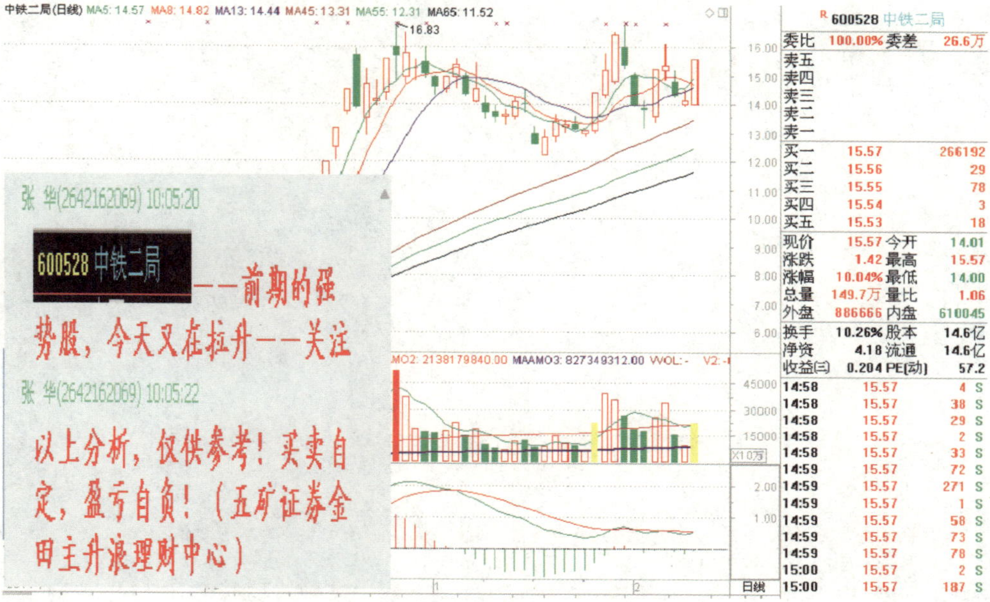

张 华(2642162069) 10:05:20

600528 中铁二局——前期的强势股，今天又在拉升——关注

张 华(2642162069) 10:05:22

以上分析，仅供参考！买卖自定，盈亏自负！（五矿证券金田主升浪理财中心）

图 3—2

2 月 10 日后，2 月 11 日、12 日、13 日该股连续三天在强势整理；2 月 16 日开盘前，9：09：20 我们分析到，如图 3—3 所示。

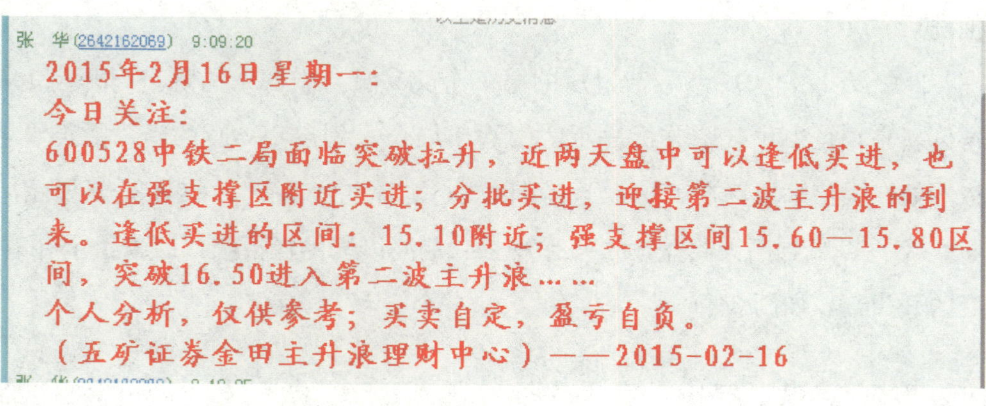

张 华(2642162069) 9:09:20

2015年2月16日星期一：

今日关注：

600528中铁二局面临突破拉升，近两天盘中可以逢低买进，也可以在强支撑区附近买进；分批买进，迎接第二波主升浪的到来。逢低买进的区间：15.10附近；强支撑区间15.60—15.80区间，突破16.50进入第二波主升浪……

个人分析，仅供参考；买卖自定，盈亏自负。

（五矿证券金田主升浪理财中心）——2015-02-16

图 3—3

在当天盘中，当股价突破 16.50 元时，我们再次点评，如图 3—4 所示。

盘中点评中铁二局（2015.2.16/9:47:25）

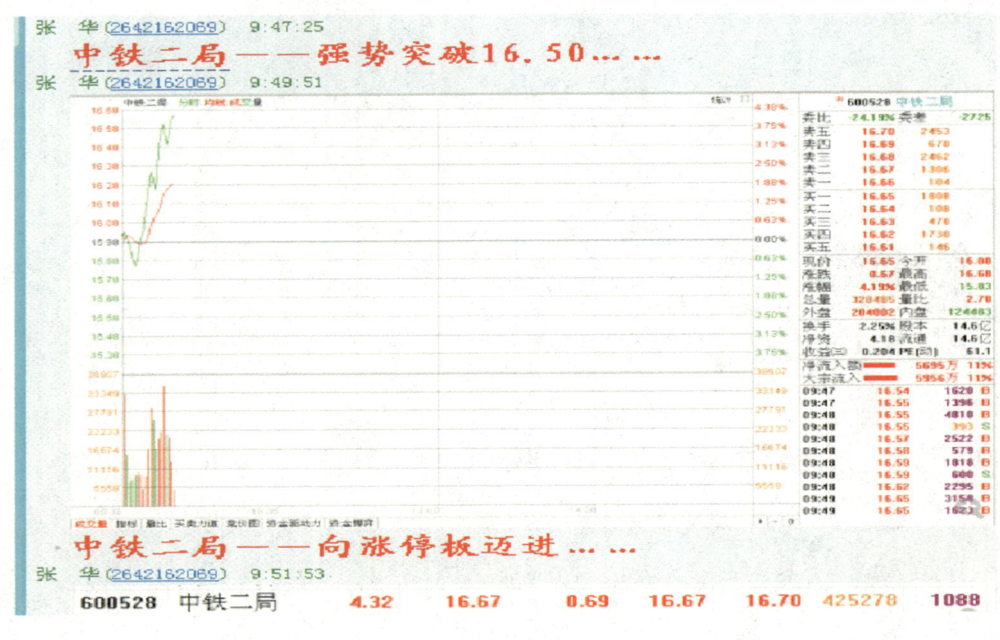

图 3—4

2 月 16 日，该股强势突破前期 16.83 元的高点，收盘价 17.17 元。

2 月 17 日，是农历 2014 年除夕前最后一个交易日，该股突破前高点后回抽洗盘。

2 月 25 日，2015 年春节过后的第一个交易日，中铁二局跳空高开高走，再创新高，盘中我截图分析提示“中铁二局今天创出 17.80 的新高后回调，依然处在强势区域，在 17.40 之上可以放心地看主力表演”，如图 3—5 所示。

2 月 25 日到当天收盘，600528 中铁二局终以涨停板报收，迎来了个春节后的开门红，如图 3—6 所示。

600528 **中铁二局**（2015. 2. 25）

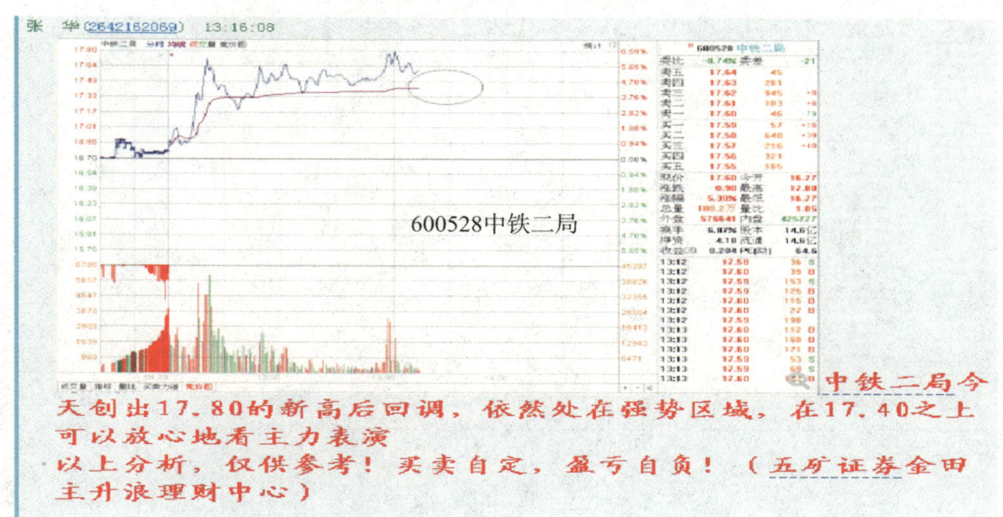

图 3—5

600528 **中铁二局**（2015. 2. 25）

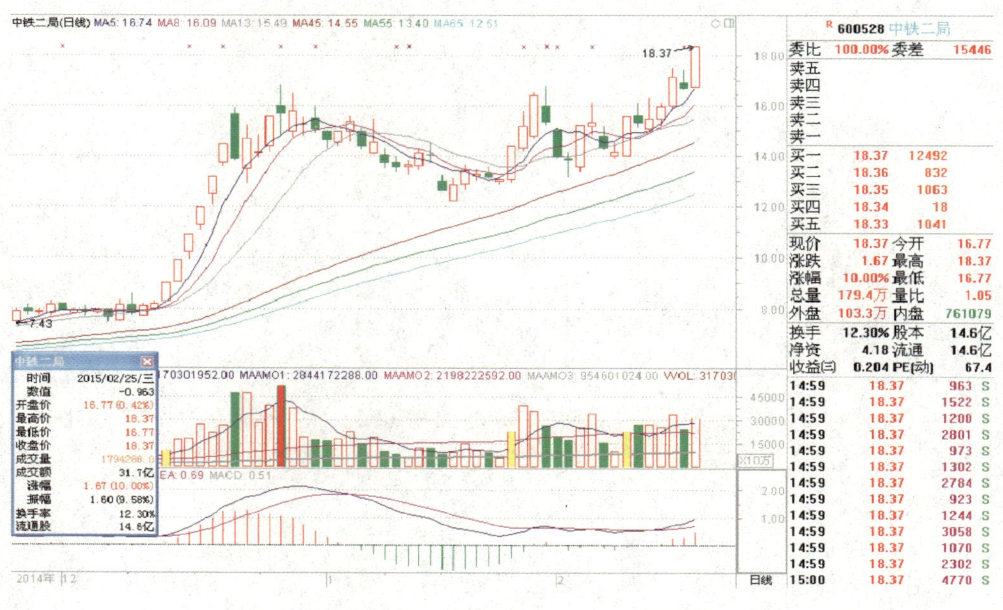

图 3—6

看看 2015 年 2 月 25 日的行情数据，600528 中铁二局 5 日、20 日涨跌幅排名第三，但 60 日、120 日涨跌幅排名是第一，凸显该股的强势，如表 3—1 所示。

【截止日期】2015-02-25 行情数据

排名	股票名称	5日涨跌幅	20日涨跌幅	60日涨跌幅	120日涨跌幅	市盈率(倍)
1	科达股份	22.60	49.63	99.29	108.46	87.98
2	龙元建设	21.10	46.59	123.88	163.79	37.56
3	中铁二局	20.22	39.80	153.38	228.62	58.24
4	安徽水利	16.68	17.53	16.79	65.00	30.00
5	空港股份	14.03	10.67	7.93	24.17	64.51
6	万邦达	11.46	7.34	43.86	68.45	85.99
7	隧道股份	10.54	9.69	34.59	50.35	20.36
8	中化岩土	10.43	13.06	2.99	14.38	73.61
9	东南网架	10.41	23.45	32.36	52.24	103.33
10	中工国际	8.26	2.70	12.48	47.89	25.18

表 3—1

再看看流通市值数据，如表 3—2 所示。

【截止日期】2015-02-25 市值数据

排名	股票名称	股价(元)	流通A股(万股)	总股数(万股)	流通市值(亿元)	总市值(亿元)
1	中国交建	12.3300	134973.54	1617473.54	166.42	1994.34
2	中国建筑	5.9500	2985322.00	3000000.00	1776.27	1785.00
3	中国中铁	8.2700	1709251.00	2129990.00	1413.55	1761.50
4	中国铁建	12.7000	1026124.55	1233754.15	1303.18	1566.87
5	*ST仪化	6.2300	45000.00	1280932.77	28.04	798.02
6	中国中冶	4.0000	1623900.00	1911000.00	649.56	764.40
7	中国电建	6.8400	330000.00	960000.00	225.72	656.64
8	上海建工	10.4400	109966.28	457170.33	114.80	477.29
9	葛洲坝	8.9200	348745.90	460477.74	311.08	410.75
12	中铁二局	18.3700	145920.00	145920.00	268.06	268.06

表 3—2

比较一下这些数据，不难看出总市值小，主力好控制，而其他股票的总市值均大于中铁二局。因此，在这波行情中，唯有中铁二局走出了独立的上涨行情。

2 月 26 日，中铁二局低开高走，又拉出一个涨停板，如图 3—7 所示。

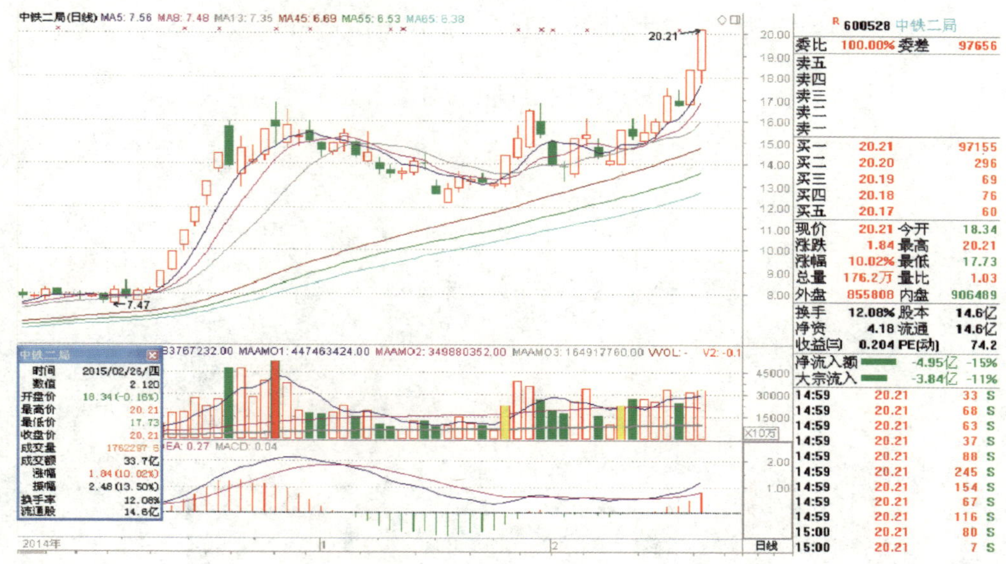

图 3—7

2 月 27 日，开盘前，我点评分析：“中铁二局已经成为这波上涨的龙头股……今天会再创新高!”如图 3—8 所示。

600528 **中铁二局**（2015. 2. 27）

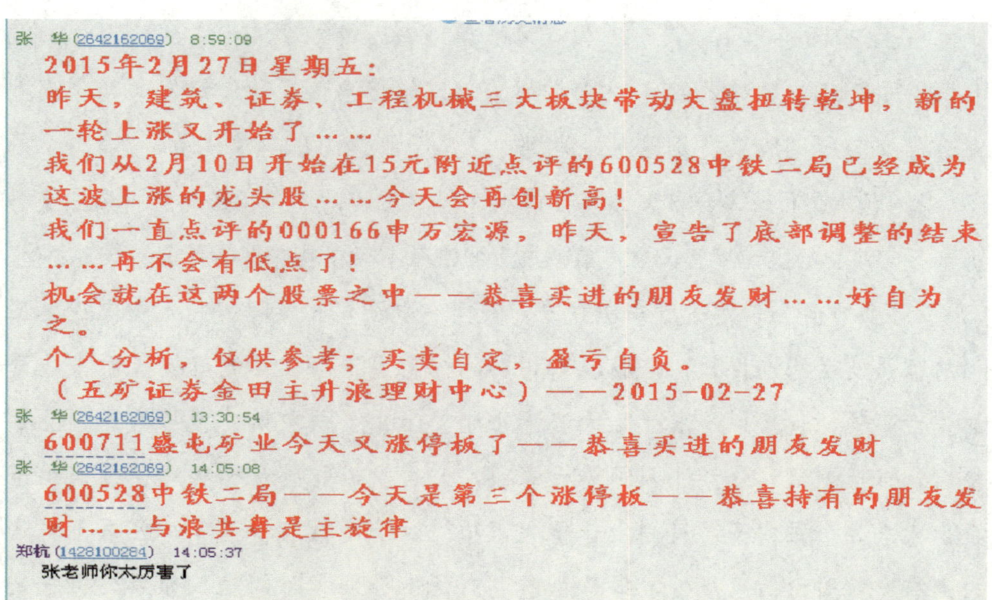
张 华(2642162069) 8:59:09

2015年2月27日 星期五：
昨天，建筑、证券、工程机械三大板块带动大盘扭转乾坤，新的一轮上涨又开始了……
我们从2月10日开始在15元附近点评的600528中铁二局已经成为这波上涨的龙头股……今天会再创新高！
我们一直点评的000166申万宏源，昨天，宣告了底部调整的结束……再不会有低点了！
机会就在这两个股票之中——恭喜买进的朋友发财……好自为之。
个人分析，仅供参考；买卖自定，盈亏自负。
（五矿证券金田主升浪理财中心）——2015-02-27

张 华(2642162069) 13:30:54

600711盛屯矿业今天又涨停板了——恭喜买进的朋友发财

张 华(2642162069) 14:05:08

600528中铁二局——今天是第三个涨停板——恭喜持有的朋友发财……与浪共舞是主旋律

郑杭(1428100284) 14:05:37

张老师你太厉害了

图 3—8

2月27日，中铁二局跳空高开，且拉出了第三个涨停板，如图3—9所示。

600528 **中铁二局**（2015.2.27）

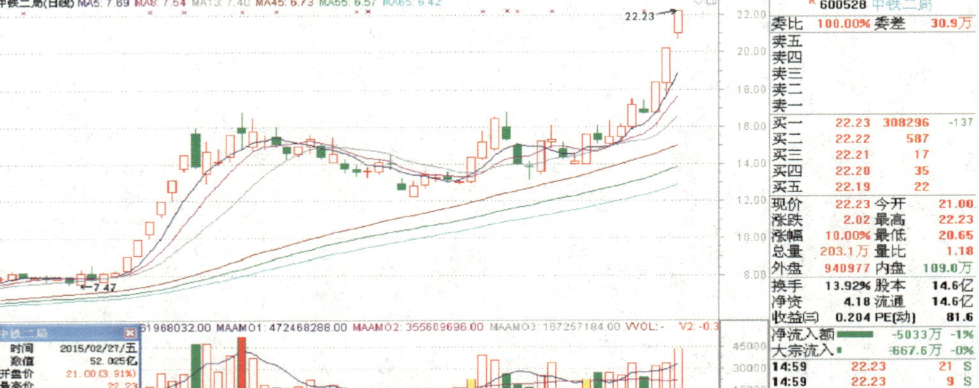

图 3—9

2月28日（星期六），公司发布中铁二局股票交易异常波动公告：

截至2015年2月27日，本公司股票连续三个交易日（2015年2月25日、2月26日、2月27日）内日收盘价格涨幅偏离值累计达到20%，根据上海证券交易所《股票交易规则》的规定，属于股票交易异常波动。

1. 经本公司董事会自查公司目前生产经营正常；不存在影响公司股票交易价格异常波动的重大事宜；公司前期披露的信息不存在其它需要更正、补充之处。

2. 公司向公司控股股东中铁二局集团有限公司和实际控制人中国铁路工程总公司发函问询得知，控股股东和实际控制人不存在其他应披露而未披露的重大事项，包括但不限于重大资产重组、上市公司收购、债务重组、业务重组、资产剥离和资产注入等重大事项，公司、控股股东和实际控制人承诺至少未来3个月内不会策划上述重大事项。对于发行股份事项，公司不排除未来有发行股份的可能性，但是目前没有任何计划和时间表，如果公司未来开始筹划这一事项，将严格按照有关规定及时履行信息披露义务。

3月2日，开盘前，我提示。如图3—10所示。

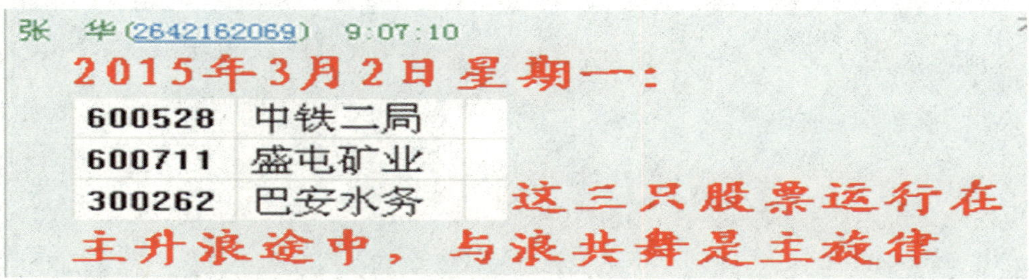

图3—10

连续三个涨停板后，有了出货的空间；但主力没有走……依然要与“浪”共舞。该股当日高开低走，收出一根阴线，如图3—11所示。

600528 **中铁二局**（2015.3.2）

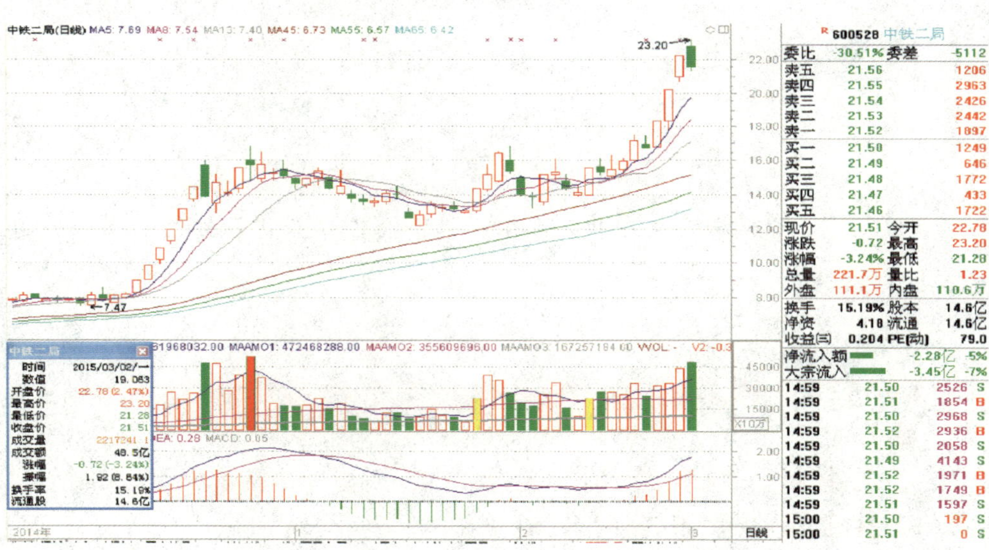

图3—11

一般人看到这根阴线，特别是放量的阴线就很恐惧了，实际上，这是一根反拖线，参见《借刀斩牛股》(之一)。

3月3日，中铁二局跳空低开高走，突破了前一个交易日的高点后，一路拉升到涨停板，这已经是我们从2月10日开始点评后的第五个涨停板了，也是第二波上涨后的第五个涨停板，如图3—12所示。

600528 **中铁二局**（2015.3.3）

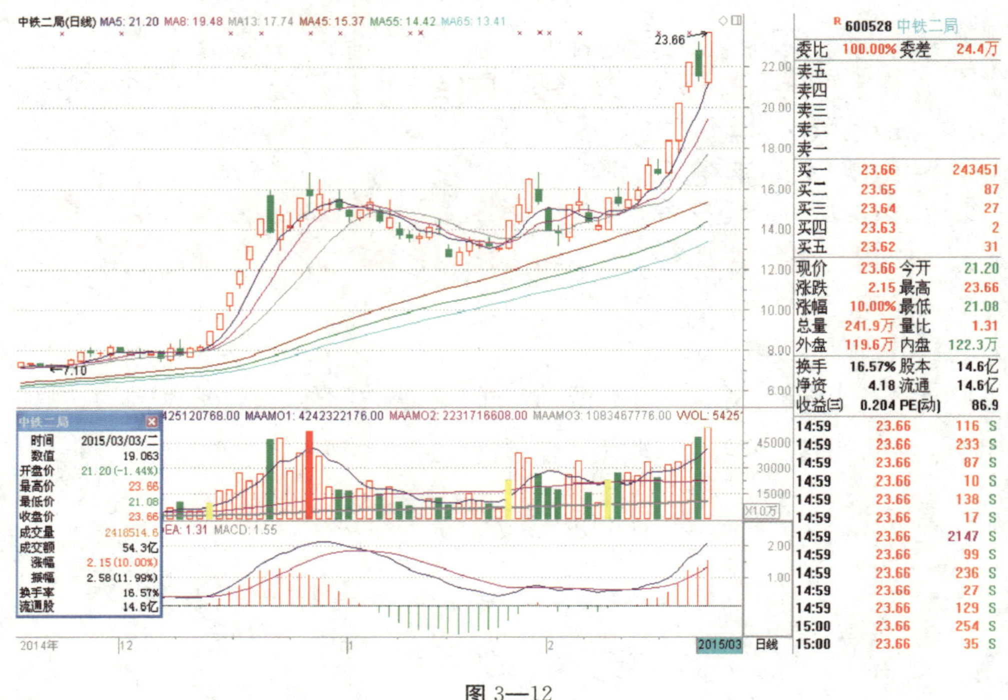

图 3—12

3 月 4 日，中铁二局低开冲高未果，盘中有大量买盘在抛售，盘中我分析提示。如图 3—13 所示。

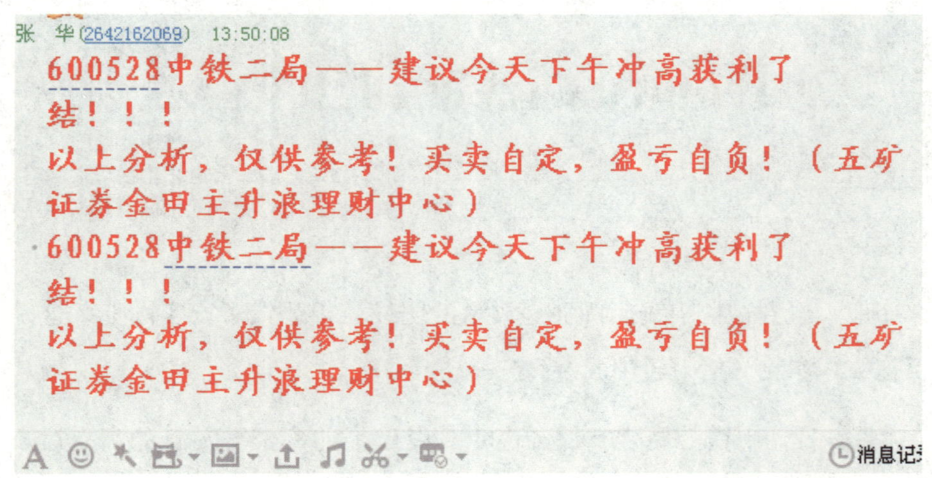

图 3—13

当天，中铁二局收出一根新高阴线。如图 3—14 所示。

600528 **中铁二局**（2015.3.4）

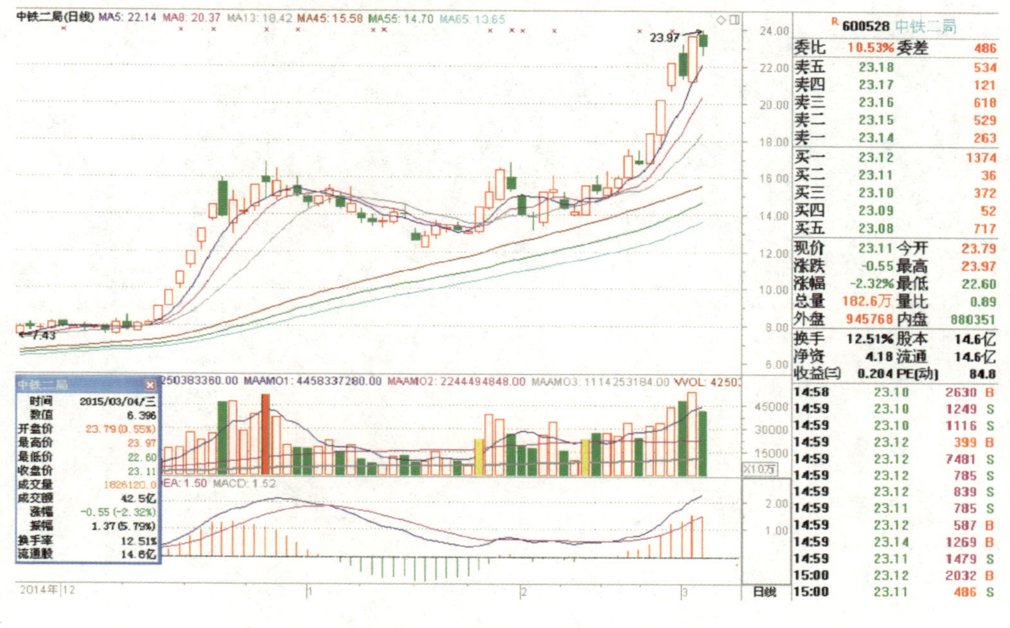

图 3—14

主力虽然在这里出货，但不是一天、两天能出完。不过，目前的位置最好不要恋战。

3 月 5 日，中铁二局跳空低开低走，在低位运行了 3 个半小时后，下午 2 点半后突然大举拉升，从－6.92%一气拉升到＋9.39%，合计涨幅高达 17.31%，出现经典的分时诱多形态。如图 3—15 所示。

这种分时诱多形态，表现在 K 线图上，则形成了浪高线（参见《借刀斩牛股》）形态，如图 3—16 所示。

600528 **中铁二局**（2015. 3. 5）

图 3—15

600528 **中铁二局**（2015. 3. 5）

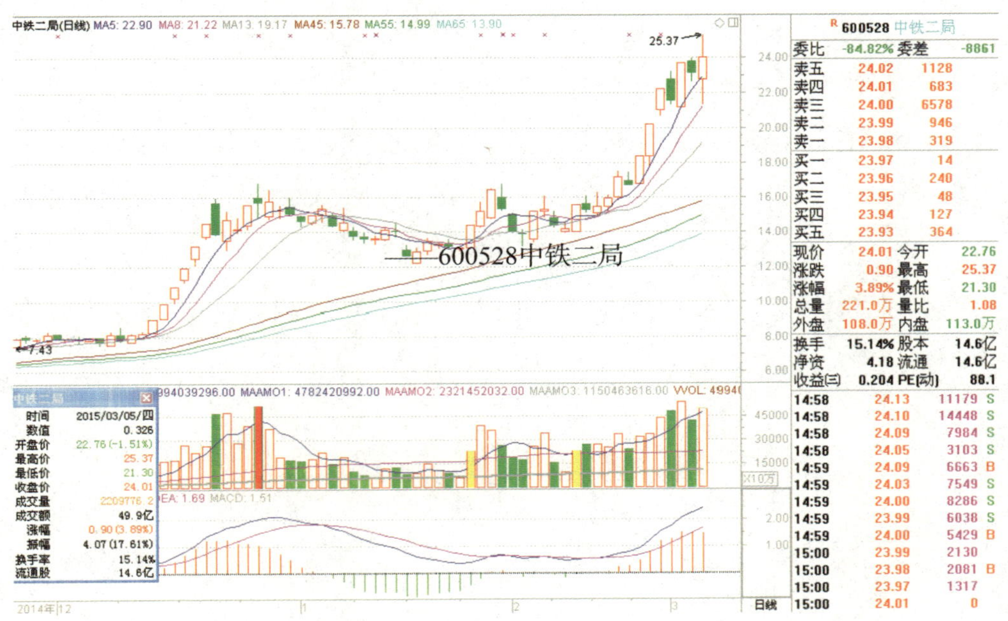

图 3—16

这个分时图上的诱多形态、K 线图上的浪高线形态是谁干的？请看下表 3—3 所示。

【交易日期】2015-03-05 日振幅达15%
成交量:22097.76万股 成交金额:499403.92万元

买入金额排名前5名营业部		
营业部名称	买入金额(万元)	卖出金额(万元)
华泰证券股份有限公司厦门厦禾路证券营业部	6191.14	-
海通证券股份有限公司北京中关村南大街证券营业部	5653.27	-
国金证券股份有限公司上海黄浦区西藏中路证券营业部	3255.94	-
国信证券股份有限公司深圳泰然九路证券营业部	2968.93	-
招商证券股份有限公司北京北三环路证券营业部	2889.03	-
卖出金额排名前5名营业部		
营业部名称	买入金额(万元)	卖出金额(万元)
华泰证券股份有限公司深圳益田路荣超商务中心证券营业部	-	11609.17
中航证券有限公司深圳春风路证券营业部	-	4874.63
中信证券股份有限公司北京呼家楼证券营业部	-	4448.16
国信证券股份有限公司深圳泰然九路证券营业部	-	3899.84
广发证券股份有限公司南海天佑三路证券营业部	-	3280.28

表 3—3

从这个表中我们看出，卖出最大的营业部是“华泰证券股份有限公司深圳益田路荣超商务中心证券营业部”；卖出金额排名前 5 名的营业部所卖出的金额大量超过买入金额排名前 5 名的营业部的买入金额。

在 4 月 5 日的浪高线后，3 月 6 日中铁二局跳空低开，下午虽有反弹，仅仅是诱多而已，盘中我在分析中提示，如图 3—17 所示。

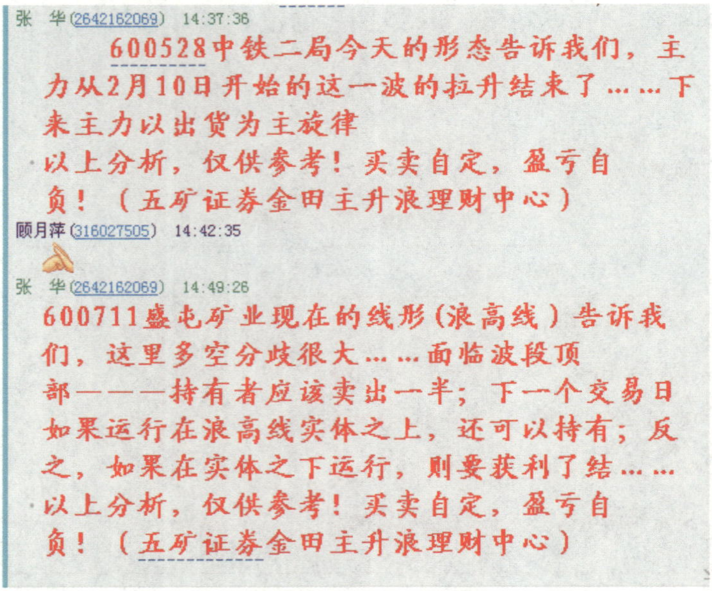

张　华(2642162069) 14:37:36
600528中铁二局今天的形态告诉我们，主力从2月10日开始的这一波的拉升结束了……下来主力以出货为主旋律
以上分析，仅供参考！买卖自定，盈亏自负！（五矿证券金田主升浪理财中心）
顾月萍(316027505) 14:42:35
张　华(2642162069) 14:49:26
600711盛屯矿业现在的线形（浪高线）告诉我们，这里多空分歧很大……面临波段顶部——持有者应该卖出一半；下一个交易日如果运行在浪高线实体之上，还可以持有；反之，如果在实体之下运行，则要获利了结……
以上分析，仅供参考！买卖自定，盈亏自负！（五矿证券金田主升浪理财中心）

图 3—17

下午 13:40 后，分时图又出现诱多形态，我们交流道，如图 3—18 所示。

张　华(2642162069) 13:46:04
R 600528 中铁二局
现价 23.90 今开 23.00 故伎重演
武丹(2819516259) 13:47:17
？？
张　华(2642162069) 13:51:34
引君入瓮
武丹(2819516259) 13:52:09
引狼入室？
顾月萍(316027505) 13:52:36
诱多

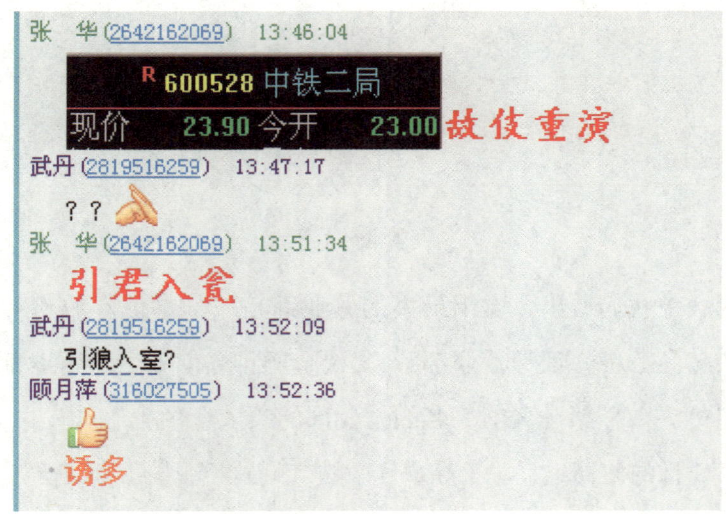

图 3—18

请看在分时图上主力在下午 13:40、14:20 两次是如何诱多的，如图 3—19 所示。

图 3—19

最终，中铁二局 3 月 6 日以下跌 7.75％的大阴线报收，如图 3—20 所示。

600528 **中铁二局**（2015. 3. 6）

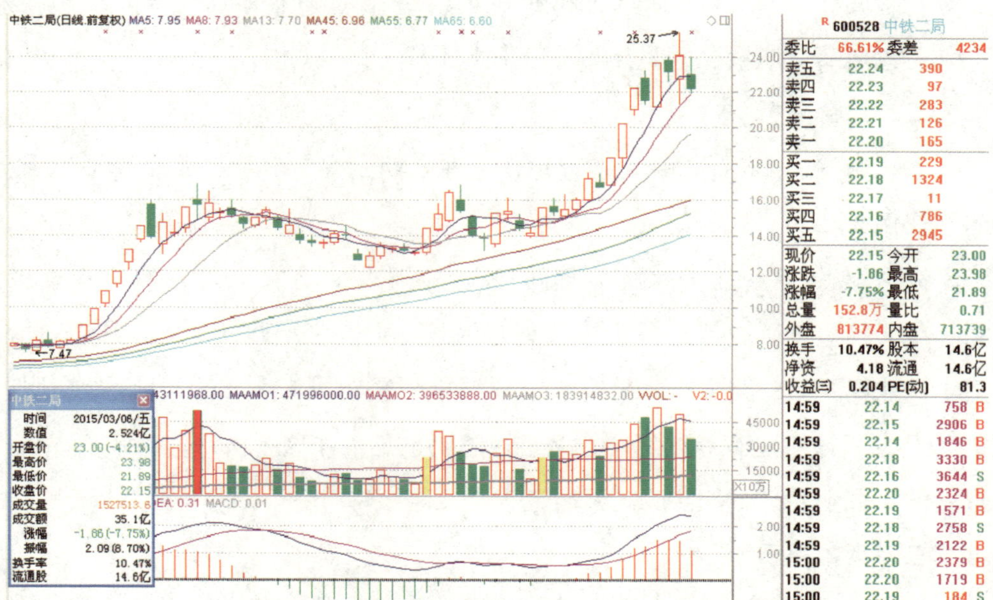

图 3—20

2015 年 2 月 盛屯矿业主升浪实盘操作

一、启涨背景

2015 年 2 月 17 日，在农历 2014 年除夕前最后一个交易日，公司报道：

“盛屯矿业（600711）2 月 16 日晚间披露年报，2014 年，公司实现营业收入 33.48 亿元，同比增加 64.31%；实现净利润 1.5 亿元，同比增加 41.55%；每股收益 0.114 元。

2015 年，盛屯矿业整体收入计划目标为 100 亿元，其中金属产业链金融服务，金属供应链贸易收入增长 500%以上、综合贸易业务收入增长 100%以上，有色金属采选量存量部分实现稳步增长。”

二、综合分析

2014 年 9 月 26 日，600711 盛屯矿业在前期大幅上涨除权除息，每 10 股送转比例 15 股。

高送配后一直在横向盘整，期间三次冲高未果，在农历 2014 年除夕前最后一个交易盛屯矿业披露了实质性利好消息，但马上要过年了，2 月 17 日，盛屯矿业高开后一路下行，最终收出一根小阴线。回头看，这根小阴线以及前 5 天的 K 线都运行在两组均线之上，筹码也集中在这个区域。2015 年春节过后的第一个交易日，该股高开高走直奔涨停板。

三、盘中提示

从 2015 年 2 月 10 日，盛屯矿业启涨的大阳线就引起了我们的关注，在洗盘期间就有客户买进。

委托日期	委托时间	委托编号	证券代码	证券名称	买卖标志	委托类型	委托价格	成交价格
2015-02-13	14:59:57	13445934	600711	盛屯矿业	买入		7.520	7.520
2015-02-13	14:14:48	13445745	600711	盛屯矿业	买入		7.530	7.530

2月25日，以涨停板爆发，更是机会，盘中分析，如图4—1所示。

点评600711盛屯矿业（2015.2.25/13:36:32）

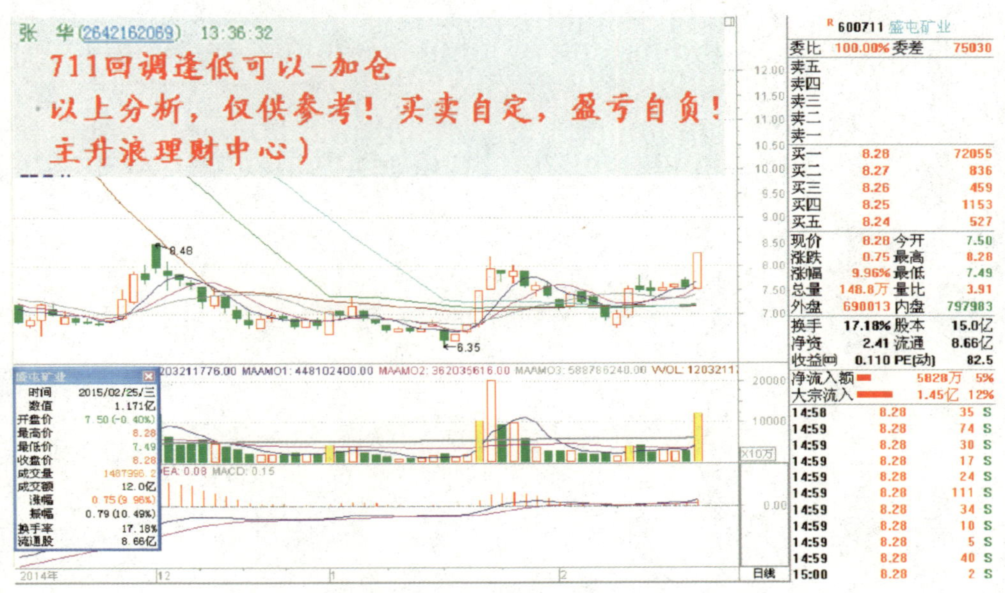

图4—1

2015年2月26日，开盘前分析，如图4—2所示。

2015年2月26日星期四：
昨天，羊年的第一个交易日，大盘以阴线报收；我们开盘前点评的个股，唯有600528中铁二局涨停板，其它四个股都随大盘的回调在洗盘——继续关注这四个股票、等待洗盘止跌的信号。
昨天，盘中我们点评了300262巴安水务、600711盛屯矿业都给了买进的机会，最后都封死了涨停板。
今天重点关注：600528中铁二局、300262巴安水务、600711盛屯矿业这三个逆势呈强的股票……买进者请设好目标价位和止盈、止损价位……随机应变！
个人分析 仅供参考，买卖自定 盈亏自负

图4—2

2 月 26 日，盛屯矿业高开高走，在突破前高点后震荡整理，如图 4—3 所示。

600711 **盛屯矿业**（2015. 2. 26）

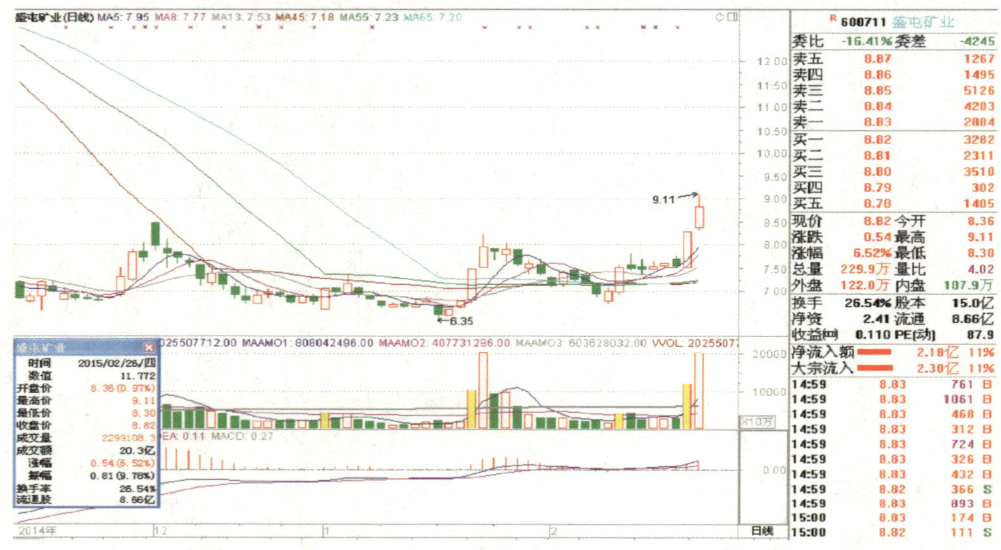

图 4—3

2 月 27 日，盛屯矿业又拉起一个涨停板，如图 4—4 所示。

600711 **盛屯矿业**（2015. 2. 27）

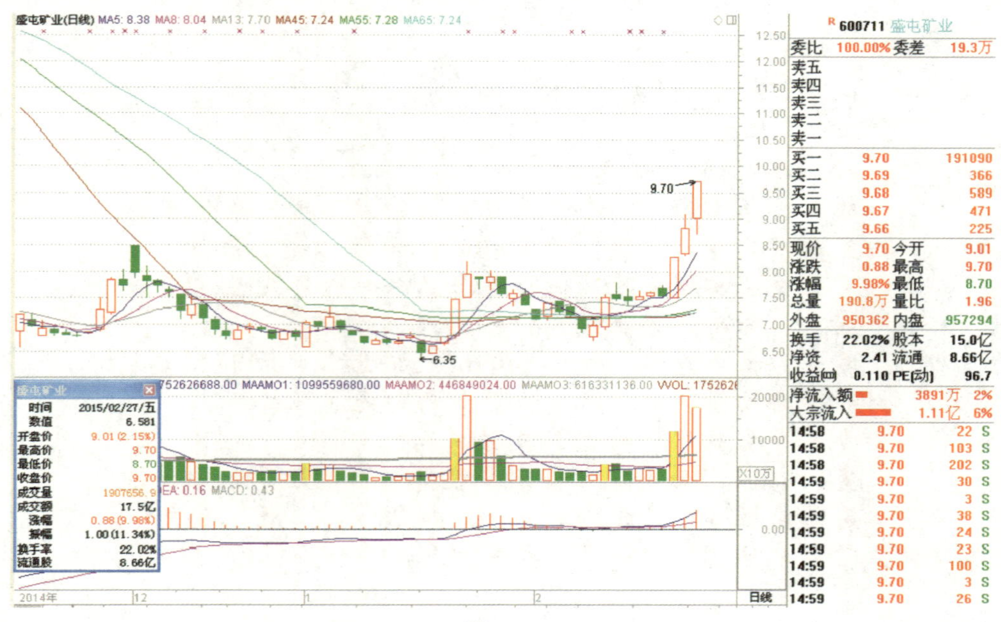

图 4—4

2015年2月28日（星期六），盛屯矿业刊登关于股票交易异常波动公告：

盛屯矿业集团股份有限公司（以下简称“公司”）股票（证券简称：盛屯矿业；证券代码：600711）于2015年2月25日、2月26日、2月27日连续三个交易日内日收盘价涨幅偏离值累计达到20%以上，根据《上海证券交易所交易规则》的有关规定，属于股票交易异常波动。

公司关注并核实的相关情况

（一）公司于2015年2月17日披露了《2014年年度报告》、《2014年第一次临时股东大会决议公告》、《第八届董事会第十二次会议决议公告》、《关于召开2014年年度股东大会的通知》等相关公告，具体内容详见同日《上海证券报》、《中国证券报》、和上海证券交易所网站（www.sse.com.cn），除上述事项外，公司、控股股东和实际控制人不存在关于本公司的应披露而未披露的重大事项，或处于筹划阶段的重大事项；

（二）公司于2015年2月17日披露了2014年年度报告，年报显示公司经营业绩较去年有大幅度增长，其中，实现营业收入33.48亿元，同比增长64.31%，归属于上市公司股东的净利润1.5亿元，去年同期净利润为1.06亿元，同比增长41.55%。

（三）经公司董事会进行自查并征询公司控股股东深圳盛屯集团有限公司及实际控制人姚雄杰、姚娟英，确认目前为止不存在任何根据《上海证券交易所股票上市规则》等有关规定应予以披露而未披露的事项或与该事项有关的筹划、商谈、意向、协议等；确认目前为止不存在影响股票交易价格波动的事项，包括但不限于重大资产重组、发行股份、上市公司收购、债务重组、业务重组、资产剥离和资产注入等重大事项，并承诺未来三个月内不会策划上述重大事项。

（四）公司目前生产经营活动正常，无应披露而未披露的信息。

3 月 2 日（星期一），开盘前提示，如图 4—5 所示。

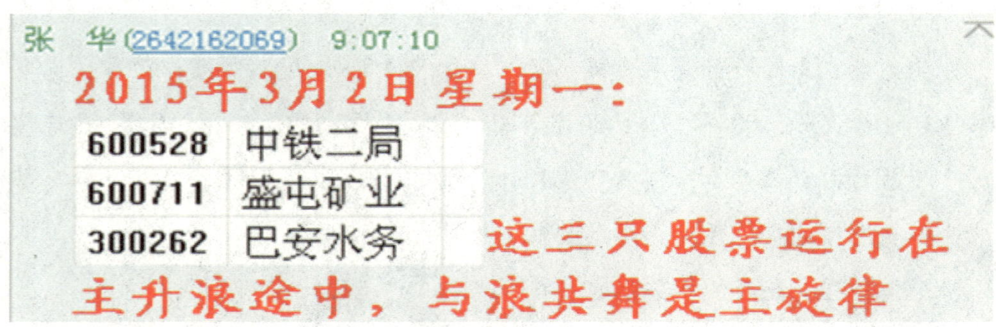

图 4—5

3 月 2 日，盛屯矿业拉出第三个涨停板，如图 4—6 所示。

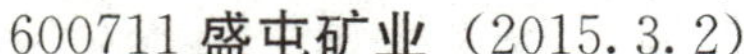

600711 **盛屯矿业**（2015. 3. 2）

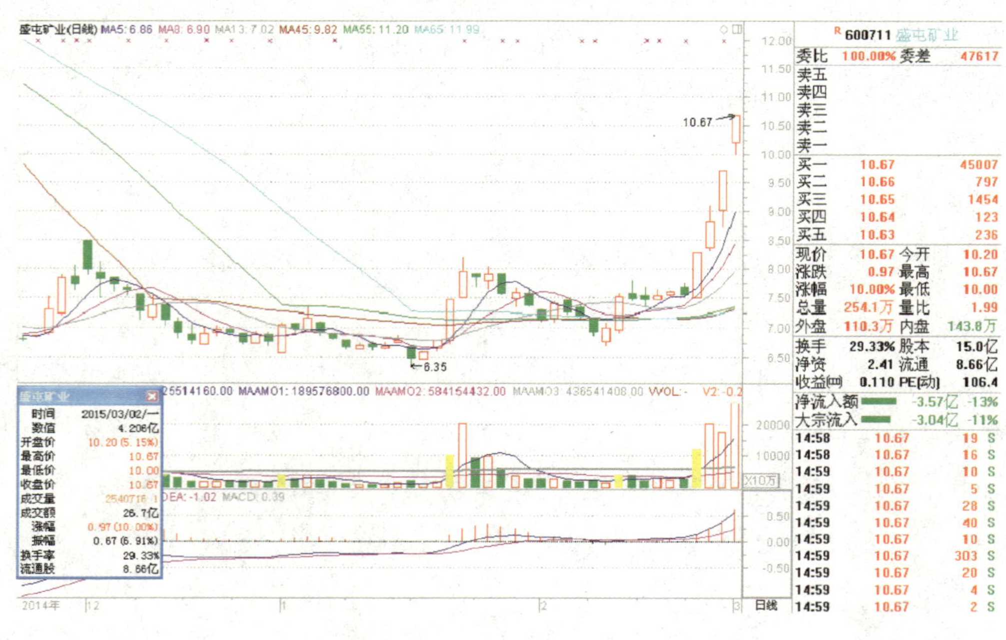

图 4—6

3 月 3 日，盛屯矿业拉出第四个涨停板，如图 4—7 所示。

600711 **盛屯矿业**（2015.3.3）

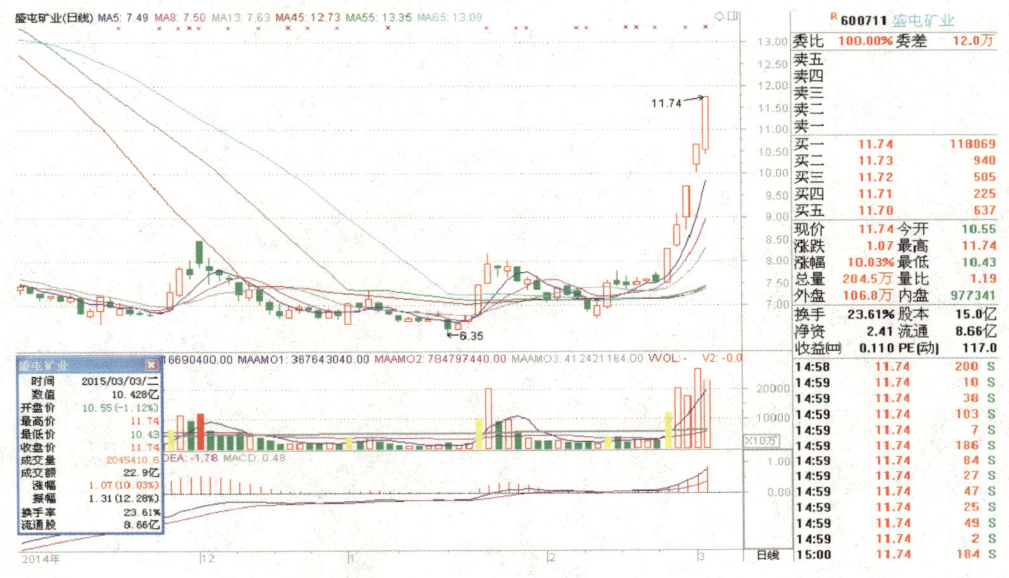

图 4—7

3 月 4 日，盛屯矿业收出一根高位阴十字，实际上是一根假阴线，如图 4—8 所示。

600711 **盛屯矿业**（2015.3.4）

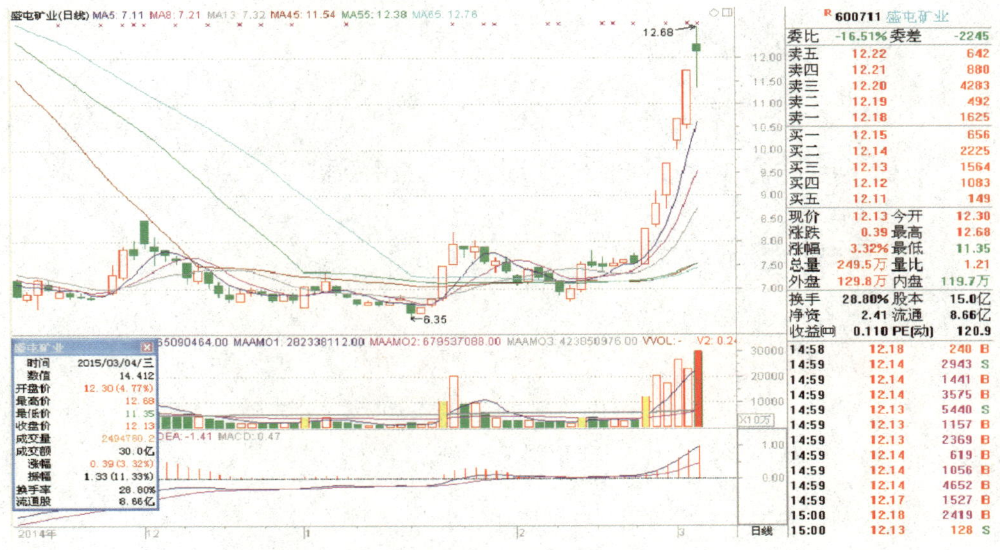

图 4—8

3 月 5 日，盛屯矿业拉出第五个涨停板，如图 4—9 所示。

600711 **盛屯矿业**（2015. 3. 5）

图 4—9

3 月 6 日，盛屯矿业盘中载创新高，盘中大家交流，如图 4—10 所示。

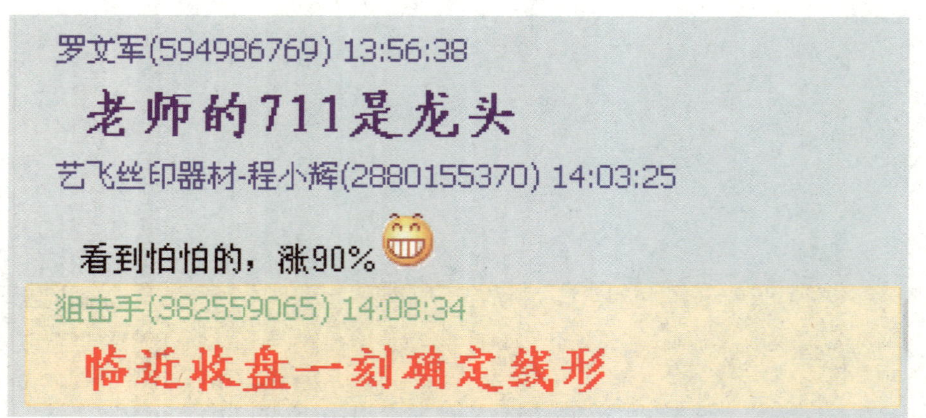

图 4—10

3 月 6 日，盛屯矿业创出新高后抛单大量涌出，是主力在出货，尾盘分析，如图 4—11 所示。

狙击手(382559065) 14:49:44

600711盛屯矿业现在的线形（浪高线）告诉我们，这里多空分歧很大……面临波段顶部——持有者应该卖出一半；下一个交易日如果运行在浪高线实体之上，还可以持有；反之，如果在实体之下运行，则要获利了结……

以上分析，仅供参考！买卖自定，盈亏自负！（五矿证券金田主升浪理财中心）

图 4—11

3 月 6 日，盛屯矿业收出一根阴浪高线，如图 4—12 所示。

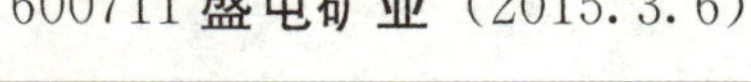
600711 盛屯矿业（2015.3.6）

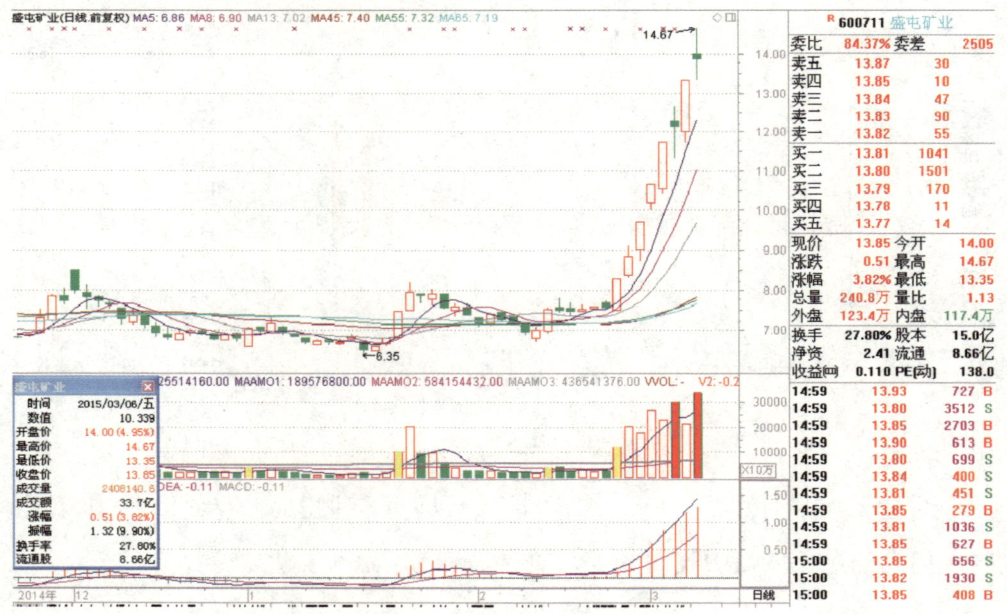

图 4—12

2015 年 3 月 9 日，盛屯矿业跳空低开 2.02%，如表 4—1 所示。

2015-03-09

张　华(2642162069) 9:26:45

600528	中铁二局		-2.89	21.51	-0.64	21.51	21.52
600711	盛屯矿业	*	-2.02	13.57	-0.28	13.57	13.58

表 4—1

2015 年 3 月 9 日，盛屯矿业收盘下跌 4.77%，如图 4—13 所示。

600711 **盛屯矿业**（2015. 3. 9）

图 4—13

经过五天的调整后，2015 年 3 月 13 日盛屯矿业止跌企稳；3 月 16 日有再次启动的迹象。盘中我们分析，如图 4—14 所示。

600711 **盛屯矿业**（2015.3.16）

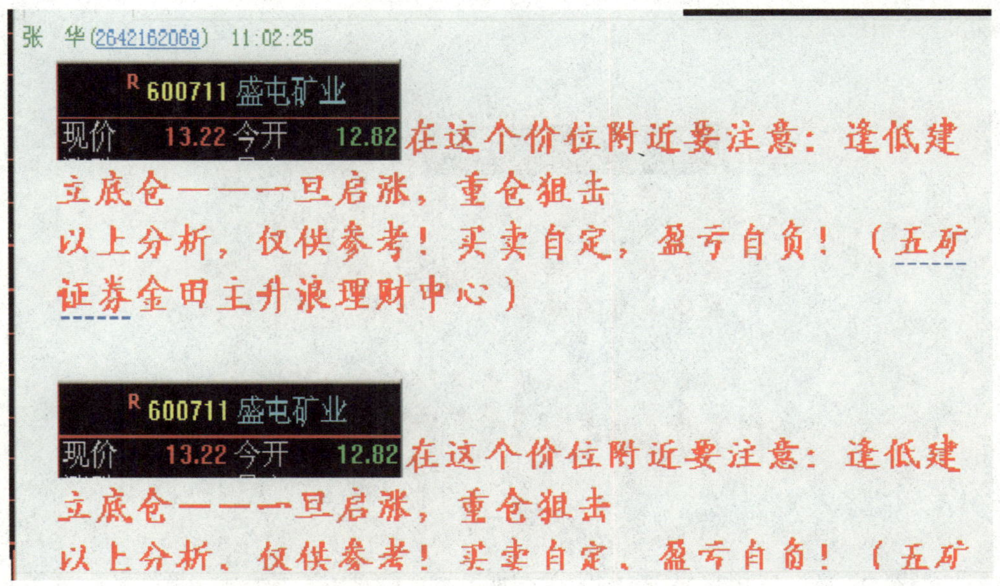

图 4—14

3 月 16 日，600711 盛屯矿业收出一根价涨量增的阳线，如图 4—15 所示。

600711 **盛屯矿业**（2015.3.16）

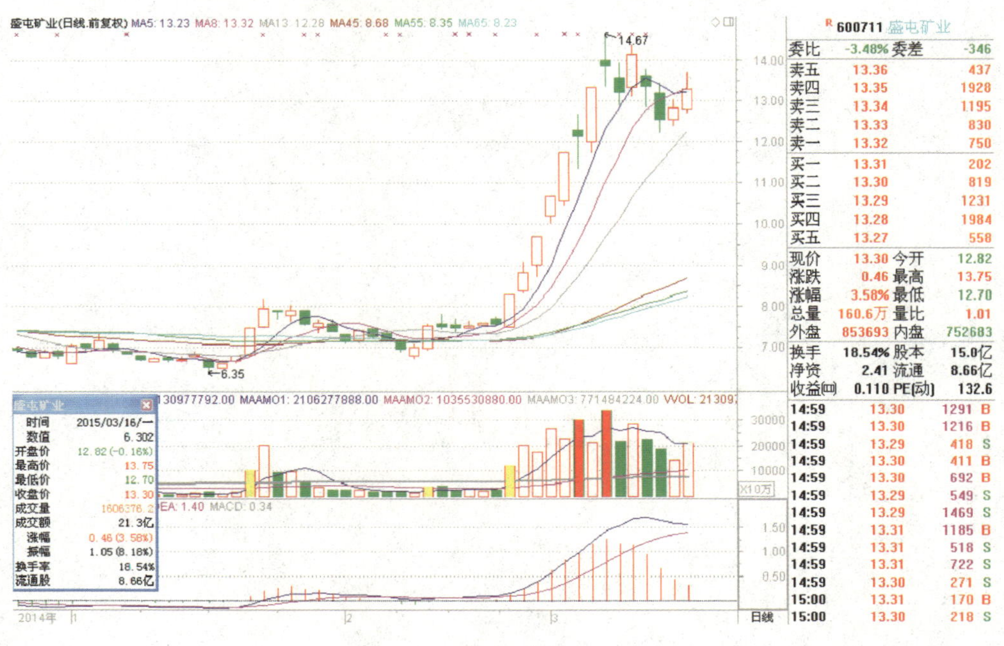

图 4—15

3 月 24 日，盛屯矿业涨势很好，盘中分析，突破 14.20 元就非常强了，如图 4—16 所示。

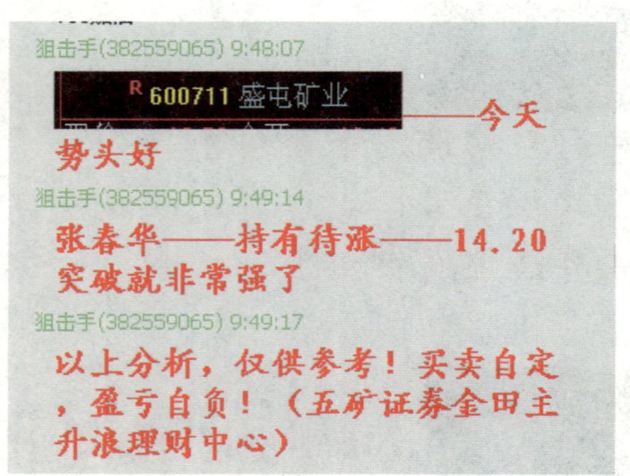

图 4—16

3 月 24 日，盛屯矿业涨停板，如图 4—17 所示。

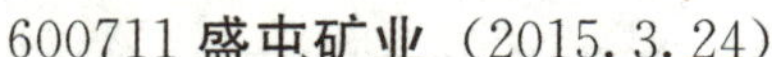
600711 **盛屯矿业**（2015. 3. 24）

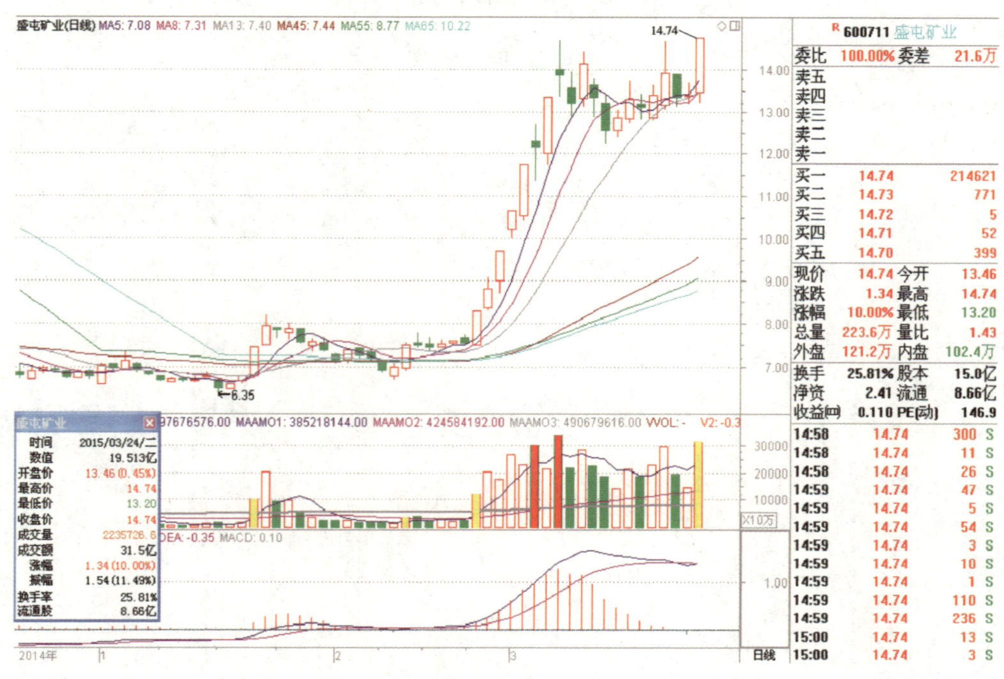

图 4—17

3月25日，盛屯矿业又拉出一个涨停板，不过，这个涨停板封得很艰难，如图4—18、4—19所示。

600711 **盛屯矿业**（2015.3.25）

图4—18

600711 **盛屯矿业**（2015.3.25）

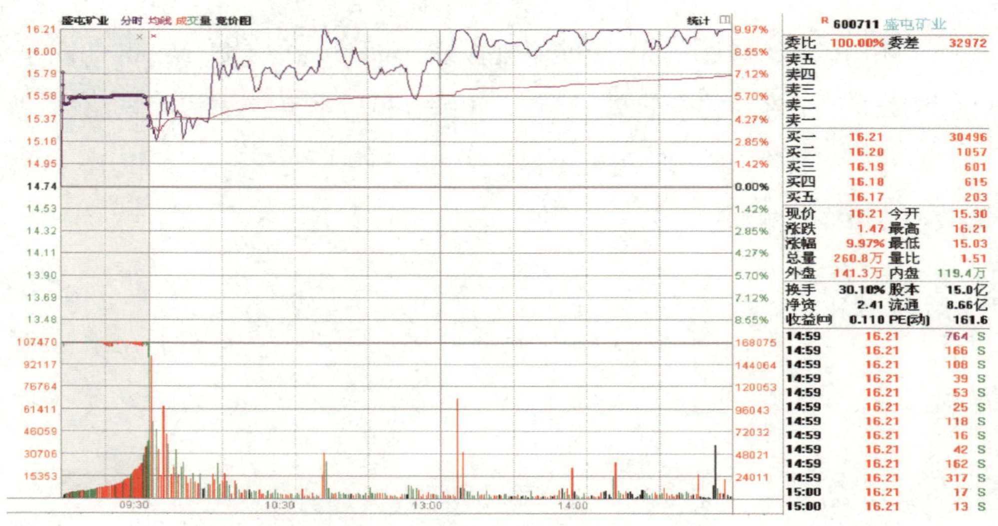

图4—19

3 月 26 日，盛屯矿业低开冲高诱多，在冲高乏力后我分析大势不好，建议朋友出局，如图 4—20 所示。当股价跌破我们的止盈价后，必须果断出局！

图 4—20

在我们提示出局后，当天盛屯矿业大跌 9.38%，报收 14.69 元，出现一个大阴线，其后在波动中下跌。当然，止跌企稳后难免会再度上涨。我们做波段操作，当风险来临后，先退出保存实力；当风险过后，再度出击。这就是我们波段操作的策略。

2015年3–4月 东兴证券主升浪实盘操作

一、启涨背景

601198东兴证券由中国东方资产管理公司作为主要发起人发起设立的全国性综合类证券公司，是国内规模较大的资产管理公司系证券公司之一，2015年2月26日上市。东兴证券的上市正逢牛市，且券商股利好众多。李克强总理在2015年政府工作报告总强调今年实施股票发行注册制改革，适时启动深港通试点。全国政协委员、上交所理事长桂敏杰表示股票的T+0正在准备，这将有效提高投行业务量规模和市场交易量，对东兴证券这个新股而言有望受益使股价走高。

二、综合分析

东兴证券2015年2月26日上市大涨44%，日后连续拉出六个一字板，3月9日机构产生分歧。上交所盘后公开信息显示，东兴证券3月9日前五大卖出席位中有四家机构投资者的身影。前三大卖出席位均为机构专用席位，分别卖出了1.15亿元、5177.65万元、4345.19万元，第四大卖出席位则为QFII大本营之一的中国国际金融有限公司北京建国门外大街营业部，卖出了4274.22万元；不过当日的第一大买入席位也为机构专用席位，买入了3.44亿元，其他席位均为券商营业部席位。此后连续四天震荡下行，3月16日，该股低开高走下午冲击到了涨停板，这会不会是又一波上涨？我们认为，上市后的第一波上涨，获利盘出逃在情理之中，但机构接盘的量大于机构卖出的量，3月16日冲击涨停板，其价、其量都突破了前四个交易日的价量。说明盘中的机构胆略过人，可以跟上它运作的步伐。

三、盘中提示

3 月 16 日，当我们分析判明之后，盘中提示如下：

601198 **东兴证券**（2015. 3. 16）

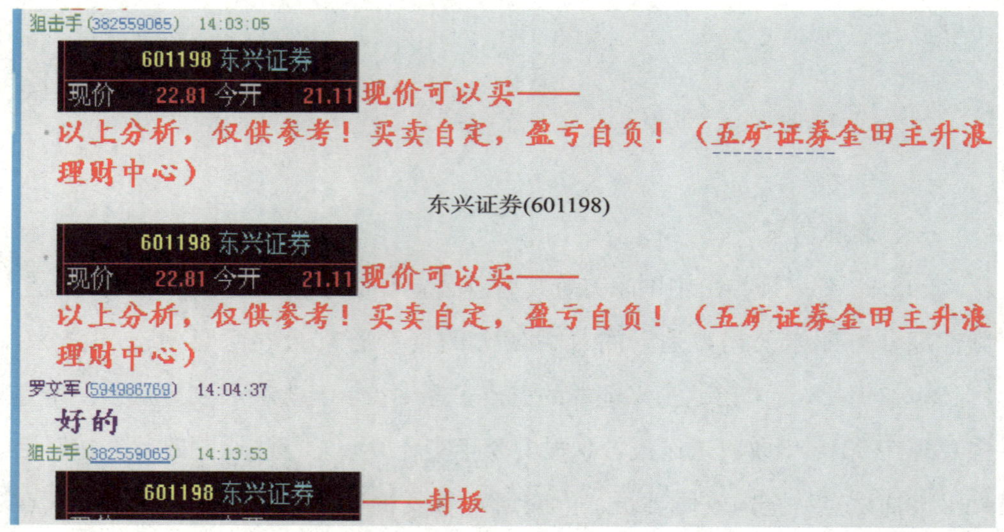

图 5—1

3 月 17—18 日，东兴证券在横向盘整，盘中我们提示如下。

601198 **东兴证券**（2015. 3. 18）

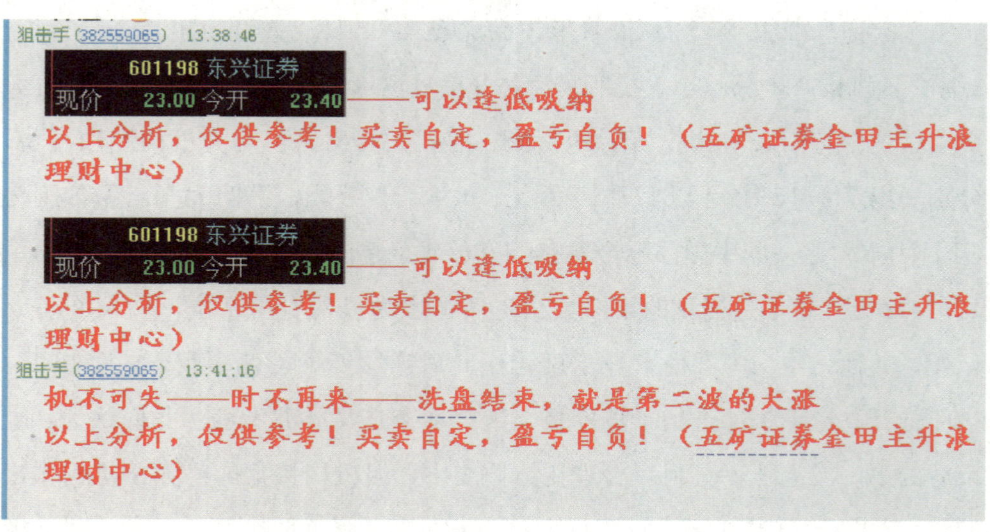

图 5—2

盘中，有客户就在提示价附近买进，如表 5—1 所示

证券代码	证券名称	股票余额	可用余额	▼冻结数量	成本价	保本价
601198	东兴证券	32800	32800	0	23.081	23.112

表 5—1

从 3 月 17 日到 3 月 30 日，东兴证券一直在突破前高点价位之上横盘运行，但也高于买进的价格，如图 5—3 所示。

601198 **东兴证券**（2015.3.30）

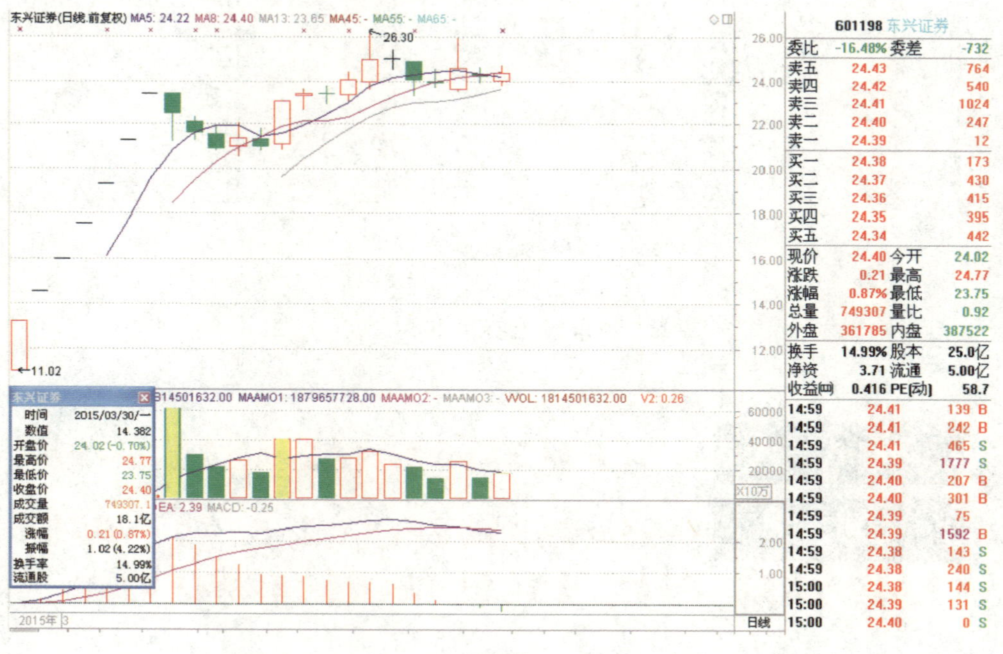

图 5—3

盘中股价虽然上涨幅度不大，但主力买进的踪迹却很明显，几笔四位数的大单分外显眼，如图 5—4 所示。

看到主力在 3 月 30 日的行踪后，3 月 31 日，盘中我们分析东兴证券是目前证券板块的首选股，其他证券股还在调整中，而东兴证券主力在行动，因此我们分析即将拉升，应该逢低买进，盘中再次提示，如图 5—5 所示。

601198 东兴证券（2015. 3. 30）

601198 东兴证券 分时成交明细　Up/PageUp:上翻 Down/PageDown:下翻

时间	价格	现量	时间	价格	现量	时间	价格	现量	时间	价格	现量
14:41	24.42	25 B	14:44	24.52	238 S	14:47	24.43	43 S	14:50	24.38	489 S
14:41	24.40	218 S	14:44	24.52	24 B	14:47	24.43	12 B	14:50	24.38	33 S
14:41	24.41	171 B	14:44	24.50	139 S	14:47	24.40	264 S	14:50	24.39	241 B
14:41	24.40	46 S	14:44	24.50	172 S	14:47	24.41	322 B	14:50	24.38	41 S
14:41	24.40	636 S	14:44	24.53	431 B	14:47	24.41	251 S	14:50	24.38	308 S
14:41	24.50	4982 B	14:44	24.50	397 S	14:47	24.40	124 S	14:50	24.38	100 S
14:41	24.50	672 S	14:45	24.50	105 B	14:47	24.41	213 B	14:50	24.37	119 S
14:42	24.50	520 S	14:45	24.49	29 S	14:47	24.43	108 B	14:50	24.38	59 B
14:42	24.50	242 S	14:45	24.49	51 B	14:48	24.43	758 B	14:50	24.37	269 S
14:42	24.51	171 B	14:45	24.49	123 B	14:48	24.42	258 S	14:51	24.38	152 B
14:42	24.50	28 B	14:45	24.47	54 S	14:48	24.42	22 S	14:51	24.37	1463 S
14:42	24.50	659 B	14:45	24.48	62 B	14:48	24.41	38 S	14:51	24.37	86 B
14:42	24.50	105 S	14:45	24.45	438 S	14:48	24.43	169 B	14:51	24.37	71 B
14:42	24.55	2554 B	14:45	24.47	147 B	14:48	24.41	226 S	14:51	24.35	460 S
14:42	24.55	1222 S	14:45	24.47	214 S	14:48	24.42	83	14:51	24.37	38 B
14:42	24.54	381 S	14:45	24.47	517 B	14:48	24.42	69 B	14:51	24.37	272 B
14:43	24.56	419 B	14:45	24.46	40	14:48	24.41	640 S	14:51	24.36	33
14:43	24.55	390 S	14:45	24.46	151 S	14:48	24.41	88 S	14:51	24.35	418 S
14:43	24.57	471 B	14:46	24.46	63 S	14:48	24.41	655 S	14:51	24.37	608 B
14:43	24.54	117 S	14:46	24.46	105 S	14:48	24.41	59 B	14:51	24.37	251 S
14:43	24.54	575 S	14:46	24.46	302 B	14:49	24.40	133 S	14:51	24.37	161 S
14:43	24.55	654 B	14:46	24.46	32 B	14:49	24.40	647 S	14:52	24.37	250 S
14:43	24.56	103 B	14:46	24.45	59 S	14:49	24.40	371 B	14:52	24.36	130 S
14:43	24.55	72 S	14:46	24.45	1621 S	14:49	24.40	157 B	14:52	24.37	240 B
14:43	24.56	479 B	14:46	24.46	278 B	14:49	24.40	267 B	14:52	24.37	74
14:43	24.55	335 S	14:46	24.46	283 B	14:49	24.39	86 S	14:52	24.37	296 B
14:43	24.54	264 S	14:46	24.47	256 B	14:49	24.40	26 B	14:52	24.37	144 B
14:43	24.55	1056	14:46	24.45	125 B	14:49	24.40	581 B	14:52	24.36	1133 S
14:44	24.54	135 S	14:46	24.41	107 S	14:49	24.40	170 B	14:52	24.36	528 B
14:44	24.54	144 S	14:46	24.45	15 B	14:49	24.39	190 S	14:52	24.36	14 B
14:44	24.55	307 B	14:47	24.44	1	14:49	24.39	332 S	14:52	24.35	39 S
14:44	24.54	105 S	14:47	24.43	38 S	14:50	24.39	139 S	14:52	24.36	52 B
14:44	24.54	84 B	14:47	24.40	726 S	14:50	24.40	325 B	14:53	24.35	204 S
14:44	24.54	265 B	14:47	24.43	23 S	14:50	24.38	276 S	14:53	24.36	140 B

图 5—4

601198 东兴证券（2015. 3. 31）

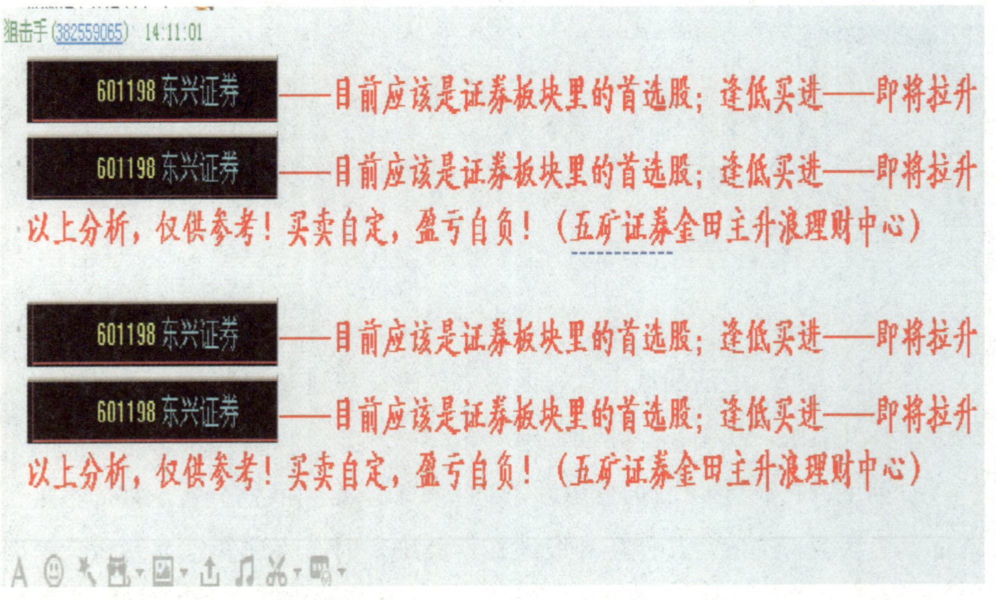

图 5—5

2015 年 4 月 3 日，东兴证券低开高走，盘中我们点评，如图 5—6 所示。

601198 **东兴证券**（2015. 4. 3）

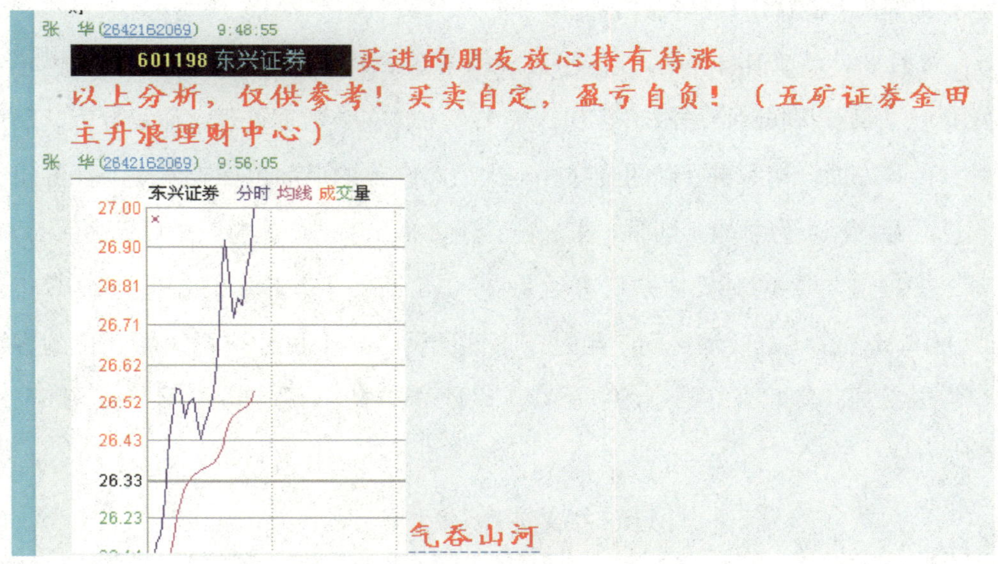

图 5—6

当天，东兴证券以大阳线的强势形态创出新高，如图 5—8 所示。

601198 **东兴证券**（2015. 4. 3）

图 5—7

4 月 7 日，东兴证券在前一天的大阳线之上跳空高开，盘中大幅震荡，收盘收出一根假阴线的浪高线，是主力在出逃吗？从图形来看，不是主力出逃，而是跟风恐高的散户在出逃。

4 月 8 日，新浪财经讯，东兴证券牵手新浪。4 月 7 日东兴证券与新浪网正式开启了双方互联网金融战略合作，未来双方将在大数据处理、流量导入、品牌宣传等方面合作深耕互联网金融。本次战略合作的启动也标志着东兴证券正式进军互联网金融领域。同时，东兴证券还宣布开展“一惠通”账户优惠活动。

据报道，“一惠通”账户优惠活动自 2015 年 4 月 7 日开始，截至 2015 年 10 月 6 日。在优惠活动期间，通过东兴证券网上、手机开户系统新开户的客户均可参加。受此利好消息的刺激，东兴证券 4 月 8 日强势涨停板，如图 5—8 所示。

601198 **东兴证券**（2015.4.8）

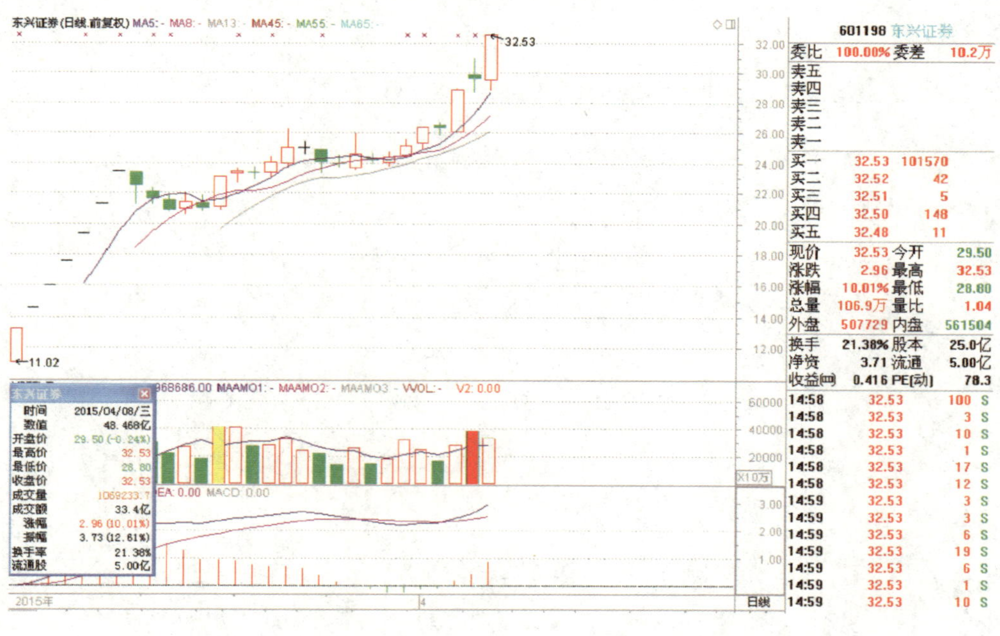

图 5—8

4 月 9 日，东兴证券再次跳空高开冲击到涨停板，但下午 13:33 后涨停板打开，最终收盘 34.04 元，此时一个客户的盈利是 35.68%，如表 5—2 所示。

证券代码	证券名称	证券数量	可卖数量	成本价	当前价	最新市值	浮动盈亏	盈亏比例(%)
601198	东兴证券	18300	18300	25.088	34.040	622932.000	162762.530	35.682

表 5—2

4 月 10 日，东兴证券低开高走，但盘中始终没有突破 4 月 9 日的高点，说明该股阶段顶部来临，必须出局回避风险，客户当天在 34.95 元、34.7 元、34.68 元附近分别出局，该股最终收盘 34.69 元，如表 5—3、5—4、图 5—9 所示。其后东兴证券开始下行，朋友们都在此阶段顶部获利出局。

成交时间	证券代码	证券名称	买卖标志	状态说明	成交价格	成交数量	成交金额
102131	601198	东兴证券	卖出	成交	34.950	10500	366975.00
102131	601198	东兴证券	卖出	成交	34.950	7800	272610.00

表 5—3

成交日期	合同编号	证券代码	证券名称	操作	成交数量	成交均价	成交金额
20150410	1372	601198	东兴证券	卖出	10000	34.710	347100.000
20150410	1485	601198	东兴证券	卖出	1200	34.680	41616.000
20150410	1485	601198	东兴证券	卖出	600	34.680	20808.000
20150410	1485	601198	东兴证券	卖出	600	34.680	20808.000
20150410	1485	601198	东兴证券	卖出	5000	34.680	173400.000
20150410	1485	601198	东兴证券	卖出	400	34.680	13872.000
20150410	1485	601198	东兴证券	卖出	2000	34.680	69360.000
20150410	1485	601198	东兴证券	卖出	100	34.680	3468.000

表 5—4

601198 东兴证券（2015.4.10）

图 5—9

第六章 历史罕见的股灾

股市的本质是波浪运动，有一波上涨，就有一波下跌，没有只涨不跌的波浪，也没有只跌不涨的波浪，正是波浪的上下交替运动才形成了波峰与波谷。波峰与波谷转折点的K线提示了波浪运动的方向，波浪运动的幅度决定了波浪运动的性质。按照国际惯例，人们通常把涨跌幅度20%作为区分牛市和熊市的分界线。一波上涨超过前波高点且涨幅超过20%，即进入牛市；一波下跌超过20%，即步入熊市。进入牛市并不等于就进入了保险箱，在牛市里照样有股灾。股灾的发生也并不是在下跌20%以后，而是在波峰的转折点。虽然每一波峰的转折点并不见得会下跌20%，但只要一出现转折K线信号，就要及时获利了结，这样才能躲过一波下跌甚至股灾。

第一节　2015年4月28日的盘中分析预报

2015年4月28日，在上证指数出现调整信号时，我在10:03:17、10:06:17及时给客户做出预报：大小盘背离，警惕股市风险，如图6—1所示。同一天，我在10:11:03告诉客户，上证指数跳水，如图6—2所示。

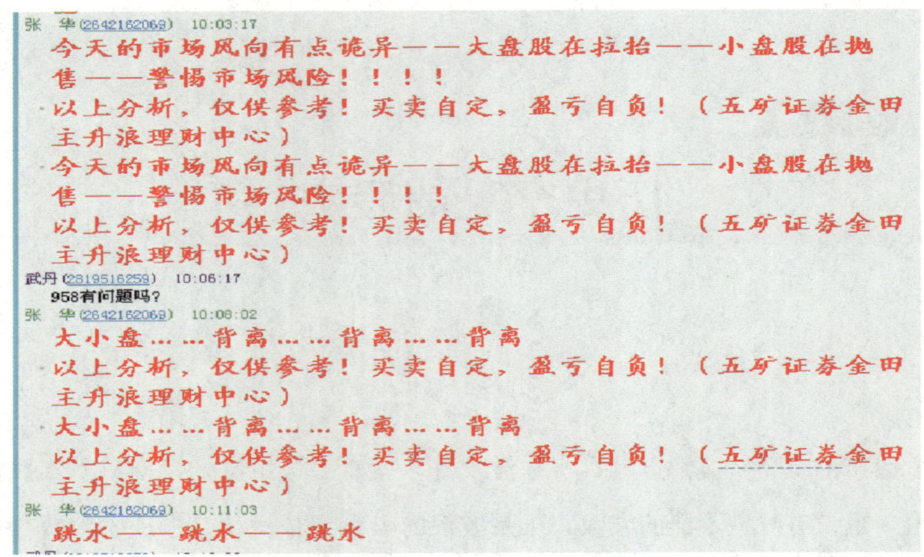

图 6—1

2015 年 4 月 28 日 10:09 上证指数分时均线跳水

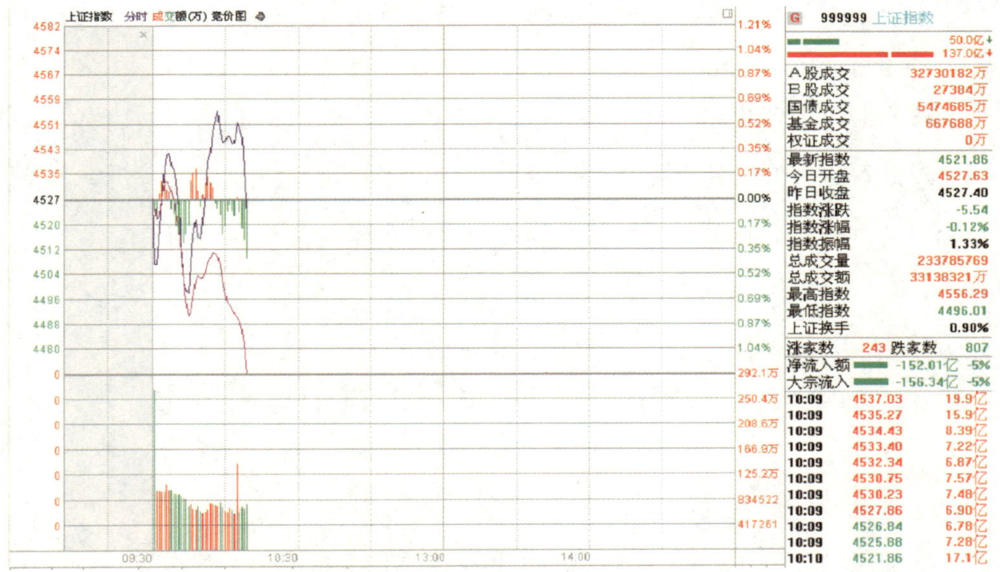

图 6—2

2015 年 4 月 28 日下午 14:13:29，我在盘中再次提示回避大盘系统性风险，如图 6—3 所示。

张 华(2642162069) 14:13:29
今天最好清仓!——回避大盘的系统性风险
以上分析，仅供参考！买卖自定，盈亏自负！（五矿证券金田主升浪理财中心）
张 华(2642162069) 14:16:10
今天最好清仓!——回避大盘的系统性风险
以上分析，仅供参考！买卖自定，盈亏自负！（五矿证券金田主升浪理财中心）

图 6—3

2015 年 4 月 30 日，我又一次在盘中提示：回避风险第一！空仓第一！并且，告诉大家“节后，大盘将会大幅度的回调——最终会回调到 4000 点附近……”如图 6—4 所示。

张华(2642162069) 2015-04-30 11:09:30
大盘——大盘——大盘:
已经到了波段顶部——回调的形态已经明显了
回避风险第一！！空仓第一！！
以上分析，仅供参考！买卖自定，盈亏自负！（五矿证券金田主升浪理财中心）
以上是历史消息
张华(2642162069) 14:02:19
今天我们几次提醒各位朋友:
大盘——大盘——大盘:
已经到了波段顶部——回调的形态已经明显了
回避风险第一！！空仓第一！！
现在，可以毫不夸张的说，节后，大盘将会大幅度的回调——最终回调到4000点附近……清仓出局，锁定利润……回调结束再次入场
以上分析，仅供参考！买卖自定，盈亏自负！（五矿证券金田主升浪理财中心）

图 6—4

2015 年 4 月 28 日上证指数收出“浪高线”（如图 6—5 所示）后下跌了 321.48 点，跌至 2015 年 5 月 8 日最低 4099.04 点。

上证指数（2015.4.28）浪高线

图 6—5

试问各位股民，你们的哪一个投资顾问像我这样在 2015 年 4 月 28 日上午 10:03:17 大盘跳水前 8 分钟及时给客户朋友们做出了“警惕市场风险”的提示？

第二节　2015 年 5 月 28 日的盘前分析预报

2015 年 5 月 28 日，上证指数创出近 7 年以来的新高即 4986.50 点后跳水大跌，如图 6—6 所示。当日，沪市成交 12479.26 亿元，深市成交 11726.54 亿元。

2015 年 5 月 28 日上证指数大跌 321.44 点

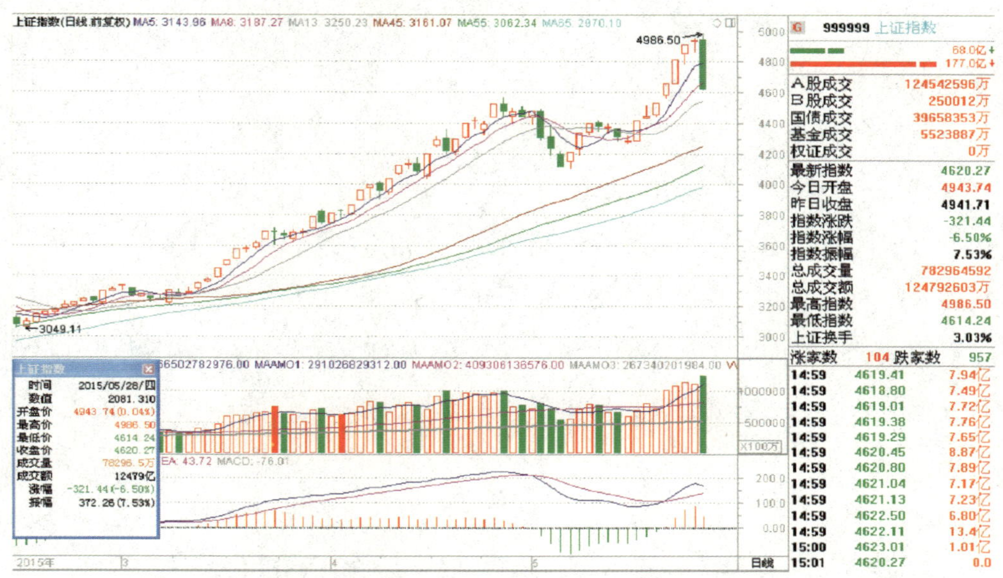

图 6—6

2015 年 5 月 28 日上午开盘前的 8:19:52，我及时地对客户了进行分析提示，如图 6—7 所示。

张 华(2642162069) 8:19:52

2015年5月28日星期四：

昨天（2015-05-27），上证指数尾盘冲击到4958.16最高点后，面临5000点的整数关口，上攻乏力，最终收出阳十字星；深证成指、中小板指、创业板都以阴十字线报收。总体来分析，市场呈现出一种放量滞涨的形态，这个形态给出的信号就是大盘要调整了，是横向盘整？还是向下回调？是小幅回调？还是大幅回调？不要猜测！不参与调整才是上策。

面对这种形态，对前期大幅上涨的、主力正在出局的股票一定要获利了结，回避风险；才开始启涨的股票要与浪共舞，享受大牛市带来的的红利。中国股市这么大，东边下雨西边晴，黑了南方有北方……好自为之。

个人分析，仅供参考；买卖自定，盈亏自负。

（金田主升浪理财中心）——2015-05-28

图 6—7

当天，沪指高开高走，再创 7 年新高，盘中最高达 4986.50 点，逼近 5000 点关口。10 点半左右沪指高位跳水；下午开盘沪指再度跳水。截至收盘，上证指数报 4620.27 点，跌 321.44 点，跌幅 6.50%；深圳成指报 15912.95 点，跌 1050.57 点，跌幅 6.19%。其中，创业板报 3432.98 点，跌 195.69 点，跌 5.39%，中小板报 10851.55 点，跌 729.14 点，跌 6.30%。两市近百股涨停，超 500 只股跌停，超 2000 只股票下跌。庆幸地是，我在早盘提前一小时就做过大盘要调整的分析，并告诉了我们的客户。

再次试问中国股民，你们的哪一个投资顾问像我这样在 2015 年 5 月 28 日开盘前的 8:19:52 就给客户做出了“大盘要调整——不参与调整”的提示。

第三节　2015 年 6 月 14 和 15 日的盘前分析预报

虽然上证指数在 2015 年 5 月 28 日创出 7 年新高 4986.50 点后大跌 321.44 点后，止跌又开始了一波上涨，并再次创出 7 年的新高 5178.19 点。但是，在 2015 年 6 月 14 日下午的“深圳北大五矿马杰主持的公开论坛”上，我还是做出了上证指数将大幅下跌的预测，并制作了下图分析大盘，如图 6—8 所示。

2015 年 6 月 14 日上证指数将大幅下跌

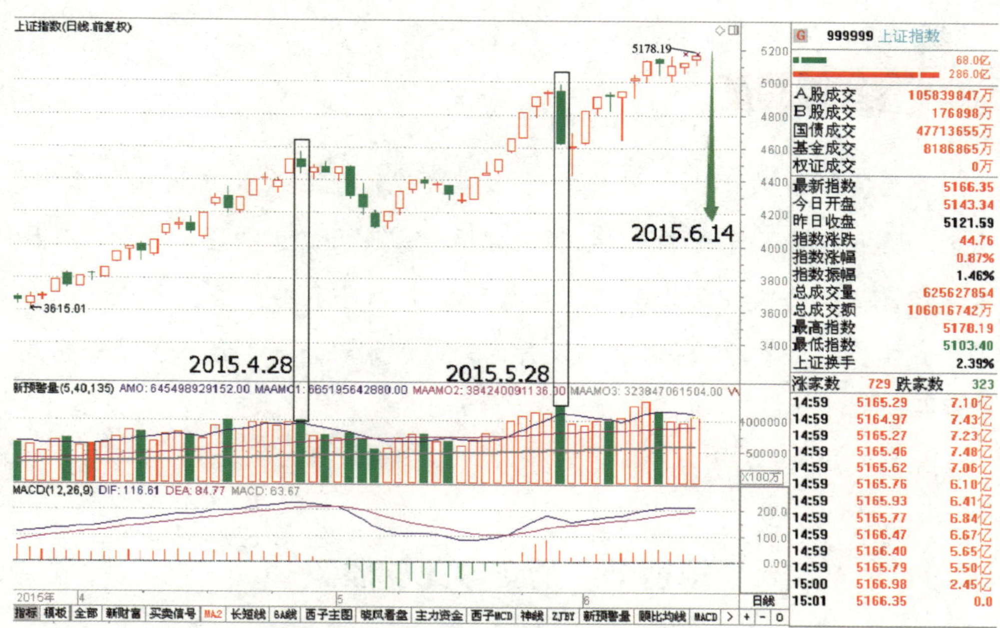

图 6—8

2015 年 6 月 15 日（周一）开盘前分析提示，如图 6—9 所示：

张　华(2642162069)　9:15:46
2015年6月15日星期一：
大盘形态不容乐观，近3天内，将会有一次大幅的回调——获利了结，回避风险……
个人分析，仅供参考；买卖自定，盈亏自负。
（金田主升浪理财中心）——2015-06-015

图 6—9

最后一次试问中国股民，你们的哪一个投资顾问像我这样在 2015 年 6 月 14 日提前一天截图分析，并在 6 月 15 日集合竞价的时间内就给客户朋友们做出了大盘“将会有一次大幅的回调——获利了结，回避风险”的提示。

相信我的朋友就躲过了其后令人瞠目结舌的历史罕见的股灾！

大盘顶部 K 线形态一旦接二连三地出现，投资人就应该立即卖出、清仓。股灾期间，下跌猛于虎，下跌就像地震、海啸、雪崩，其中，一切生命都将被绞杀！兵败如山倒，所有的抵抗都将不堪一击。丢掉技术分析、丢掉基本面分析、丢掉止跌反弹的幻想，切记清仓！清仓！清仓出局是唯一的逃生之道。

第四节　历史罕见的股灾

2015 年 6 月 15 日开盘后半小时内，上证指数一波比一波低，下跌由此开始，并演变成一场历史罕见的股灾。

2015 年 6 月 19 日（周五），上证指数暴跌逾 6%，失守 4500 点，周跌幅 13.32%，创近 7 年的新记录，板块全部下跌，两市近千股跌停。一场牛市里的股灾降临。

2015 年 6 月 19 日上证指数收盘 4478.36 点：5 个交易日下跌 687.99 点

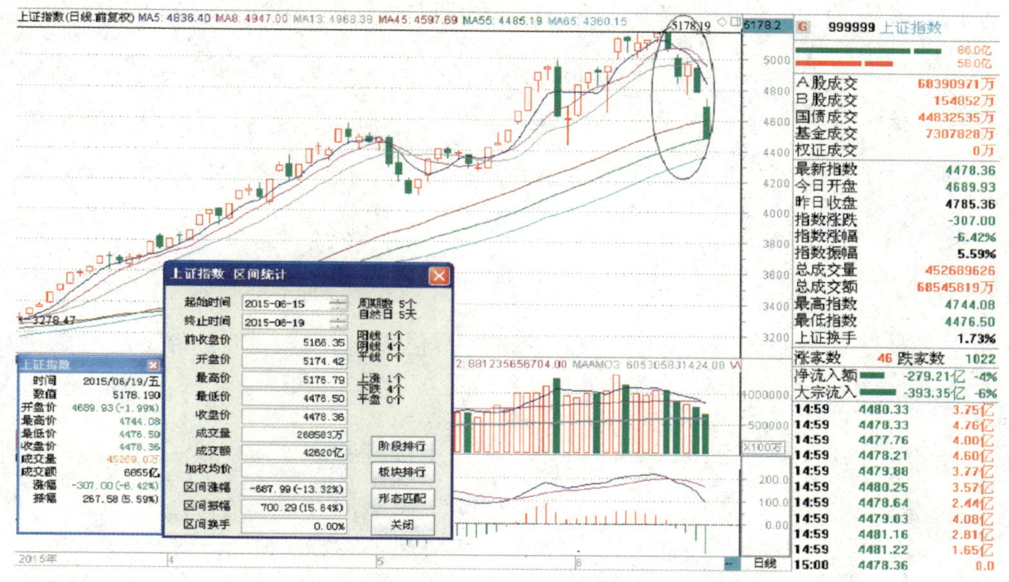

图 6—10

2015 年 6 月 26 日（周五），沪深两市近两千只股票跌停，市场一片恐慌，当天证监会召开新闻发布会，新闻发言人张晓军称："上周以来股市出现的较大幅度下跌，是市场前期过快上涨的自发调整，是市场自身运行规律的结果，同时也与年中季末流动性波动、投资去杠杆、投资者对市场分歧加大等因素叠加影响有关。"这就是监管部门当时对历史罕见的股灾的错误判断。真是可悲可叹！

实际上，此时中国股市已经到了亟需维稳的关键时刻，不仅仅关系资本市场的维稳，也事关国家政治、经济发展的大局。

幸好，2015 年 6 月 27 日（周六），时隔 7 年央行宣布：自 28 日起定向降准并同时下调存贷款基准利率。调整后，一年期存贷款基准利率下调 0.25 个百分点，分别下调至 2%和 4.85%。

6 月 29 日（周一），上证指数最低至 3875.05 点，当天下跌 139.84 点，跌幅 3.34%，两市超过两千股跌停板。从 2015 年 6 月 15 至 6 月 29 日共 10 个交易日，期间上证指数暴跌 1113.32 点，跌幅 21.55%

2015 年 7 月 1 日，两市超过 800 只个股跌停，当晚，上海证券交易所通过官方微博发布：沪、深证券交易所和中国证券登记结算公司拟自 8 月 1 日起调低 A 股交易结算相关收费标准，其中沪深交易所收取的交易费率降低 30%；扩大证券公司融资渠道；券商可自主决定强制平仓线。管理层醒悟晚了，虽然三箭齐发、大派利市，但 2015 年 7 月 2 日，大派利市政策并未出现正能量回应，上证指数失守 4000 点，盘中一度跌破 3800 点，跌幅逾 6%，收报 3912.77 点，当天跌 140.93 点，跌幅 3.48%，两市超过 1400 只个股跌停。截至 7 月 2 日，中国股市市值已缩水 2.36 万亿美元，这相当于希腊的国内生产总值（GDP）的 10 倍。

13 个交易日（2015. 6. 15—7. 2）**上证指数跌** 1253. 58 **点**

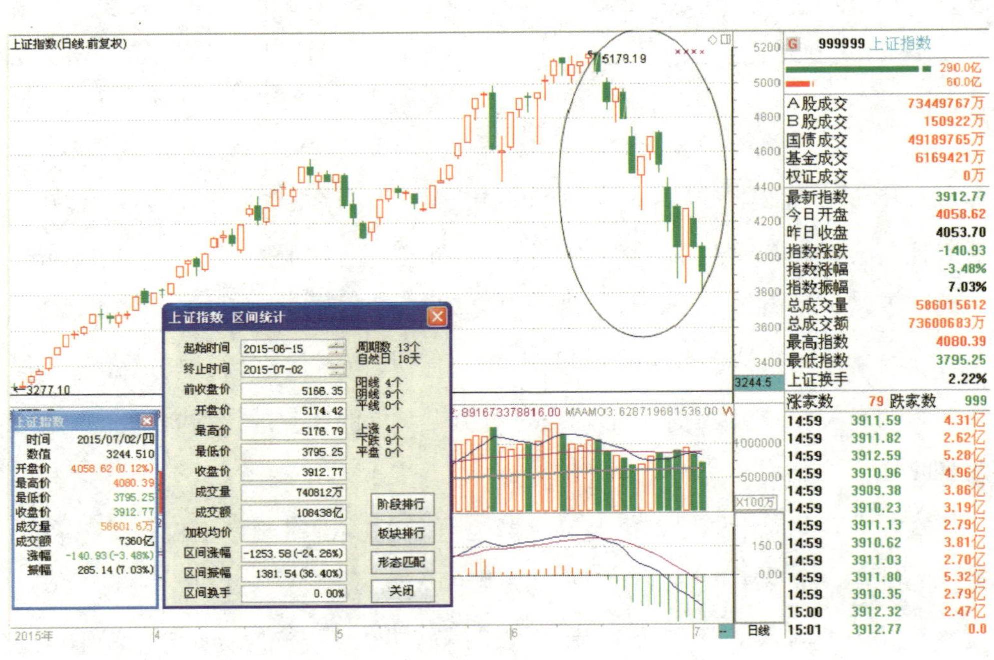

图 6—11

2015 年 7 月 2 日晚，中国证监会发言人张晓军针对“沪指跌破 4000 点，有人指期指恶意做空”回应称，证监会决定对涉嫌市场操纵，特别是跨市场操纵的违法违规线索进行专项核查。

7 月 3 日，权重股集体暴跌，题材股掀跌停潮，盘中再现恐慌性杀跌，A

股再次重挫，上证综指狂跌 5.77%，一天振幅达百分之十，当日下跌 225.85 点，报收 3686.92 点，两市 1433 只个股跌停。

从 2015 年 6 月 15 日开始至 7 月 3 日，14 个交易日，上证指数跌 1479.43 点，跌幅高达 28.64%；创 1992 年以来最大跌幅。这时的沪深两市是血雨腥风、一片狼藉！

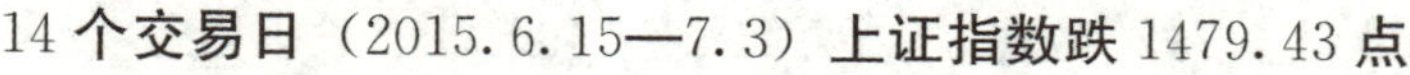

14 个交易日（2015.6.15—7.3）**上证指数跌** 1479.43 **点**

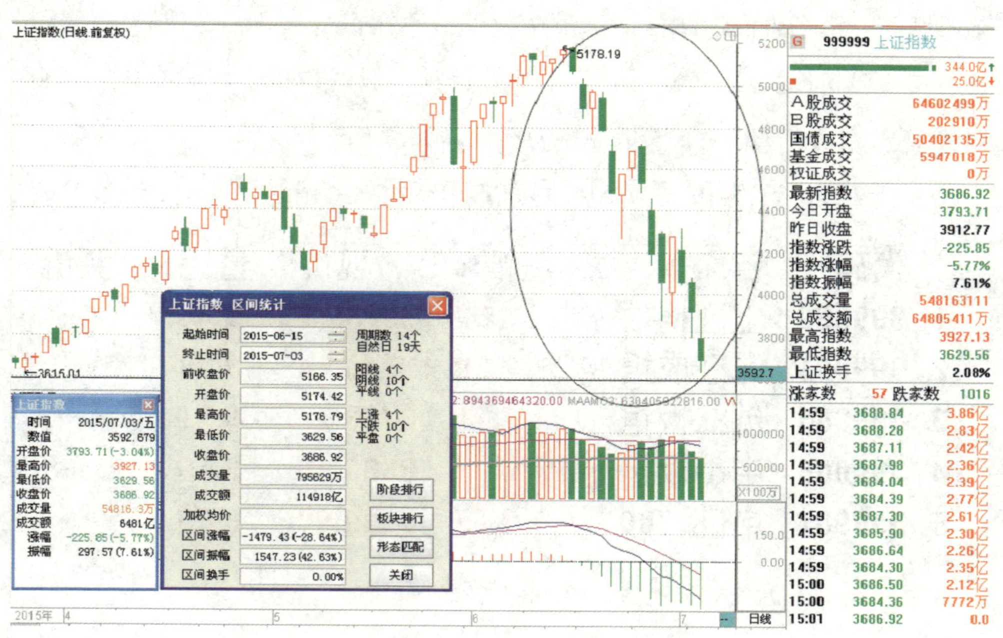

图 6—12

2015 年 7 月 4 日（周六），高层出手力挽狂澜：

证金公司将增资至 1000 亿维护市场稳定；

21 家证券公司出资不低于 1200 亿投资蓝筹股 ETF；

李克强：培育公开透明长期稳定健康发展的资本市场；

周小川：牢牢守住不发生系统性区域性金融风险底线；

证监会发布《证券公司融资融券业务管理办法》；

国务院会议决定暂停 IPO 发行。

至此，这次中国 A 股的暴跌已经触及各方的底线。

在 2015 年 7 月 4、5 日（周末），管理层紧急推出重磅救市政策“IPO 暂停，汇金入市、证金增资，严厉打击各类信息披露违规行为……”7 月 6 日（周一），这些救市政策却被市场当做借机抛售的机会。两市有 1600 多只个股集合竞价诱多涨停板，开盘时上证指数涨幅 7.892%、深证成指涨幅 7.30%，创业板涨幅 7.31%、中小板涨幅 7.34%（如表 6—1 所示），开盘后大多数个股都是高开低走，截至收盘沪深两市仅有 499 只个股以红盘报收，两市 940 个股跌停，市场恐慌情绪依旧。虽然上证指数在银行、石油、保险、运输设备、交通设施板块（如表 6—2 所示）等权重个股的拉抬下，没有再创新低，如图 6—13 所示；但深证成指却再创新低，如图 6—14 所示。

2015 年 7 月 6 日各大指数开盘涨幅表

	代码	名称	涨幅%	现价	量比	买价
1	999999	上证指数	7.82	3975.21	9.66	—
2	399001	深证成指	7.30	13140.14	9.09	—
3	399006	创业板指	7.31	2795.67	9.11	—
4	399005	中小板指	7.34	8660.36	9.19	—
5	399907	中证 700	7.49	6550.92	8.66	—

表 6—1

2015 年 7 月 6 日行业板块涨幅排名

全部板块 | 行业板块 | 概念板块 | 风格板块 | 地区板块 | 统计指数

	代码	名称	涨幅%	现价	涨跌
1	880471	银行	8.78	1690.19	136.35
2	880310	石油	8.15	1252.22	94.37
3	880473	保险	7.67	1475.91	105.14
4	880472	证券	6.22	2091.15	122.46
5	880432	运输设备	3.89	2774.10	103.93
6	880476	建筑	3.19	1621.37	50.16
7	880452	电信运营	1.68	1492.55	24.61
8	880465	交通设施	1.50	1696.82	25.04
9	880454	水务	0.40	1402.24	5.57
10	880380	酿酒	0.25	1178.34	2.89
11	880387	家用电器	0.21	1949.76	4.01
12	880418	传媒娱乐	-0.35	2300.82	-8.18
13	880301	煤炭	-0.62	585.02	-3.63
14	880372	食品饮料	-0.65	1580.48	-10.42
15	880355	日用化工	-0.75	1444.02	-10.91
16	880390	汽车类	-0.83	1458.45	-12.27
17	880455	供气供热	-0.86	1222.71	-10.59
18	880400	医药	-0.97	1773.25	-17.33
19	880447	工程机械	-1.01	712.12	-7.28
20	880305	电力	-1.01	1799.14	-18.41
21	880482	房地产	-1.27	1697.80	-21.85
22	880318	钢铁	-1.40	1037.43	-14.77
23	880474	多元金融	-1.49	2300.22	-34.77

	银行(16)	涨幅%	现价	量比	涨速%	流通市值
1	农业银行	9.97	3.86	3.01	0.25	11350.53亿
2	中国银行	9.87	4.90	2.23	0.00	10327.51亿
3	交通银行	9.72	8.69	1.37	0.11	2842.42亿
4	工商银行	9.04	5.79	2.89	0.52	15610.55亿
5	光大银行	9.00	5.21	1.39	0.19	2074.12亿
6	浦发银行	8.51	17.22	1.96	-0.74	2569.70亿
7	中信银行	8.39	8.27	2.12	-0.12	2638.56亿
8	建设银行	7.95	6.79	1.56	0.44	651.41亿
9	兴业银行	7.62	16.95	1.64	0.17	2742.45亿
10	北京银行	7.18	12.39	1.53	-0.48	1308.41亿
11	招商银行	6.87	18.82	1.86	-0.31	3882.37亿
12	华夏银行	6.79	15.58	1.57	-0.19	1010.78亿
13	民生银行	6.36	9.86	1.53	-0.20	2913.80亿
14	宁波银行	6.34	18.62	0.85	-0.26	534.86亿
15	平安银行	6.20	13.88	1.46	-0.43	1638.40亿
16	南京银行	5.35	17.72	0.77	-0.50	526.09亿

表 6—2

上证指数（2015.7.6）

图 6—13

15 个交易日（2015.6.15—7.6）深证成指跌 6022.50 点

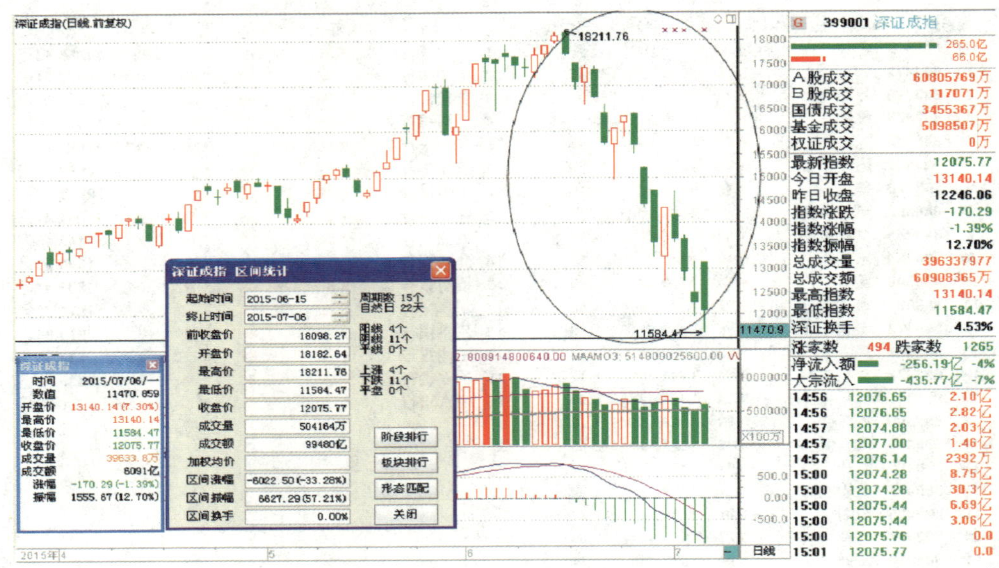

图 6—14

2015 年 7 月 7 日（周二），沪深两市继续跳空低开，盘中再创新低，市场继续恐慌性抛售；虽然上证指数在银行、石油、保险、建筑、煤炭板块等权重个股的拉抬下收红（如表 6—3 所示），但仅有 82 家上涨，却有 941 家下跌（如图 6—15 所示）。深证成指低开低走，继续以阴线报收（如图 6—16 所示），深市仅有 177 家上涨，却有 1417 家下跌；两市仅有 27 个涨停板。沪深两市当天首次出现停牌潮，当天 1429 家上市公司停牌。在这场历史罕见的股灾中，股民可谓是风声鹤唳、草木皆兵、哀鸿遍野。

2015 年 7 月 7 日行业板块涨幅排名

全部板块 | 行业板块 | 概念板块 | 风格板块 | 地区板块 | 统计指数

	代码	名称	涨幅%	现价	涨跌
1	880473	保险	9.15	1610.94	135.03
2	880471	银行	6.11	1793.47	103.28
3	880476	建筑	2.92	1668.71	47.34
4	880310	石油	2.81	1287.45	35.23
5	880301	煤炭	1.03	591.06	6.04
6	880452	电信运营	-1.90	1464.13	-28.42
7	880432	运输设备	-2.35	2708.95	-65.15
8	880318	钢铁	-2.58	1010.62	-26.81
9	880465	交通设施	-3.07	1644.67	-52.15
10	880355	日用化工	-3.12	1398.91	-45.11
11	880305	电力	-3.48	1736.47	-62.67
12	880399	家居用品	-3.67	3001.43	-114.40
13	880390	汽车类	-3.77	1403.52	-54.93
14	880464	仓储物流	-3.93	3385.62	-138.55
15	880454	水务	-3.95	1346.89	-55.35
16	880380	酿酒	-4.34	1127.20	-51.14
17	880446	电气设备	-4.86	1304.43	-66.63
18	880493	软件服务	-4.89	2796.01	-143.83
19	880459	运输服务	-4.96	1316.88	-68.74
20	880482	房地产	-4.99	1613.00	-84.80
21	880372	食品饮料	-5.08	1500.13	-80.35
22	880437	通用机械	-5.39	1119.61	-63.83
23	880422	文教休闲	-5.47	2542.28	-147.13

	保险(4)	涨幅%	现价	量比	涨速%	流通市值
1	中国人寿	10.00	33.77	1.52	0.00	7032.11亿
2	中国平安	10.00	86.03	3.65	0.00	4659.67亿
3	中国太保	6.98	31.41	2.05	0.15	1974.65亿
4	新华保险	4.63	55.99	1.61	0.32	1167.64亿

表 6—3

上证指数（2015.7.7）再创 3585.40 新低点

图 6—15

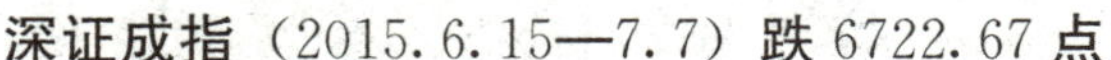

深证成指（2015.6.15—7.7）跌 6722.67 点

图 6—16

2015.7.7 四大指数跌幅情况

代码	名称	涨幅%	现价	涨跌
999999	上证指数	-1.29	3727.12	-48.79
399001	深证成指	-5.80	11375.60	-700.17
399006	创业板指	-5.69	2352.01	-141.82
399005	中小板指	-6.19	7531.18	-497.00

表 6—4

7 月 8 日，A 股再次暴跌，各板块全部下挫（如表 6—5 所示），上市仅 15 家上涨，824 家下跌，2015 年 6 月 15 日至 7 月 8 日共 17 个交易日，上证指数跌 1659.16 点（—32.11%），如图 6—17 所示。

深市也只有 179 家上涨，1041 家下跌，2015 年 6 月 15 日至 7 月 8 日的 17 个交易日，深证成指跌 7057.38 点（—38.99%），如图 6—18 所示。沪深两市 895 只个股跌停；沪指跌近 3500 点，金融、石油等权重股领跌。股票市场弥漫在恐慌的氛围之中，股市如今就像失控的过山车。

2015 年 7 月 8 日行业板块涨幅排名

全部板块 | 行业板块 | 概念板块 | 风格板块 | 地区板块 | 统计指数

	代码	名称	涨幅%↓	现价	涨跌
1	880399	家居用品	-0.32	2991.83	-9.60
2	880355	日用化工	-0.83	1387.24	-11.67
3	880494	互联网	-0.86	5093.25	-44.25
4	880492	元器件	-0.90	1418.37	-12.88
5	880456	环境保护	-1.50	1897.38	-28.98
6	880421	广告包装	-1.52	2080.46	-32.09
7	880398	医疗保健	-1.53	3006.22	-46.62
8	880350	造纸	-1.53	1243.04	-19.28
9	880493	软件服务	-1.53	2753.27	-42.74
10	880464	仓储物流	-1.66	3329.56	-56.06
11	880448	电器仪表	-1.98	2032.83	-41.15
12	880330	化纤	-2.17	1090.09	-24.13
13	880422	文教休闲	-2.22	2485.82	-56.46
14	880455	供气供热	-2.27	1102.55	-25.57
15	880491	半导体	-2.39	1015.57	-24.89
16	880440	工业机械	-2.47	1666.15	-42.20
17	880423	酒店餐饮	-2.81	1325.55	-38.34
18	880335	化工	-2.84	1055.35	-30.88
19	880474	多元金融	-2.95	2102.09	-63.97
20	880489	电脑设备	-3.01	1899.26	-59.03
21	880437	通用机械	-3.06	1085.40	-34.21
22	880497	综合类	-3.12	1235.77	-39.83
23	880490	通信设备	-3.22	1450.24	-48.32

	家居用品(18)	涨幅%↓	现价	量比	涨速%	流通市值
1	索菲亚	7.27	30.70	2.46	-2.47	78.28亿
2	永艺股份	4.27	96.55	0.95	0.56	24.14亿
3	好莱客	0.00	137.49	0.00	0.00	33.69亿
4	喜临门	0.00	11.32	0.00	0.00	22.44亿
5	宜华木业	0.00	22.33	0.00	0.00	331.12亿
6	美克家居	0.00	12.03	0.00	0.00	77.24亿
7	易尚展示	–	–	0.00	–	12.31亿
8	友邦吊顶	–	–	0.00	–	7.58亿
9	德尔家居	–	–	0.00	–	79.70亿
10	浙江永强	–	–	0.00	–	201.24亿
11	升达林业	–	–	0.00	–	50.72亿
12	威华股份	–	–	0.00	–	28.80亿
13	新海股份	–	–	0.00	–	13.90亿
14	海鸥卫浴	–	–	0.00	–	31.05亿
15	哈尔斯	-7.20	13.40	2.01	-1.61	13.77亿
16	南兴装备	-9.99	24.68	0.48	0.00	6.75亿
17	曲美股份	-10.00	20.26	0.05	0.00	12.26亿
18	大亚科技	-10.02	11.22	0.02	0.00	59.19亿

表 6—5

17 个交易日（2015.6.15—7.8）上证指数跌 1659.16 点

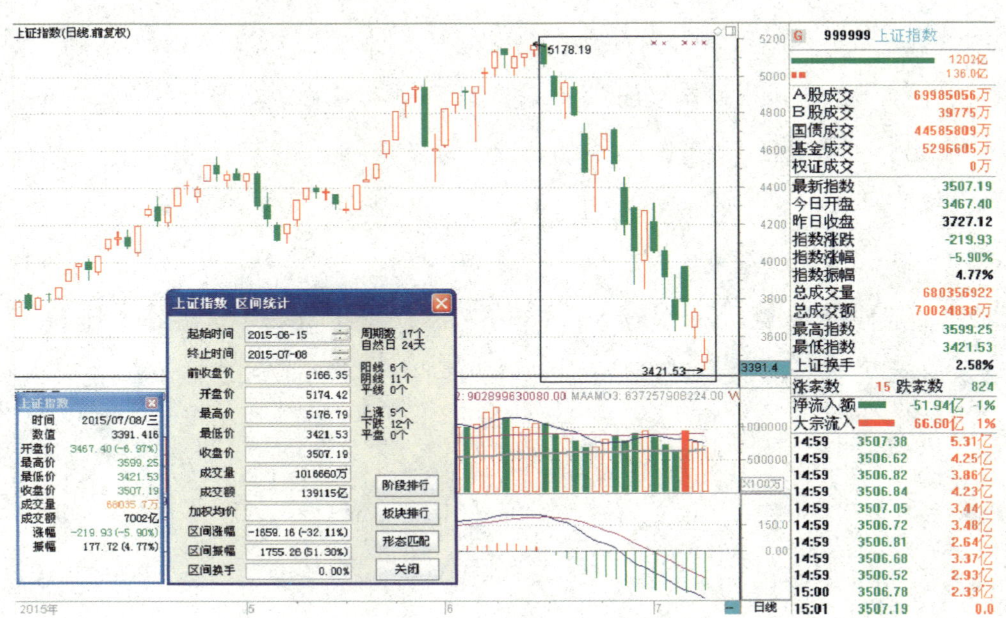

图 6—17

17 个交易日（2015.6.15—7.8）深证成指跌 7361.38 点

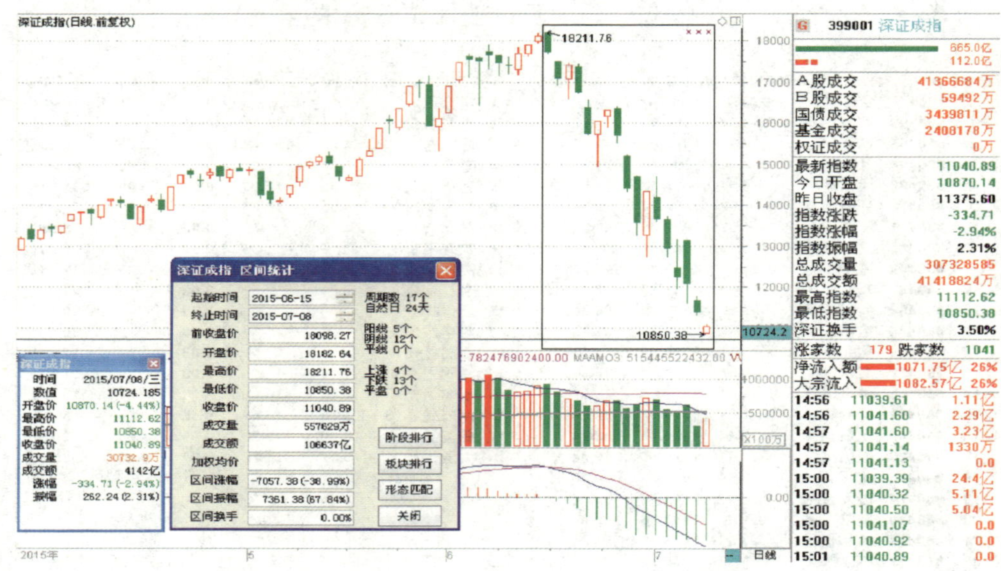

图 6—18

7 月 9 日，沪深两市跳空低开、震荡一刻后攀升，在交通设施、运输设备、工程机械等权重板块的带领下绝地反击，市场信心得到恢复，政府的救市政策显效了（回想 2008 年美国的金融危机，原因之一就是美国政府未能及时出手而导致市场自我修复崩溃），收盘时 56 个行业板块全线飘红（如表 6—6 所示）；沪指在创出 3373.54 点的新低后大涨 5.76%，出现大阳怀抱线形态（如图 6—19、6—20 所示）；深证成指大涨 4.25%，收出光头光脚中阳线（如图 6—21、6—22 所示）；两市 1439 家停牌，1278 家股票涨停板，报收红盘未涨停的股票仅 55 家，跌停板的股票仅有 600247 *ST 成城和 600715 *ST 松辽 2 家，除此之外无一家绿盘——17 个交易日的股灾终于止跌反转了！

2015 年 7 月 9 日 56 个行业板块全线飘红

全部板块 | 行业板块 | 概念板块 | 风格板块 | 地区板块 | 统计指数

	代码	名称	涨幅%	现价	涨跌
1	880472	证券	9.64	1950.55	171.45
2	880465	交通设施	9.35	1709.53	146.11
3	880431	船舶	9.27	1107.17	93.94
4	880432	运输设备	9.10	2709.94	225.99
5	880380	酿酒	8.48	1163.23	90.93
6	880301	煤炭	8.25	599.12	45.65
7	880476	建筑	8.17	1740.79	131.46
8	880430	航空	8.03	1666.07	123.88
9	880387	家用电器	7.96	1821.98	134.39
10	880453	公共交通	7.47	1155.77	80.38
11	880447	工程机械	6.94	660.90	42.91
12	880454	水务	6.93	1332.57	86.40
13	880452	电信运营	6.83	1463.66	93.55
14	880459	运输服务	6.63	1301.92	80.96
15	880390	汽车类	6.47	1432.89	87.03
16	880344	建材	6.43	908.39	54.85
17	880305	电力	6.41	1727.88	104.10
18	880455	供气供热	6.11	1169.91	67.36
19	880494	互联网	5.96	5396.95	303.70
20	880310	石油	5.58	1234.76	65.29
21	880318	钢铁	5.43	1017.95	52.40
22	880324	有色	5.32	615.75	31.11
23	880372	食品饮料	5.29	1505.48	75.70

	证券(23)	涨幅%	现价	量比	涨速%	流通市值
1	太平洋	10.05	10.51	2.41	0.00	347.40亿
2	申万宏源	10.03	14.26	0.91	0.00	464.12亿
3	东北证券	10.03	16.57	1.62	0.00	279.95亿
4	国海证券	10.02	14.16	1.12	0.00	285.78亿
5	广发证券	10.02	20.10	1.21	0.00	1189.78亿
6	招商证券	10.01	24.28	0.87	0.00	1166.19亿
7	东方证券	10.01	25.50	0.92	0.00	255.00亿
8	国泰君安	10.01	28.47	1.35	0.00	434.17亿
9	方正证券	10.00	10.67	0.89	0.00	650.87亿
10	海通证券	10.00	20.68	1.46	0.00	1673.45亿
11	长江证券	10.00	11.99	1.36	0.00	568.61亿
12	东吴证券	9.99	17.50	2.11	0.00	350.00亿
13	西南证券	9.99	17.39	2.22	0.00	403.89亿
14	兴业证券	9.99	11.89	2.00	0.00	618.28亿
15	东兴证券	9.99	22.57	2.44	0.00	112.85亿
16	西部证券	9.99	29.73	0.57	0.00	683.79亿
17	中信证券	9.99	25.77	1.32	0.00	2529.24亿
18	国信证券	9.99	23.46	1.86	0.00	281.52亿
19	华泰证券	9.98	22.59	0.90	0.00	1229.74亿
20	山西证券	9.98	14.11	0.85	0.00	351.12亿
21	光大证券	9.96	22.09	2.00	-0.04	755.04亿
22	国元证券	9.01	23.71	1.35	-0.91	465.69亿
23	国金证券	0.00	16.58	0.00	0.00	470.35亿

表 6—6

18 个交易日（2015. 6. 15—7. 9）上证指数股灾暴跌后收怀抱线

图 6—19

上证指数（2015.7.9）止跌分时图

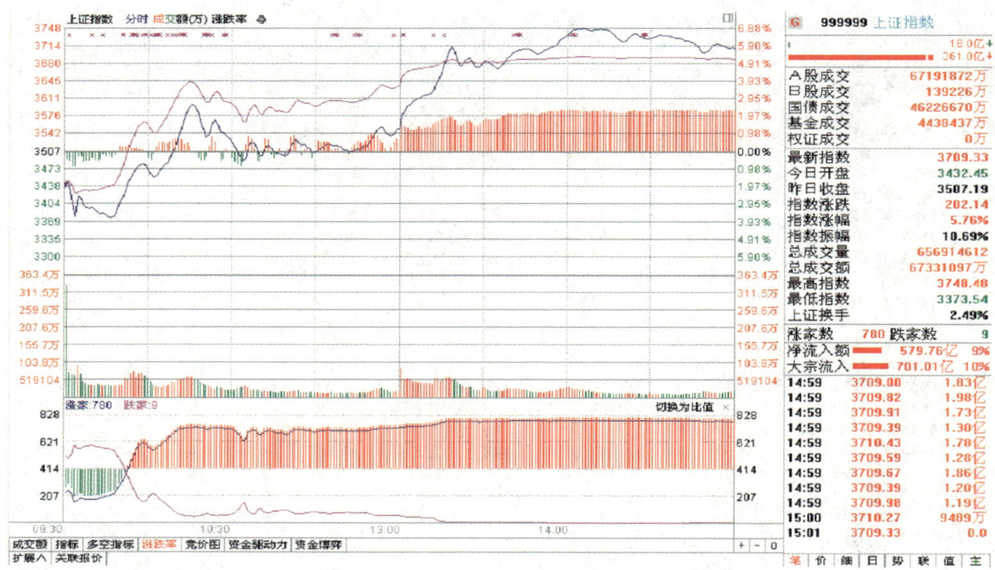

图 6—20

深证成指（2015.7.9）收出光头光脚阳线

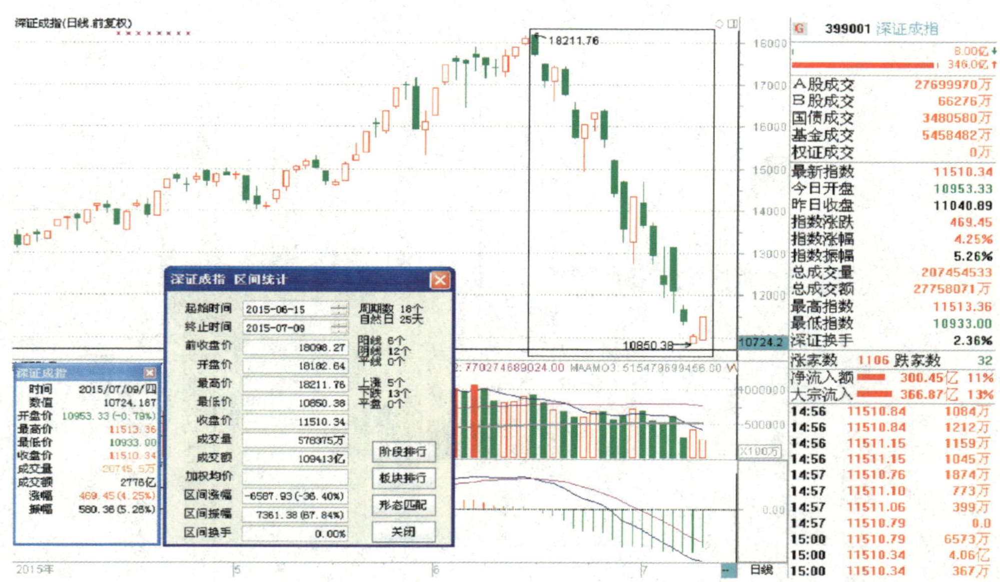

图 6—21

深证成指（2015.7.9）分时图

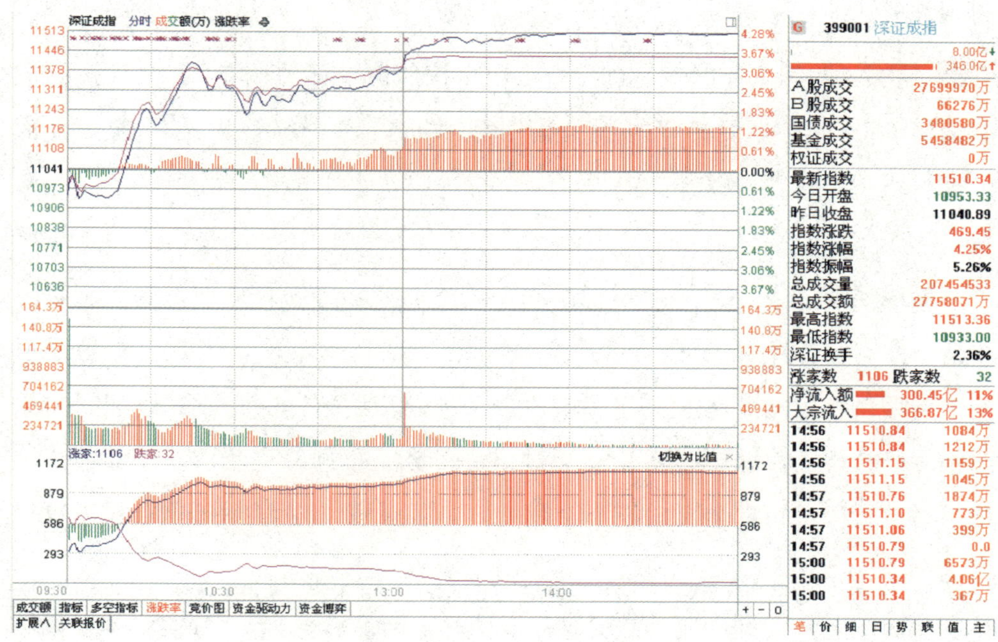

图 6—22

2015 年 7 月 9 日星期四，四大指数收盘涨幅表，如表 6—7 所示。

指数涨幅表

代码	名称	涨幅%	现价	涨跌
999999	上证指数	5.76	3709.33	202.14
399001	深证成指	4.25	11510.34	469.45
399006	创业板指	3.03	2435.75	71.70
399005	中小板指	3.37	7677.21	250.12

表 6—7

7 月 9 日晚间，中国证券登记结算有限责任公司发布《关于调整 A 股交易过户费收费标准有关事项的通知》（简称《通知》），《通知》称为进一步降低投资者交易成本，经研究决定将于 8 月 1 日起调整沪深市场 A 股交易过户费的收费标准，中国结算沪、深分公司拟于7月13日起，组织开展A股交易过户费调整的相关测试。

《通知》明确，A股交易过户费由沪市按照成交面值0.3‰、深市按照成交金额0.0255‰向买卖双方投资者分别收取，统一调整为按照成交金额0.02‰向买卖双方投资者分别收取。交易过户费为中国结算收费，证券经营机构不予留存。综合协议交易平台、大宗交易平台的A股交易过户费，按照调整后的A股交易过户费收费标准同步调整；综合协议交易平台的优惠幅度维持不变，即按照A股交易过户费收费标准的70%收取。优先股交易过户费，按照调整后的A股交易过户费收费标准同步调整；优先股试点期间的优惠幅度维持不变，即按照A股交易过户费收费标准的80%收取。证券经营机构不得自行以过户费名义向投资者收费，不得随意、变相提高或降低过户费标准。

此前的7月1日，为了稳定股票市场，中国结算就宣布将降低A股交易结算收费标准，沪、深证券交易所收取的A股交易经手费由按成交金额0.0696‰双边收取调整为按成交金额0.0487‰双边收取，降幅为30%。中国证券登记结算公司收取的A股交易过户费由目前沪市按照成交面值0.3‰双向收取、深市按照成交金额0.0255‰双向收取，一律调整为按照成交金额0.02‰双向收取。按照近两年市场数据测算，降幅约为33%。

本书写作截稿于2015年7月10日，让我用7月10日开盘前对客户朋友们的分析提示作为截稿预言吧："虽然上证指数在2015年6月12日创出7年新高5178.19后暴跌1804.65点；最低跌至3383.54点，于2015年7月9日星期四止跌，收出大阳怀抱线——结束了股灾的杀戮！中国的牛市不会停滞不前……股灾结束后牛市还会继续在波动中上行……直至突破6124.04的高点再创新高，形成一波第三浪完成中国梦的大牛市！"

张 华(2642162069) 9:04:50

2015年7月10日（星期五）：7月9日，沪深两市跳空低开、震荡一刻后攀升，在交通设施、运输设备、工程机械等权重板块的带领下绝地反击，收盘时56个行业板块全线飘红；沪指在创出3373.54的新低后大涨5.76%，出现大阳怀抱线形态；深证成指大涨4.25%，收出光头光脚中阳线；两市1439家停牌，1278家股票涨停板，报收红盘未涨停的股票仅55家，跌停板仅有600247＊ST成城和600715＊ST松辽2家，除此之外无一家绿盘——17个交易日的股灾终于止跌反转了！！！

以上分析，仅供参考！买卖自定，盈亏自负！（金田主升浪理财中心）

张 华(2642162069) 9:21:09

虽然上证指数在2015年6月12日创出7年新高5178.19后暴跌1804.65点；最低跌至3383.54点，于2015年7月9日星期四止跌，收出大阳怀抱线——结束了股灾的杀戮！中国的牛市不会停滞不前……股灾结束后牛市还会继续在波动中上行……直至突破6124.04的高点再创新高，形成一波第三浪完成中国梦的大牛市！

图 6—23

下篇小结

“滚雪球效应”告诉我们，要想将小雪球滚大，有三个关键问题要明白。

第一，一个人最好集中力量滚一个雪球，不要贪心的同时想滚两三个，甚至四五个雪球，数量越多越难集中力量，越难滚成大雪球。

第二，滚雪球要在雪厚的地方去滚，雪越厚，越容易滚；雪越薄，越难滚。

第三，滚雪球要在前方没有阻力的地方滚，前方有树木、石块等障碍物，雪球一旦碰到障碍物，就容易破碎。

想想看，滚雪球尚且如此，炒股何尝不是这样啊。

附录一

股市规划

股民从踏进股市的那一刻，至少要做好下面这五项规划：

第一，股市人生规划。

你准备在股市操作多久？一年、三年、还是五年？还是一直想操作到95岁（这是我见过年龄最大的股民）？

是准备做一个兼职的股民，还是准备做一个职业股民？

第二，股市操作规划。

1. 每操作一只股票，都应该把参与的理由、投资的策略、资金管理、风险控制提前做一个规划；

2. 每天操盘都应该按规划执行，盘后总结；

3. 每操作完一只股票都应该总结成功的经验、失败的教训。

第三，股市盈利规划。

巴菲特年收益率在20%左右，你想一年盈利多少？是20%？40%？甚至是100%？

第四，股市止损规划。

有人最大亏损7%就止损出局；你一天能承受多大的亏损是3%？还是5%？总共亏损多少就准备金盆洗手了？

第五，股市学习规划。

进入股市后，你有没有学习炒股的规划？有没有准备学习一些关于炒股的知识？是准备自学？还是准备拜师学习？甚至是不学习就直接操作了？

假如这五项规划没有做，直接入市就操作了；直接的后果就是浪费了时间，浪费了资金，浪费了青春，这是一个痛苦和煎熬的过程。

当你在经历了常人不能经受的痛苦和煎熬之后，你总算在股市中活了下来。之后，你有没有确立自己的操作理念？确立自己的价值观？有没有形成自己稳定的盈利模式？有没有把盈利的模式形成条件反射？如果没有，还会继续浪费时间，浪费资金，浪费青春，继续接受更多的痛苦和煎熬，那我的忠告就是：股海无边，回头是岸！

附录二

“涨停板与主升浪”学习大纲

专题一：大道至简

1. 改变思维。思维不正确，再多的努力也是徒劳的；只有用赢家的思维方式去操作，你才能成为赢家。

2. 培养理念。培养狙击涨停板，只做强势股的理念；只有强势股才能让利润奔跑。

3. 树立目标。树立猎取主升浪，让资金翻番的目标；有了目标，才能激活你内在的潜能，才能增加你的信心，才能创造一个属于自己的新世界。

4. 掌握规律。股市里的“规律”不以个人的意志为转移，掌握了“规律”，就能清晰地看到股市炒作的主线。

专题二：系统工具

系统工具指“线、价、量、筹、盘口、基本面”六个系统，也是“涨停板与主升浪”独特的交易系统和交易策略。

1. 均线系统，掌握均线的本质，用均线形态给出的买卖信号操作。

2. 价格系统，分析价格形态，透析主力运作的规律，按价格形态给出的信号精确出击。

3. 成交量系统，分析成交量的形态，踏准主力运作节奏来操作。

4. 筹码系统，从筹码中透析主力去留的痕迹，与“浪”共舞。

5. 分时系统，从盘口语言中了解主力的意图，掌握出击绝技。

6. 基本面分析，从基本面中了解“涨停板与主升浪”背后的玄机。

专题三：实战案例分析

1. 投资的艺术在于知道什么时候应该买进、卖出。

军事家有言："要进入战场之前，须了解如何退出战场。"股市里只有一个进口，两个出口——别无选择。

2. 通过分析经典案例，掌握盈利模式；通过实时的盘前、盘中分析，学会将理论与实战结合起来，知行合一才能在股市里做到与"浪"共舞。

任何一种盈利模式，通过不断的重复，都会得到加强，最终成为本能。

3. 一个投资人的命运，往往决定于他选择了哪一种价值体系来训练自己的交易理念、交易策略、交易纪律和交易心理……只有稳定地赚到钱，才是一个成熟的投资人！

这个《"涨停板与主升浪"学习大纲》也是我在北京大学、浙江大学等讲课的大纲。需要学习这门课程的投资人，可以按下列信息联系：

北京大学：郭老师手机：158 0121 2326

浙江大学：沈老师手机：136 7581 1126

课程地点：北京、深圳、杭州

授课对象：个人及机构投资者，职业投资人，私募、公募基金证券投资人

后 记

“一本书可以改变一个人的命运!”这是一个读者告诉我的，下图是他在2015年“五一”前夕给我发来的消息（大家可以看出，本书的许多截图都是原始的记录，这些记录的时间分秒不差，没有修饰，保留了原汁原味）。

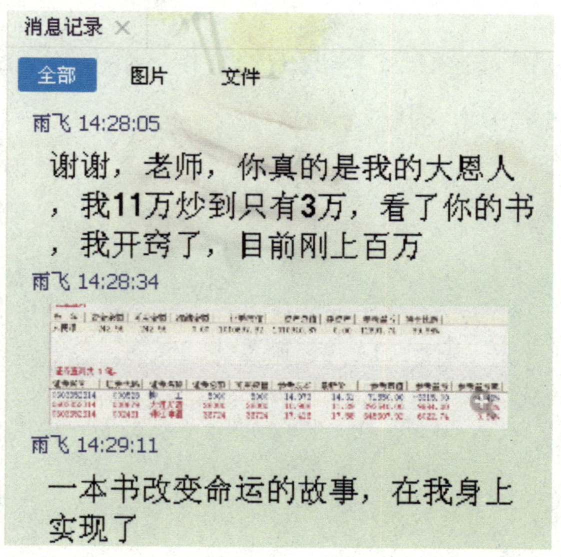

一本书，关乎他人的命运，也关乎我的命运，我只有用心血来写，才能对得起每一个读者。所有在股市里亏损过的朋友需要一本改变命运的书。

一个人炒股最终是亏损还是盈利，不是凭借他有多少运气，也不是全靠内幕消息；而是决定于他选择了哪一种价值体系来训练自己的交易理念、交易策略、交易纪律和交易心理。

当你有幸看到这本书时，你就会发现，这是一本从思维到理念、从工具到实战、从运用到赚钱的书。中国的大牛市还在上涨的途中，能不能改变自己的命运，就在于你的选择。可以毫不夸张地说：

相信我——等于你选择了成功！

相信我——等于你选择了涨停板！

相信我——等于你选择了主升浪之道！

相信我——等于助你在顶部胜利出局！

相信我——等于你跑上了财务自由之路！

感谢中国最牛的出版社商务印书馆出版了这本书！

汪灟先生对该书提出十分有益的修改意见，付出辛勤的劳动，在此表示衷心的感谢。

谨以此书向我的人生伯乐——我的处女作《狙击涨停板》的责任编辑、现四川美术出版社总编辑余其敏——致谢！

张　华

2015 年 7 月于深圳